ŒUVRES COMPLÈTES

DE

JULES CLARETIE

DE L'ACADÉMIE FRANÇAISE

PROFILS DE THÉATRE

PARIS

BIBLIOTHÈQUE-CHARPENTIER
EUGÈNE FASQUELLE, ÉDITEUR
11, RUE DE GRENELLE, 11

1904

PROFILS
DE THÉATRE

EUGÈNE FASQUELLE, ÉDITEUR, 11, RUE DE GRENELLE, PARIS

ŒUVRES DE JULES CLARETIE

La Vie à Paris (1895 à 1903)	9 vol.
Brichanteau, Comédien français	1 vol.
L'Accusateur	1 vol.
Le Sang Français	1 vol.
L'Américaine	1 vol.
Le Beau Solignac	2 vol.
Candidat	1 vol.
Une Femme de Proie	1 vol.
La Fugitive	1 vol.
Jean Mornas	1 vol.
La Maîtresse	1 vol.
Michel Berthier	1 vol.
Monsieur le Ministre	1 vol.
Noris	1 vol.
Le Petit Jacques	1 vol.
Le Prince Zilah	1 vol.
Robert Burat	1 vol.
Le Train 17	1 vol.
Le Troisième dessous	1 vol.
Pierrille (illustré)	1 vol.
La Cigarette	1 vol.
Les Amours d'un Interne	1 vol.
Les Muscadins	2 vol.

Paris. — L. MARETHEUX, imprimeur, 1, rue Cassette. — 7847.

ŒUVRES COMPLÈTES DE JULES CLARETIE

DE L'ACADÉMIE FRANÇAISE

PROFILS

DE THÉATRE

PARIS

BIBLIOTHÈQUE-CHARPENTIER

EUGÈNE FASQUELLE, ÉDITEUR

11, RUE DE GRENELLE, 11

1904

Préface.

Profils de Théâtre! Sous ce titre je réunis quelques portraits de comédiens, tracés à diverses époques de ma vie et la plupart du temps lorsque l'actualité, cette souveraine maîtresse du journalisme, les commandait. C'est pourquoi ces profils évoquent les traits d'artistes illustres, originaux ou sympathiques à l'heure où ils disparaissent, où l'on parle, une dernière fois, avant l'oubli suprême de ceux dont on a tant parlé. Grâce, beauté, inspiration, génie — tout passe sans laisser même, comme dit Hugo :

> Son ombre sur le mur.

C'est cette ombre pourtant que j'ai voulu saisir, tracer non pas même sur la muraille, mais sur une toile de décor, à côté des indications presque effacées des machinistes et des vieilles affiches à demi déchirées.

Quelques-uns de ces profils m'ont paru, en les relisant, un peu ironiques. Leurs dates donneront l'explication de ce que j'entends par là. Fidèle à ces admirations artistiques dont on trouvera là l'impression sincère, il ne me déplaît pas de songer à tout ce qu'il y a de fugitif, de passager, d'inconstant, de décevant dans la vie de théâtre et de penser à ces toiles de fond et à ces châssis qui ont été des palais, des salons, des forêts de féeries shakespeariennes et qui s'en vont, un jour, sur un chariot, emportés à travers la ville pour prendre place dans quelque case poudreuse d'un lointain magasin de décors. Poussière de peinture écaillée; — effacée, poussière de souvenirs.

Du moins (ne regrettons rien), cette toile peinte et ces paysages nous ont-ils donné, un jour, ce qu'il y a de meilleur et de plus exquis au monde : une illusion !

30 mars 1902.

J. C.

PROFILS DE THÉATRE

I

L'Égotisme des Comédiens.

A propos d'un mot écrit dans la *Préface* que m'avait demandée M. Febvre pour son *Journal d'un Comédien* — le mot *égotiste* — j'ai reçu un certain nombre de lettres, les unes étonnées, les autres curieuses, où l'on me prie de définir ce que j'entends par ce trait spécial de caractère et où cette question m'est posée : « Croyez-vous que les comédiens seuls soient *égotistes* ? »

Et tout d'abord, il faut s'entendre sur le mot. Il est avec tel autre, comme le mot *bleuet*, par exemple — généralement imprimé *bluet* — un de ceux que les typographes rechignent à composer exactement. « *Égotiste* ? que signifie ? L'auteur évidemment a voulu écrire : *égoïste* ». Et sur les *épreuves*, il faut jusqu'à trois fois corriger le mot et ajouter le *t*, en enlevant le tréma pour ne pas lire ensuite : « Le comédien, volon- « tiers *égoïste*, se plaît à ne parler que des menus incidents de sa vie. »

L'égoïsme n'est pourtant pas du tout l'égotisme. Peut-être les deux mots, et les deux sentiments, sont-ils un peu cousins. Ils procèdent et dérivent de l'*ego* et du *je* ; mais l'*égoïsme* est l'ancêtre, et il n'y a guère qu'un peu plus de cent ans que le mot figure dans le dictionnaire pour désigner un vice qui, de tout temps, a fait partie de l'humanité. *Égoïsme ?* Autrefois on disait : *amour-propre. Égotisme ?* A présent on dit aussi : *culte du moi.*

Cet *égotisme*, Littré le donne, en 1863, pour un néologisme — « habitude de parler de soi, de mettre en avant le pronom moi » — et, après l'avoir défini, il l'explique par une remarque : « On a quelquefois confondu l'égoïsme et l'égotisme : l'égoïsme est un mot français qui signifie amour excessif de soi ; l'égotisme est un mot anglais qui signifie la manie de parler de soi. »

Les comédiens sont donc *égotistes.* Ils aiment à entretenir le public de leurs personnes, de leurs souvenirs, de leurs rôles et de leurs succès. De là tant de *Mémoires* de comédiens, collection aussi nombreuse que les *Mémoires* des hommes d'État.

Moratin a écrit une bien jolie comédie, *le Oui des jeunes filles*; on en pourrait écrire une autre, *le Moi des comédiens*. Ce qui revient le plus souvent dans leurs propos et dans leurs livres, c'est en effet le pronom personnel de la première personne, c'est le *je*. Mais, à bien prendre, n'en est-il pas de même pour tous les hommes en général, pour les artistes, gens de lettres ou peintres ou statuaires en particulier ? Le *je* arrive tout naturellement aux lèvres de celui que son œuvre préoccupe, absorbe, fait souffrir et fait vivre. Le *je* est l'expression qui réapparaît le plus fréquemment dans la conversation de tout homme qui crée, qui tire de son *moi* une œuvre d'art et qui éprouve le besoin de confier à la foule le secret de sa gestation.

Je me rappelle mon étonnement lorsqu'il y a bien des années, écoutant, pour la première fois, les frères de Goncourt parler de leur œuvre, j'entendais Edmond et Jules se servir tour à tour de ce *je*, laisser là le *nous* qui me paraissait tout naturel et s'interrompre l'un l'autre pour compléter la phrase commencée et n'en faire qu'une, en la segmentant à peu près ainsi :

Edmond. — J'ai achevé un roman dont Rome est le sujet...

Jules. — ... j'ai étudié Rome sous tous ses

aspects et j'ai voulu peindre un cas de dévotion...

EDMOND. — ... qui m'a coûté beaucoup de peine, beaucoup de temps...

JULES. — ... mais que je crois avoir réussi...

C'est de *Madame Gervaisais*, un maître livre, qu'il s'agissait. Je ne réponds pas de l'exactitude des termes, je réponds de la façon même dont le dialogue était fragmenté, absolument comme les phrases que les auteurs de revues coupent en quatre pour les faire débiter par des jeunes personnes variées.

Et le *je* des Goncourt est précisément celui des acteurs parlant du rôle qu'ils étudient. La personnalité du comédien s'empare du personnage créé par l'auteur et le confisque au profit de l'artiste qui l'interprète. Un comédien racontant la pièce qu'il apprend, analysant le rôle qui lui est confié ne dira point : « Le comte *fait* ou *dit* telle ou telle chose » mais bien : « *Je* m'avance, *je* parle, *j*'interromps, *je* marche, *je* dis .» Il y a là une substitution de personne tout à fait particulière et très frappante et il me plairait que, quelque jour, un comédien écrivant ses *Mémoires* nous l'expliquât en prenant son propre *moi* pour sujet d'étude. Les anecdotes, les souvenirs, l'évocation du passé ont leur charme, très puissant. La psychologie du comédien par un comédien aurait un intérêt singulier et plus spécial. On a écrit la *Physiologie du Théâtre*. Mais cette psychologie de l'être humain qui entre, comme disait l'acteur Bignon, *dans la peau* d'un autre personnage, on ne l'a pas écrite encore, et c'est cela surtout qui nous passionnerait dans l'*égotisme* du comédien.

Comment expliquer, par exemple, autrement que par l'évasion de son *moi*, par la prise de possession momentanée d'une autre personnalité, la possibilité des rapports quotidiens entre des êtres qui peuvent se haïr dans la vie et être tenus de sembler s'adorer, au théâtre, dans les rôles qu'ils jouent ? L'observation, très *simpliste*, du public, c'est que les rapports de coulisses, les nécessités du service, les fatalités des rapprochements font tout naturellement, inévitablement, des amoureux réels de deux artistes qui, en jouant ensemble la passion, jouent virtuellement avec la passion. On ne badine pas avec l'amour, même sur les planches. Cela paraît une règle quasi générale. Or rien n'est moins absolu, et il n'est point rare de voir, entre *cour* et *jardin*, Roméo détester Juliette, et Oreste n'aimer que médiocrement Pylade. Et voilà où le psychologue de la scène que je souhaite pourrait intervenir, expliquant les raisons qui font que tel comédien, rival d'un autre dans la vie et ne le saluant même pas *hors du service*, lui tend cordialement la main et lui sourit et l'embrasse de bon cœur, au delà de la rampe et sous les yeux du public.

C'est que le *je* s'est déplacé. Le comédien n'est plus *lui*, il devient *l'autre*. Il endosse avec son costume les sentiments du personnage qu'il fait vivre. Tout à l'heure, le pauvre Marais s'irritait furieusement contre Mme Sarah Bernhardt — et maintenant, comme il n'est plus Marais mais Andréas, comme elle n'est plus Sarah mais Théodora, il l'entoure de ses bras et cette femme qu'il hait, voilà qu'il lui déclare son amour, et d'une voix ardente, sincère, irrésistible

Est-ce à dire que l'art du comédien — qui consiste ainsi à s'évader de soi-même et à prendre la livrée et l'âme d'autrui, — soit essentiellement, comme disent les détracteurs de ce décevant et exquis métier, un art d'hypocrisie ? Quelle folie ! Est-ce que l'auteur dramatique, lorsqu'il fait parler un avare, ou un fourbe, ou un furieux, ou un scélérat, n'entre pas, lui aussi, dans la peau et la personnalité d'un autre ? Est-ce que Shakespeare n'endosse pas, tour à tour, le costume d'un Iago ou d'un Macbeth ? Est-ce que Molière se salit à descendre, comme en une mine, dans la noirceur d'âme de Tartuffe ou d'Harpagon ? Est-ce que Balzac n'entre pas dans la redingote râpée de Gobseck, Dumas fils dans le veston de Jean Giraud ?

Cette facilité qu'a le comédien à traduire, à parodier, si l'on veut, les sentiments d'autrui, on la pourrait reprocher, aussi vivement et aussi injustement, aux romanciers qui vivent de l'existence de tant de personnages divers, par eux inventés. Je me rappelle avec quelle conviction mon vieux grand-père, dans son logis périgourdin, me disait en jetant tout à coup sur le parquet le numéro de l'*Écho de Vésone* qui contenait un interminable feuilleton, *les Drames de Paris* :

— Non, décidément, non, c'est trop, je n'en lirai plus une ligne, et ce M. Ponson du Terrail doit être une nature bien scélérate !

Et comme je m'efforçais de défendre ce malheureux Ponson qui était bien le plus charmant garçon du monde et le moins *adéquat* à ses inventions tragiques :

— Non, non, répétait le grand-père, un homme qui invente l'histoire de l'épingle empoisonnée ne peut pas être complètement un honnête homme ! Sais-tu ce que c'est que l'épingle empoisonnée ? On la plante dans un fauteuil, on y fait asseoir un pauvre diable dont on convoite l'héritage — et, sans qu'on puisse deviner le nom et même le crime du coupable, le millionnaire meurt de cette piqûre !... Quelles inventions !... C'est épouvantable, je ne serrerais pas, pour tout au monde, la main qui a écrit cela.

Le comédien qui refuserait un rôle parce qu'il est trop odieux raisonnerait un peu comme mon cher grand-père, et l'on m'a souvent cité ce mot d'un admirable acteur répondant à son auteur : « Je ne peux pas dire cela, je ne le pense pas ! » Le public, du reste, se plaît à incarner aussi le comédien dans le personnage qu'il interprète et les spectateurs naïvement sincères des théâtres de mélodrame ne se font point faute de huer personnellement le comédien qui remplit les troisièmes rôles, les rôles de *traîtres*. L'acteur chargé du personnage d'Hudson Lowe, dans le *Napoléon Bonaparte* d'Alexandre Dumas, était attendu, tous les soirs, à la sortie de son théâtre et menacé par la foule hostile comme s'il eût vraiment martyrisé le prisonnier de Sainte-Hélène. On eût pu compter à l'artiste ce rôle périlleux pour une *campagne*.

Le comédien cependant fait ce qu'il faut pour rester maître et conscient de soi-même tout en devenant un autre personnage que lui-même. Il y a en lui un *moi* qui regarde un autre *moi* agir et qui l'écoute et qui le juge. En cela il ressemble encore au dramaturge ou au romancier qui traduit, tout en ne les partageant point, les sentiments et les passions d'un autre être et qui est à la fois créateur et critique.

Et le comédien est si bien son propre critique que Lekain, par exemple, affirmait n'avoir jamais dit à son gré, de manière à se contenter, qu'une fois, une seule fois : « *Zaïre, vous pleurez !* » Donc, il s'écoutait.

Chose singulière, Lekain était meilleur dans chacun de ses rôles après une maladie. Il y avait eu pendant qu'il était demeuré alité — comme il y a chez le comédien, chez le peintre, chez l'homme de lettres qui dort — *une cérébration inconsciente* amenant un progrès instinctif, une sorte de germination du mieux.

Le comédien joue, comme l'homme de lettres écrit, pour quelques-uns, dont le suffrage le satisfait ou dont les objections l'éperonnent.

On sait le regret de Préville :

— Je n'ai pas été, ce soir, applaudi par le *petit coin*.

Et — dédoublement de la personnalité — tandis que Figaro fredonne son couplet et grilfonne sur ses genoux, Préville regarde si le *petit coin* l'apprécie.

Ils en sont tous là, ou presque tous.

« Lorsque je jouais, dit Mlle Clairon, je cherchais à découvrir dans la salle le connaisseur qui pouvait y être et je jouais pour lui ; si je n'en apercevais pas, je jouais pour moi. » Voilà l'*égotisme* bien entendu. Il porte là, pour l'artiste, un autre nom ; il s'appelle la conscience.

C'est le même sentiment que traduisait Mme Talma — dont on a dit, et l'expression fut trouvée pour la première fois peut-être à propos d'elle : « *Elle a des larmes dans la voix* » — quand elle affirmait qu'elle ne se sentait heureuse que lorsqu'elle parvenait à « satisfaire sa propre oreille. » O le salutaire *égotisme* et dont profite le public !

Aussi, pour sortir de soi-même et devenir *un autre,* que d'efforts et quels labeurs ! Ceux-là seuls qui ont pu voir répéter tels ou tels artistes supérieurs, que je citerais volontiers, pourraient en témoigner. Et, les répétitions finies, beaucoup *cherchent* encore. Talma, au dire de Tissot, eut jusqu'à trois *manières* dans la façon dont il joua *Hamlet* ; il fut d'abord mélancolique, puis exagéré, orageux, tel qu'on peut se figurer le prince de Danemark d'après les gravures anglaises, enfin parfait. Il cherchait, modifiait, tâtonnait. N'ai-je pas entendu Rouvière, cet étrange et génial Rouvière dont l'âme ardente se débattait dans un corps grêle, réciter le fameux monologue d'*Hamlet* de trois manières différentes : dramatiquement ; puis en comédie et comme si le « *To be or not to be* » eût été une question banale et bourgeoise, Hamlet devenu Chrysale ; puis enfin « comme il le comprenait », disait-il, et en dehors de toute tradition, avec des éclats de voix, des accents stridents, des gestes déséquilibrés qui stupéfiaient Gambetta, présent à cette audition ?

L'orateur était même bien intéressant à étudier tandis qu'il écoutait le comédien. Et chez l'orateur aussi le dédoublement de la personnalité se fait sentir à la tribune. Il y a chez le tribun un *je* qui écoute pendant qu'un autre parle. Dans un article oublié du *Livre des Cent et Un*, l'honnête Casimir Bonjour comparant, à propos des *Comédiens d'autrefois*, les acteurs aux orateurs politiques, ne craignait pas de donner la préférence aux comédiens de la scène sur ceux de la tribune : « C'est, disait-il de l'acteur, c'est Mirabeau, Foy, Constant, Manuel avec plus de jouissances et moins de désagréments. » Le paradoxe est peut-être excessif.

Quoi qu'il en soit, on comprend que ces orateurs des planches, qui traduisent, animent, vivifient la pensée des autres, éprouvent comme les grands acteurs de la politique la tentation toute naturelle d'écrire les *Mémoires* de leur temps. Et, en les écrivant, plus ils sont *égotistes*, plus ils nous intéressent. Le jour où quelque grand comédien lettré aura, comme une montre dont il étudierait les ressorts, *démonté* l'âme de l'acteur et donné cette psychologie spéciale, et que je réclame, de l'artiste qui est tour à tour Néron, Polyeucte, Alceste, Hernani ou Don Carlos, un tyran ou un saint, Vincent de Paul ou Philippe II, ce jour-là, la littérature des idées comptera une œuvre de plus et j'attends le Maurice Barrès de la scène qui nous analysera ce *moi* composé de tant de *moi* si divers.

C'est que j'aime les comédiens et que leurs confidences ont un attrait que n'ont pas celles des autres. Ils vivent à la fois dans le rêve et dans la fournaise. Ils sont, pour l'auteur dramatique, les témoins de son duel avec le public, mais des témoins qui vont au feu et se battent pour leur client. Ils servent l'idéal dans la pleine et souvent redoutable réalité de la bataille. Enfants gâtés! a-t-on dit. Mais leurs âmes d'enfants ont des loyautés et des illusions, des générosités, des élans qui leur font tout pardonner. Rien de plus honnête que la majorité de ces serviteurs du beau songe doré que donne le théâtre. Ils sont *égotistes*, parce que leur chimère leur est toute une existence, tout un univers. Et si le *moi* est haïssable quand il est égoïste et féroce, le *moi*, lorsqu'il est simplement égotiste, est toujours intéressant et souvent exquis.

Il ne songerait plus à son art, le comédien, le jour où il oublierait son *moi*, et, encore un coup, les comédiens sont *égotistes* mais point égoïstes, puisqu'ils ne pensent qu'à toi, — foule qui passes !

Février 1896.

II

Le Bénéfice de Déjazet.

Le journalisme a des joies profondes, c'est lorsqu'il permet, grâce à quelque article jeté à travers les polémiques, de faire un peu de bien. Il me souvient d'avoir le premier, en faveur d'une comédienne légendaire, poussé le cri d'alarme et demandé pour Déjazet un dernier souvenir et une dernière couronne. On était certain d'ailleurs d'éveiller sur-le-champ la sympathie publique avec ce nom si populaire : DÉJAZET. Et tout ce qui tient au monde du théâtre et des arts se fit inscrire pour concourir à cette représentation unique et suprême donnée au bénéfice de Frétillon. « Pour donner une idée de l'intérêt qu'elle offrira, on y jouera, écrivais-je, le premier acte de *Monsieur Garat,* arrangé par M. Sardou, de façon à ce que les rôles féminins transposés puissent être tenus par Mlle Céline

Montaland et par Mlle Legault, et il y a, dans ce premier acte, deux rôles quasi-muets de gardes nationaux qui viennent arrêter Garat et qui seront tenus l'un par Bouffé, l'autre par Frédéric Lemaître. Imaginez ce trio plein de gloire artistique : le pauvre Jacques et Ruy Blas tenant au collet le vicomte de Létorière.

» Autre curiosité qu'on ne retrouvera plus. Déjazet chantera pour la dernière fois en public, la *Lisette de Béranger* :

> Enfants, c'est moi qui suis Lisette,
> La Lisette du chansonnier
> Dont vous chantez plus d'une chansonnette,
> Matin et soir sous le vieux marronnier..... »

C'était la chanson favorite de Frédéric Bérat, l'auteur de *Ma Normandie*. Il adorait Béranger, Béranger l'aimait comme un enfant. Il avait eu la bonne fortune d'amener plus d'une fois une larme à la paupière du chansonnier. Béranger, qui n'était pas riche, partageait souvent avec lui, qui était pauvre, ses minces économies. Un jour, c'était à Passy, où demeurait Béranger, avant d'aller vivre ses derniers jours et mourir rue de Vendôme, en courant dans le jardin, après dîner, Frédéric Bérat déchira son habit, Béranger le prit à part, le fit monter dans sa chambre et prenant alors dans un tiroir un billet de cent francs :

— Mon enfant, vous n'êtes pas mon ami, dit-il, si vous ne prenez pas cela. Je sais ce qu'un habit vous coûte et ce sont les ronces de mon jardin qui sont cause de votre accident. Je vous en prie, Bérat, ne restons pas ici plus longtemps, pour n'avoir pas l'air de conspirer et redescendons au jardin trouver notre monde.

« Ajoutez à ces mots, dit M. Paul Boiteau, qui rapporte l'anecdote, ajoutez la voix, l'accent, le geste. C'était là Béranger. »

Quelques années avant que Bérat fût devenu l'intime de la maison, chantant ses chansons mélancoliques ou souriantes, aux dîners du dimanche, à Passy, Béranger, fort touché, avait écrit à l'auteur de *la Lisette* qu'il ne connaissait pas encore. C'était en 1843 :

— « Eh quoi, Monsieur, vous avez le courage de brûler deux fois de l'encens devant une vieille idole qui ne peut rien pour ses dévots?... Vous êtes vraiment trop bon... Croyez, Monsieur, que personne ne sent plus vivement de pareils témoignages de bienveillance. Quelque intérêt qu'y puisse avoir ma vanité, c'est mon cœur, je vous l'assure bien, qui se tient pour redevable envers vous. »

Cette *Lisette de Béranger* était alors, en effet, la vogue du moment, la chanson à la mode.

Tant de finesse, d'émotion discrète, d'admiration doucement exprimée, avait touché un public qui n'en était pas arrivé encore, en fait de chansons, aux bouffonneries de la *Déesse du bœuf gras*, ou aux grossièretés de *C'est dans le nez que ça me chatouille*. Et puis, cette *Lisette*, c'était Déjazet qui la chantait et de quelle voix (je l'ai entendue, vingt années plus tard), avec quel timbre pénétrant et irrésistible!

Au Palais-Royal, la Lisette représentée par Déjazet, assise en un grand fauteuil, les cheveux blancs, la voix jeune et entourée de jeunes filles faisait courir tout Paris. Déjazet, enchantée des bravos recueillis chaque soir, voulut les reporter au chansonnier lui-même :

> Monsieur, écrivit-elle à Béranger, je suis heureuse que M. Bérat m'ait choisie pour me faire l'interprète d'une admiration que sa douce mélodie ferait revivre si jamais elle pouvait s'éteindre. Son cœur d'artiste m'accorde plus d'éloges que je n'en mérite. Le succès est-il douteux quand on chante Béranger? Plus d'une fois déjà j'ai dû le mien à ce grand nom (Déjazet avait joué naguère un vaudeville, *les Chansons de Béranger*).
>
> Aussi est-ce après l'hommage que le monde entier lui rend par ma bouche que j'ose, moi, pauvre rien, lui offrir celui de ma sincère reconnaissance.
>
> VIRGINIE DÉJAZET.

Il était charmant, ce billet, et tourné comme sait le faire cette femme d'un esprit si rare et si fin, — véritable comédienne du dix-huitième siècle. Béranger lui répondit aussitôt, sur son ton exquis, bonhomme et attirant :

Non, Mademoiselle, vous ne me devez rien. C'est au contraire moi qui suis votre obligé. Avec des auteurs distingués à qui je dois des actions de grâces, vous avez travaillé à ressusciter quelques-unes de mes filles chéries, et votre rare talent, adoré du public, a réveillé bien des fois le souvenir du nom de leur père, dans un pays où les noms sont vite oubliés. Vous avez été un habile commentateur de mes fugitives productions. Pouvais-je, Mademoiselle, en avoir un plus aimable et plus intelligent ? Les commentaires sont bien souvent au-dessous du texte ; le mien s'est enrichi de tout l'esprit qu'on vous reconnait, et bien des écrivains ont pu me porter envie.

Si je n'avais eu le tort si ridicule de venir au monde trente ans avant vous, Mademoiselle, il me semble que vous eussiez été ma première fée ; mais, M. Vanderburch — l'auteur des *Chansons de Béranger* — aidant, vous avez été bien véritablement la seconde. Aujourd'hui, qu'à la prière de M. Bérat votre art enchanteur vient encore rajeunir le cœur d'un vieillard, permettez que du fond de sa retraite il vous offre ses hommages et ses remerciements.

BÉRANGER.

Quoi de plus joli dans toutes les lettres ou les épîtres de Voltaire que ce trait de Béranger : « Si je n'avais eu le tort si ridicule de venir au monde trente ans avant vous ! » Déjazet dut être touchée de cet aimable grain d'encens amoureux brûlé avec un doux sourire plein de regrets à ses petits pieds qui tentaient alors les madrigaux. Elle fut si heureuse qu'un matin Mlle Judith Frère, entendant sonner à la porte de Béranger, alla ouvrir et vit se présenter une petite femme tout émue, — et si gracieuse ! — qui dit aussitôt :

— Je suis Mlle Déjazet, et puisque Béranger ne va jamais au théâtre, je viens chanter à Béranger la Lisette de Frédéric Bérat.

Et la comédienne entra. Elle s'assit à côté de Béranger et, tandis qu'il lui serrait les mains en étouffant ses larmes, elle fredonnait, d'un accent pénétré, la chanson qui faisait courir Paris :

> Enfants, c'est moi qui suis Lisette,
> La Lisette du chansonnier.....

Béranger ne dit pas un mot ; il était plus pâle que la chanteuse. Dans un coin de l'appartement, Mlle Judith Frère, la véritable Lisette, la bonne vieille qui devait (Béranger l'espérait), répéter ses chansons et qui mourut avant lui, Mlle Frère essuyait ses pleurs. Lorsque Déjazet eut fini, le chansonnier se leva, il prit à deux mains le front de la jeune femme et y mit longuement un baiser en disant : — « Ma fille ! »

Jamais Déjazet n'a donné une représentation qui lui ait été mieux payée.

Et voilà l'histoire de cette Lisette de Béranger, que Déjazet chantait encore il y a quelques jours, de sa voix chevrotante et charmante. Elle l'a chantée bien des fois, cette Lisette, et je me rappelle certain jour où un prêtre, qui n'allait pas plus au théâtre que Béranger, prit à part la comédienne et lui dit en suppliant :

— Mademoiselle, je vous en prie, je ne vous ai jamais entendue, chantez-nous *la Lisette de Béranger*.

— Oh ! Monsieur le curé !.... Lisette !... et Béranger à la fois :

— Bah ! c'est de l'homœopathie : deux péchés véniels se détruisent l'un par l'autre.

Déjazet ne se fit pas plus longtemps prier. Elle chanta. Et jamais je n'oublierai quel petit drame intime, recueilli, à la Greuze, et quelle sorte d'idylle tendre et recueillie elle savait, devant le bon curé de Seine-Port, faire de la romance de Frédéric Bérat.

La représentation suprême donna à Déjazet de quoi vivre désormais. Elle n'avait jamais été bien ambitieuse. Un soir, dans une pièce intitulée : Sophie Arnould, elle chantait ce couplet qu'on lui redemandait deux ou trois fois à chaque représentation :

Que la mémoire de Sophie
Ce soir, vous rende généreux,
Vous le savez, bonne et jolie
Elle n'a fait que des heureux.
Et mon succès sera complet
Si, par bonheur, j'ai dans la salle,
Autant d'amis qu'elle en avait.

Elle en eut certes davantage, et trois ou quatre générations à la fois allèrent revoir et applaudir encore Frétillon et M. Garat.

Septembre 1874.

III

Mélingue.

Le théâtre a fait, il y a huit jours, une perte profonde. Mélingue est mort. Ce fut un artiste vraiment original et dont, à coup sûr, la physionomie et le nom resteront populaires. Il s'était — obéissant aux supplications de sa famille — retiré du théâtre, et, l'hiver dernier, il avait résisté à toutes les offres qu'on lui faisait pour le décider à reprendre son rôle triomphal du *Bossu*. Le dernier rôle qu'il ait joué c'est donc le César de Bazan, de Victor Hugo, dans *Ruy Blas*. Mélingue, qui traversa le théâtre en pourfendeur et en tranche-montagne, était l'homme le plus timide, j'allais presque dire le plus farouche, et l'acteur le plus consciencieux en même temps que le plus craintif. Ce grand gaillard sympathique et railleur, le front haut, avec de si magnifiques cheveux qui retombaient en mèches sur ses yeux et qu'il rejetait en arrière, les prunelles superbes, étincelantes, la bouche d'une ironie et le port de tête d'un mouvement si hautain, cet irrésistible Mélingue qui avait été tour à tour Buridan, après Bocage, le Mauvais Ange de *Don Juan de Marana*, Salvator Rosa, Benvenuto Cellini, Fanfan la Tulipe, Chicot, Lagardère et d'Artagnan, Mélingue n'abandonnait rien au hasard et toute sa fantaisie, toute sa verve, toutes ses saillies chevaleresques, toutes ses estocades fameuses étaient étudiées, cherchées, trouvées au prix de ce labeur acharné qu'est la vertu des grands artistes.

Lorsque Mélingue jouait, il arrivait trois ou quatre heures avant la représentation, se grimait, s'étudiait dans la glace, et, la pièce en fût-elle arrivée à la centième, il ne livrait rien au hasard. Artiste jusqu'aux ongles, sculpteur d'un talent viril, peintre original — je possède de lui une remarquable gouache représentant le buste de Molière —, il attachait avec raison une importance capitale à la plastique de chacun de ses personnages. Lorsqu'il joua, au Théâtre Historique, le *Catilina* d'Alexandre Dumas, il inventa une toge en crêpe de Chine bordée de rouge qui, drapée sur son corps, tombait réellement avec des plis de marbre. L'aspect de Mélingue dans son rôle était sculptural. On ne l'a pas oublié non plus dans le personnage de Satan de *l'Imagier de Harlem*. Jamais reître d'Albert Dürer ne fut plus magnifiquement costumé que Mélingue avec son large toquet, ses manches à crevés et sa rapière menaçant le ciel. Était-il puissamment beau encore dans *Lucrèce Borgia !* Plongé dans son fauteuil avec son pourpoint de velours et sa barbe blonde, nous le comparions à un vivant tableau de Bronzino. Il fut superbe aussi dans *le Chevalier de Maison-Rouge*, en muscadin patriote, le chapeau planté sur l'oreille, l'habit carré et les gants verts, brandissant en guise de bâton un énorme cep de vigne. Et quelle transformation dans le *Cadio* de George Sand et Paul Meurice, lorsqu'après s'être montré en paysan breton timide et rêveur, les yeux hagards, les cheveux blonds épars, il réapparaissait transformé par la vie du régiment, boutonné, correct et héroïque dans son mâle uniforme d'officier d'ordonnance d'un général républicain !

J'évoquerais de la sorte, si je me laissais aller à mes souvenirs, des physionomies originales et multiples, au fond desquelles on retrouvait toujours la personnalité bruyante, sympathique et entraînante de Mélingue. Cet homme avait sur la foule la puissance que donne le courage, la joyeuseté dans le danger, la raillerie bien française dans l'épreuve. Il incarnait tout : la poésie de ce peuple avide de chimères, la bravoure, l'esprit, l'élégance, la hardiesse séduisante qui triomphe des femmes et l'audace heureuse qui dompte les hommes. Son talent éminemment gaulois, presque gascon, était fait plus que tout autre pour donner la vie à ces créations à la fois plaisantes et héroïques de Dumas, à ces coureurs d'aventures, demi-paladins et demi-sacripants qui remplissent les romans et les drames de ce prodigieux inventeur.

Ces deux hommes s'aimaient et se comprenaient. Dumas avait écrit tout un volume sur Mélingue : *Une Vie artiste*. Mélingue avait dépensé toute une existence humaine pour les pièces de Dumas. Leur espèce de collaboration, l'une créatrice, l'autre agissante, n'allait pas d'ailleurs sans orages. Mélingue m'a conté lui-même combien Dumas, aux répétitions, harcelait ses interprètes au point de les harasser.

Une nuit, la répétition du *Chevalier de Maison-Rouge* ayant fini fort tard, Dumas, ne voulant pas rentrer chez lui — il demeurait alors à Saint-Germain, si je ne me trompe —, demande asile à Mélingue. La répétition avait été tapageuse. Alexandre Dumas, avec une sorte d'acharnement, avait modifié toute la mise en scène et avait contraint les acteurs à recommencer huit ou dix fois de suite un tableau, mettant d'abord le canapé à gauche, puis le remettant à droite pour le placer ensuite au milieu, le déplacer, le transporter de nouveau à gauche et le laisser finalement à droite. Ce n'est d'ailleurs — disons-le en passant — ce n'est qu'en cherchant ainsi qu'on arrive à établir une mise en scène vivante en quelque sorte définitive. Mélingue n'en était pas moins fatigué, et, pendant le trajet du théâtre à son logis, il ne dit pas un mot à Dumas.

Arrivé chez lui, Mélingue ouvre à l'auteur du *Chevalier de Maison-Rouge* la porte d'une chambre :

— Tiens, tu es chez toi, installe-toi et dors !

Et il rentre lui-même dans sa chambre pour s'y mettre au lit. Mais, au bout d'un moment, il entend, du côté de la pièce où se trouvait Alexandre Dumas, un bruit extraordinaire, comme des malles qu'on roulait. Il sort, va à la porte de Dumas et frappe.

— Qu'y a-t-il ?

— Rien, répond Dumas, ce n'est rien : j'arrange ta chambre ! L'armoire à glace était déplorablement placée et la bibliothèque est beaucoup mieux où je viens de la mettre !

C'était Dumas, qui, à quatre heures du matin, obéissant à son tempérament, continuait à faire de la mise en scène !

— Ah ! par ma foi, dit Mélingue en entrant, tu nous as assez fait bûcher, ce soir, au théâtre, je te défends de rien changer à ce qui est chez moi ! Ces meubles sont bien à leur place et la mise en scène de mon appartement me plaît autant que la mise en scène de ton *Chevalier de Maison-Rouge* te déplaisait ! Es-tu content ?

Il souffla les bougies de Dumas et s'alla coucher ; mais le lendemain, tandis que le dramaturge et lui retournaient au théâtre, Alexandre Dumas, fidèle à lui-même, répétait encore à Mélingue :

— Je t'assure que ta bibliothèque serait beaucoup mieux placée du côté cour et ton armoire du côté jardin. Tu n'as qu'à essayer, tu verras !

Alexandre Dumas avait grand tort d'insister beaucoup lorsqu'il s'agissait de Mélingue. Mélingue était, je le répète, la conscience même et on n'avait guère à lui conseiller l'étude et le travail. Jamais il ne répétait, par exemple, un de ses rôles sans avoir son manuscrit sous les yeux ; il semblait se défier de lui-même et ce n'était qu'à la répétition générale qu'il abandonnait absolument toute copie et tout morceau de papier et qu'il se lançait dans son personnage comme un homme se lance à la mer.

Ses deux plus grands succès peut-être, *Fanfan la Tulipe* et *le Bossu*, il les couva, pour ainsi dire, lui-même, il les fit éclore. *Le Bossu* lui doit, non seulement la vie même, mais plus d'un détail purement artistique. Quant à *Fanfan la Tulipe*, il le vit, en quelque sorte, passer et étendit la main vers ce type militaire et charmant.

Un jour, qu'il était chez lui, en train d'étudier, on lui annonça un visiteur, un soldat qui demandait à lui parler.

— Et comment s'appelle-t-il, ce soldat?

— Il dit qu'il s'appelle Mélingue!

C'était, en effet, un petit cousin de l'artiste, un paysan normand des environs de Caen — patrie de Mélingue — qui avait entendu parler de son parent et venait lui demander des « billets de comédie ».

Le soldat (c'était un chasseur à cheval) se mit d'ailleurs à conter franchement sa vie à son cousin. Il se plaisait au régiment, il aimait le métier; son plaisir c'était de dormir entre les jambes de sa jument, et là, fraternellement protégé par sa monture, de rêver du pays et des pommiers normands. Et le cavalier racontait cela d'une façon si naïve, si profondément vraie et émue et avec un accent du pays de Caen si drôle et si amusant que Mélingue se disait tout bas ; — Quel joli type de comédie tu ferais, mon cousin !

Mélingue, en effet, parlait bientôt de son cavalier normand à M. Paul Meurice, et l'écrivain trouvait alors pour le comédien ce drame entraînant et bien français qui va, clairon sonnant, à travers l'aventure et où le Normand Fanfan la Tulipe arrive à cheval sur sa jument Zémire et n'en descend que pour croquer des pommes avec Mme de Pompadour, déguisée en grisette, — cette marquise qui était si jolie alors que Mlle Page lui prêtait son sourire !

Il semble que lorsqu'un tel artiste disparaît, tous les souvenirs de joies ou toutes les émotions qu'il nous a fait éprouver s'en vont avec lui. C'est que Mélingue était de ceux qui savent émouvoir parce qu'ils sont émus. Le soir de la première représentation du *Comte Hermann*, où Mélingue fut si beau, si mesuré et si puissant, lorsque le comte embrasse celui qu'il aime comme un fils et qui va se battre, Mélingue et Laferrière, d'un mouvement éperdu, se jetèrent dans les bras l'un de l'autre, comme s'ils eussent réellement dû ne jamais se revoir. Ils avaient oublié, en vérité, leur propre personne, pour s'incarner dans leurs rôles.

— Depuis, me disait Laferrière, nous avons renouvelé, chaque soir, ce jeu de scène, mais jamais nous n'avons retrouvé l'électricité, les vraies larmes, la véritable angoisse du premier soir !

Mélingue, riche, heureux, aimé, vivait retiré du théâtre, dans son artistique maison de la rue Levert, à côté de sa femme, de sa fille et de ses deux fils, magnifiques comme lui, artistes aussi, applaudis au Salon de chaque année. Il ne regrettait rien de ses grandes et belles soirées d'autrefois, des bravos de jadis, des acclamations, des enthousiasmes, des couronnes. Et pourtant, si ! La mélancolie du grand artiste éloigné de la scène devait le saisir quelquefois. On ne se figure pas ce que doit souffrir un comédien qui regarde des affiches et n'y voit plus son nom. Il fallut à Mélingue beaucoup de fermeté pour tenir la parole qu'il nous donnait un jour que je lui proposais d'écrire pour lui un drame — tiré par d'autres de mon roman *le Beau Solignac* : « Je ne jouerai plus la comédie ! »

Lorsque la mort vint l'atteindre, lorsque l'agonie commença, l'artiste survécut encore en lui et assista, pour ainsi dire, à la mort de l'homme.

— Tiens, dit-il lui-même à l'un de ses fils en entendant les derniers hoquets, écoute bien. Voilà le hoquet de Mlle Georges ! Oh ! oh ! oh !

Son fils voulut lui donner une cuillerée de bouillon. Mélingue était mort.

Il était mort bravement, en artiste étudiant encore la douleur humaine dans sa propre douleur et la raillant en l'analysant ; — il était mort comme tombent les grands cœurs convaincus, le soldat sur la redoute prise, le peintre devant sa toile inachevée, l'orateur à la tribune, et le comédien devant la comédie de la mort.

Avril 1875.

IV

Virginie Déjazet.

Je ne connais point de mort plus triste que celle de cette pauvre Déjazet, qu'on savait perdue depuis des semaines et dont on annonçait chaque matin, l'agonie depuis plus de dix jours. Quelqu'un qui ne l'a pas abandonnée, dans ses derniers moments, nous disait, il y a peu de temps :

— La demeure de la malheureuse grande artiste est lugubre. On attend sa mort d'un moment à l'autre. Tout est prévu. L'embaumement même est préparé.

Il était temps que Déjazet mourût, car la sympathie publique commençait à se lasser de la plaindre. Ce temps-ci aime les dénouements rapides, même lorsque ce sont les derniers dénouements. Encore quelques jours et la pitié se fût changée en lassitude. L'espèce humaine est faite ainsi.

Déjazet avait soixante-dix-sept ans, étant née à Paris, le 30 août 1798, dans la rue Saint-André-des-Arts. Une biographie fort bien composée, par un de ses camarades de théâtre, *Virginie Déjazet*, par Eugène Pierron, livre plein de faits que M. Henry Lecomte, un autre biographe de Déjazet, a mis à profit et complété, nous apprend sur la comédienne, sur ses débuts, ses premières créations, bien des particularités piquantes qu'il faut aller chercher dans ce volume, devenu assez rare. Les raconter ici nous mènerait trop loin.

Je veux cependant rappeler que Déjazet s'appelait Pauline-Virginie, et que, sous ce dernier nom, tout enfant, elle débuta comme danseuse, puis comme actrice. Ce ne fut que beaucoup plus tard, après son passage au Vaudeville et ses débuts aux Variétés que, jouant au Théâtre-Français de Bordeaux dans *le Marin ou les Deux ingénues*, elle prit pour la première fois son nom, ce nom souriant de Déjazet.

Brunet, alors directeur des Variétés, avait contraint Déjazet à courir la province; il ne lui donnait plus de rôles. Elle résilia son engagement et partit : « Tu fais une grande sottise, disait à Brunet l'excellent Potier. Elle ira loin, crois-moi, cette petite Virginie. Il y a en elle l'étoffe d'une véritable comédienne, et tu n'as à ton théâtre que des actrices! »

On peut se fier aux renseignements ainsi donnés par Eugène Pierron. Il les tenait, sans aucun doute, de Déjazet elle-même. Son livre a la valeur d'une page de mémoires, non pas écrits mais dictés. Il fut question, un moment, des Mémoires de Virginie Déjazet et il me semble me souvenir qu'on annonça leur publication comme prochaine, voilà bien des années, mais Déjazet ne voulut jamais consentir à les écrire. Elle répondait à quelqu'un, qui lui proposait de se faire son secrétaire, cette lettre qu'on a conservée :

« Il y aurait folie à vouloir publier une histoire qui, d'après ce qu'on dit et ce qu'on croit, ne pourrait espérer la vogue que dans les récits plus ou moins scandaleux que le public compterait y trouver : ma vie est beaucoup plus simple qu'on ne le suppose; l'écrire avec franchise n'offrirait rien de bien curieux, car je n'ai ni assez de vices pour piquer la curiosité, ni assez de vertus pour prétendre à l'admiration... »

Il y avait, on le voit une fois de plus, chez Déjazet, une femme d'esprit sous la femme de talent. Ce talent même était fait de grâce piquante et narquoise, de malice, de raillerie, de ce je ne sais quoi de leste, de pimpant et de dégagé qui sentait le XVIIIe siècle plus que le XIXe. A dire vrai Virginie Déjazet aura été la dernière comédienne du XVIIIe siècle. Elle devait être cousine de Sophie Arnould. Je la définissais ainsi, un jour : Une statuette de Saxe animée par l'esprit de Voltaire !

Déjazet a créé un genre tout particulier et très charmant un genre faux, a-t-on dit, aussi factice que les travestis dont il abuse. Cet art-là n'est pas plus faux, au contraire, que l'art des Watteau, des Eisen, des Moreau le Jeune, l'art tout entier du siècle passé, fait d'une provoquante élégance et d'une insolente rouerie.

En relisant quelque chapitre de l'histoire de nos mœurs françaises, quelque volume de ces peintres de la femme au siècle passé, comme *l'Amour au XVIIIe siècle,* d'Edmond et Jules de Goncourt, où ces moralistes tracent, d'après Duclos, Laclos et Crébillon le fils, le portrait du libertin frondeur, du mondain impertinent, du fat légèrement pervers, dont la jouissance est d'afficher sa méchanceté, type particulier au bon vieux temps ; il semble qu'on revoie encore, pirouettant sur ses talons rouges, donnant du bout de ses doigts, où brillait l'entourage de diamants de quelque opale, une pichenette à son jabot de dentelle, s'agiter quelqu'un de ces adorables et malins petits maîtres, séducteurs, corrompus, ironiques, aimant encore plus le persiflage que l'amour et que Déjazet incarnait avec une telle vérité séduisante, avec une grâce si exquise, lorsqu'elle jouait un Lauzun ou un Richelieu.

L'esprit a sa forme et sa date, il n'y a pas à le nier; l'esprit de Déjazet était tout entier marqué au coin du dernier siècle. Il demeurait tel quand elle jouait, quand elle causait et quand elle écrivait. Nous avons tenu de ses lettres. Le style en était tout à fait narquois, avec une pointe de sentiment, mais une pointe qui s'enfonçait profondément. Il y a de cet accent-là (et je ne force point la note) dans les écrits de Mme d'Épinay. Et puisqu'on n'a point les Mémoires de Déjazet, pourquoi ne publierait-on pas sa correspondance, qui nous la montrerait si charmante, causant, bavardant, se livrant, bonne fille, bonne femme et bonne mère?

Bonne mère surtout. Elle donnait sans compter, elle ne garda jamais rien pour elle. Lorsque son fils dirigeait le petit théâtre du boulevard du Temple qui porte le nom de Déjazet, il avait plus d'une fois des discussions avec la presse. Alors, pour tout apaiser, Déjazet arrivait au bureau du journal irrité. On la voyait venir, trottinant, souriante sous son chapeau à larges brides, telle que nous la montre encore une jolie et vivante lithographie de 1855 ; elle entrait, causait, s'en allait, et tout était dit. Il ne restait plus trace de mécontentement. La bonne fée, celle de la Concorde, était venue.

On se rappelle (se le rappelle-t-on ?) qu'il y a nombre d'années un malheureux puisatier d'Écully, près de Lyon, fut enterré vivant, à trente pieds sous le sol, dans le trou qu'il creusait. Il s'appelait Claude Giraud. Lorsqu'on le sortit de ce tombeau, Déjazet était là, et ce fut dans la jupe brodée de la comédienne, qu'elle détacha en hâte, que le martyr fut enveloppé. Je disais que Virginie Déjazet savait écrire avec esprit ; voici la lettre que, cette fois lui dictait son cœur.

Lyon, 28 mai 1854.

Hier, ma chère amie, au milieu d'une répétition générale, à grand effet, défense nous est arrivée de jouer la pièce d'Eugène, qui devait passer aujourd'hui (M. Eugène Déjazet avait composé une pièce : *Giraud le Puisatier,* inspirée par la catastrophe d'Écully). Giraud se mourait et, le soir, à sept heures, il avait cessé de vivre. On lui avait coupé la jambe jeudi, il est mort avant qu'on ait levé l'appareil. Je ne puis exprimer la triste émotion que j'ai ressentie en apprenant sa fin. Le hasard qui me fit assister à sa délivrance et le premier secours qui lui est venu de moi, tout cela avait changé en presque affection l'intérêt qu'il m'avait d'abord inspiré et, dans la seule visite que je lui ai rendue à l'hôpital, j'ai emporté le souvenir de sa pauvre et souffrante figure, qui ne me quittera jamais!... Dans huit jours, tout le monde l'aura oublié ! Moi dans dix ans, si j'existe, j'y songerai encore. Il a vécu juste après sa délivrance le même temps qu'il a passé englouti, il est mort le vingt et unième jour ! Demain son service se fait à l'église de l'hôpital. Demain, j'irai prier le matin pour ma pauvre Élise et le soir, à quatre heures, pour lui. J'ai été une des premières à le saluer, j'irai lui dire adieu. Voilà une triste journée qui m'attend. Décidément les morts sont les heureux !

Et deux jours après :

Je ne t'ai pas écrit hier, ma chère amie, disait Déjazet. J'avais le cœur trop à la mort pour chagriner ta vie. Hier, dès le matin, j'étais à l'église priant pour celle que tu n'as pas assez connue pour l'aimer et qui t'aimerait tant aujourd'hui ! A trois heures, on faisait le service du pauvre Giraud, et tu sais si je devais y manquer ! Je ne crois pas qu'un prince pût avoir plus de monde qu'il en avait à sa suite et sur toute la route qu'il devait parcourir. Les abords de l'église de l'hôpital sont très étroits, aussi ai-je été portée sur les marches, littéralement parlant.

J'étais allée seule à ce convoi, bien m'en a pris. Il fallait une volonté comme la mienne pour y arriver. Ce que j'ai reçu de coups de pieds et de bousculades, je ne pourrais le dire. Bien des gens ont renoncé, mais ceux-là étaient des curieux ! Moi, j'allais prier et je suis arrivée. Le convoi était fort modeste. Le corps du génie était derrière. Un simple drap blanc était sur la bière qu'on a déposée à l'entrée de l'église. Là, tout le monde lui a jeté de l'eau bénite, ce que je n'ai osé faire, dans la crainte d'être reconnue. Bien cachée dans un coin noir, j'ai appelé sur ce pauvre martyr toutes les bénédictions du Ciel. Sa pauvre mère était à genoux près de sa tête ; son costume n'annonçait pas l'aisance ; elle pleurait dans un gros mouchoir bleu ; ses larmes sont tombées une à une sur mon triste cœur !... Pauvre femme ! Elle l'a suivi, dit-on, jusqu'au cimetière ; moi je suis rentrée avec l'âme brisée. Je jouais le soir !

Elle est touchante à relire, cette lettre où la comédienne qui pétillait, pirouettait, fredonnait et charmait, pleurait ainsi aux funérailles de l'humble ouvrier.

Cette note attendrie et pénétrante, Virginie Déjazet la retrouvait souvent, aussi irrésistible et aussi profonde, dans ses créations de théâtre. Oui, elle savait faire rire, non pas de ce gros rire si souvent niais qui naît de la charge, mais de ce rire malin ou de ce sourire discret qui naît d'une fine ironie ; mais elle savait aussi faire pleurer. Elle avait la fantaisie, comme Sterne, mais, comme lui, elle avait la larme. Ou plutôt, laissons là l'humour de l'auteur de *Tristram Shandy*. Déjazet était bien Française, dans sa gaieté comme dans son émotion, c'est-à-dire qu'elle avait le tact, la mesure, la discrétion, le goût. C'était la Parisienne dans toute la grâce du terme. Une honnête femme n'avait pas à rougir, même en écoutant ses lestes propos. Elle avait, par contre, souvent à s'attendrir lorsqu'au milieu d'une comédie malicieuse, Déjazet, sur un vieil air d'autrefois, chantait quelque refrain d'amour et de regrets.

Comme elle enlevait gaiement, dans *les Prés-Saint-Gervais,* l'air de la *Belle Bourbonnaise !* Mais aussi, comme elle filait tendrement, doucement, de sa voie ténue et cristalline, comme elle soupirait l'air charmant de *Femme sensible !*

Quelle grâce attendrie, émue, attirante, dans ces couplets de Frédéric Bérat, *la Liselle de Béranger!* Jusqu'à la fin, je le répète encore, Déjazet fut inimitable, c'est-à-dire égale à elle-même lorsqu'elle chanta la Lisette. Toute la mélancolie des amours envolées, toute la pureté de la plus chaste admiration, toute la tendresse d'un cœur qui s'est donné sans compter, respiraient à la fois dans la façon dont hochant la tête, arquant les sourcils, souriant avec des éclairs malicieux légèrement éteints par une larme, elle disait ce verselet :

Hier encor, j'ai fleuri mes amours !

La chanson du rimeur normand prenait alors la poésie d'une ode amoureuse d'Horace.

Et sait-on que Déjazet elle-même avait aussi versifié à ses heures? On nous a gardé ces vers qui ont l'accent sincère — sinon le charme et la forme — des vers d'une Desbordes-Valmore, et que Déjazet composa pour la fête de quelqu'un qu'elle aimait :

Ami ! depuis un an, combien de jours de fête
Ont fleuri sous tes pas !
Dans le sentier de l'art, le bruit de tes conquêtes,
Et dans celui du cœur que de palmes discrètes
T'ont salué tout bas !

Moi, qui n'ai pour orgueil, pour trésor et pour joie
Rien que ton seul amour ;
Ne vivant que pour l'heure où Dieu vers moi t'envoie,
A craindre, à espérer, mon pauvre cœur se broie
Tout un an, tout un jour !

...D'autres plus que la mort redoutent la vieillesse.
Quand je suis loin de toi,
Je ne veux que vieillir pour que ce jour renaisse,
Car mon constant amour, nos amis, ta tendresse,
C'est ma jeunesse à moi !

En vérité, il y a une émouvante et réelle poésie dans ce dernier cri ; et quoi de plus charmant que cette idée de la vieillesse ne faisant point peur à cette femme, puisque chaque année nouvelle ramène le jour de la fête du bien-aimé ?

Aussi bien, à mon sens, n'est-ce pas seulement tout un art que Déjazet emporte avec elle, mais on dirait que c'est toute une race de femmes qui disparait avec Frétillon. Elle gaspilla sa vie, mais elle sut aimer. Elle jeta son cœur à l'aventure, mais elle avait un cœur. Sous le refrain grivois se cachait parfois l'élégie. Elle aima, ce fut sa vertu. Elle avait vaillamment pris pour devise ces mots qui résument sa vie : « Bien faire et laisser dire. »

Qui lui succédera ? s'est-on demandé déjà. Mlle Schneider, malgré tout son talent, n'eut jamais son charme. Mlle Céline Chaumont, son élève, qui procède d'elle immédiatement, qui a de l'esprit jusqu'aux dents et jusqu'aux ongles, fait trop sentir au public qu'elle a des ongles et des dents. Elle n'est d'ailleurs que la réduction de la statuette voltairienne. Et puis, il y avait outre la suprême élégance, une bonhomie avenante chez Déjazet. Elle piquait, mordillait, mais le bon sourire effaçait tout. Elle n'eût peut-être pas mieux joué la *Cruche cassée,* mais elle l'eût jouée avec cette amabilité qui conquiert, qui entraîne et qui donne au talent quelque chose de plus que le talent : la sympathie, l'affection et le rayonnement.

Elle « croyait » en un mot, cette Frétillon qui chantait autrefois avec Béranger :

Mais que vient-on de m'apprendre ?
Quoi ! le peu qu'il lui restait,
Frétillon a pu le vendre
Pour un fat qui la battait !

Et Frétillon,
Ma Frétillon,
Cette fille
Qui frétille,
Mourra sans un cotillon!

Elle croyait à tout ce qui est beau et grand, à cette France qu'elle aimait, à l'art qui l'attirait, à la charité qu'elle pratiquait. Elle était du temps naïf et bon où l'on s'attendrissait sur les curés patriotes, sur Béranger en prison, sur le vieux drapeau captif ou caché. Vieux jeu, peut-être; elle y allait du moins, comme on dit, bon jeu bon argent. Je ne sais pas, ou plutôt je sais bien pourquoi je pense à elle, lorsque le souvenir me revient de cette chanson où son Béranger met en présence, au grand scandale de Tartuffe, qui a crié et crierait encore au sacrilège, une sœur de charité et une danseuse d'Opéra entrant au paradis par la même porte et par la porte toute grande ouverte.

Il y avait si bien de la *bonne fille* dans Déjazet qu'elle refusa de jouer le rôle de Marguerite Gautier, dans la *Dame aux Camélias*, rôle écrit d'abord pour elle avec des couplets, lorsqu'elle était au Vaudeville. Alexandre Dumas fils essaya vainement de triompher de ses scrupules : Vous avez bien joué Frétillon, disait-il.

— Eh bien! oui, répondait Déjazet. Mais Frétillon se donne et votre Marguerite Gautier se vend.

Et elle ne joua pas la *Dame aux Camélias*. Il y a tout un caractère dans un trait pareil.

Déjazet, malgré l'âge qui venait, avait gardé, sur la scène, le prestige de la jeunesse. On pourrait dire d'elle ce que Platon disait de la vieille Archéanasse : « Le sillon de ses rides sert encore d'asile aux amours. » Elle avait gardé sa bonne grâce, sa grâce même et sa voix, son art étonnant de détacher le mot et de détailler le couplet.

Nous lui avons vu jouer tous ses derniers rôles, ceux qu'elle préférait, disait-elle : M. Garat, le prince de Conti des *Prés-Saint-Gervais*, *le Dégel*, sans compter *les Premières armes de Richelieu* et cette *Douairière de Brionne*, où elle nous charmait tour à tour en vieille femme encapuchonnée et en lieutenant aux gardes.

Le soir de la première des *Prés-Saint-Gervais*, lorsqu'elle amena, le tenant par la main, M. Victorien Sardou sur la scène, une pluie de lilas tomba sur la petite scène du Théâtre-Déjazet :

De Déjazet et du printemps
Le lilas est la fleur chérie.

Ce fut peut-être la plus belle soirée de ses

dernières années. Depuis, Déjazet avait vieilli, s'était courbée, ratatinée, et je la revois encore, à la première représentation du *Tour du Monde,* vêtue d'une sorte de caraco, ou plutôt de veste bretonne en drap blanc soutachée d'ornements rouges et jaunes, sa main — une petite main maigre de momie — posée sur le velours pourpre du rebord de l'avant-scène. La figure était amincie, un visage d'enfant. On songeait à ce terrible sonnet de Baudelaire : les *Petites vieilles,* et, comme par une ironique antithèse, la vue de cette pauvre main desséchée faisait venir à la mémoire les verselets fameux sur le pied de Déjazet, le joli pied dont un rimeur avait dit :

Quand ce bijou, quand cet amour,
Se glisse dans le bas à jour,
C'est une joie
De voir folâtrer et courir
A travers le réseau de soie
Sa veine où coule le saphir,
Puis il babille,
Marche, frétille,
Et fait craquer son brodequin
De satin.

O séductions d'autrefois ! Le pied était resté petit, un pied digne d'être moulé comme ce pied divin de Rachel que nous avons rencontré, un jour, avec une vulgaire étiquette, à l'étalage d'un marchand de bric-à-brac. Mais le temps avait mis sa marque implacable sur toutes ces grâces, et Déjazet n'était plus Déjazet que lorsque, sous le capuchon de la douairière de Brionne, elle regrettait les sourires d'antan !

Voici l'heure des revues de fin d'année. La chanson va chanter Déjazet, et nous allons entendre plus d'un couplet ému fredonné sur quelque vieil air que modulait autrefois la chère comédienne : *Bouton de rose* ou : *J'aime beaucoup les tourterelles*. Et, je ne sais pourquoi, un vieux rondeau de Cogniard et de Clairville, me revient à l'esprit tandis que j'écris ces lignes, — un alerte rondeau que chantait, dans une revue des Variétés, qui date de quinze ans, cette jolie fille toute souriante que la mort emporta, défigurée, après lui avoir rongé les os, Judith Ferreyra :

Voilà
Ce que Garat chanta,
C'est grâce à ces airs-là
Que ma vogue est constante.
Ils sont depuis six mois
Jeunes comme autrefois,
Et plus charmants cent fois
Quand Déjazet les chante.
On a dit
Qu'un succès immense
Mit longtemps Garat en crédit,
C'était le Dieu de la romance
Et Déjazet nous le rendit.

Naturelle,
On dit d'elle :
Quel modèle
De bon goût,
Voix, finesse
Jeu, souplesse,
Gentillesse,
Elle a tout.
Aussi
Garat a réussi,
On a parlé de lui
Tout comme d'un chef-d'œuvre,
Fier de l'œuvre
Qui l'amusait,
Tout Paris qui jasait
Jasait de Déjazet.

Et voilà vraiment comment il faut célébrer Déjazet : sur une chanson alerte comme elle, comme elle souriante et joyeuse, aimable, aimée, et qui, donnant la vision d'une coquetterie et d'une élégance du siècle passé, appelle aussi le souvenir d'un clair refrain de la vieille Gaule. Quoi tout cela à la fois ? Certes, et n'en doutez pas, avec Déjazet, avec cette Déjazet dont le nom restera familier à tous, comme celui de Désaugiers ou de Béranger, oui, avec Virginie Déjazet, c'est une grâce de la France qui s'en va.

Décembre 1875.

V

Frédérick-Lemaître.

C'est peut-être le dernier grand artiste de ce temps-ci qui vient de disparaître. Il reste après lui des comédiens éminents, des intelligences dramatiques de premier ordre, des analystes d'un talent rare, mais de comédien de génie, je n'en vois plus à l'heure où j'écris. La mort de Frédérick-Lemaître ferme une ère lumineuse, et ce n'est pas seulement une âme créatrice qui paraît s'éteindre, c'est un art tout entier qui semble disparaître, et on serait tenté de mettre un crêpe de deuil sur la statue du Drame.

Mais si la vie est brève, l'art est long et le drame survivra. Le drame est la forme même de l'art de la scène au XIXe siècle. Lorsque la comédie veut se faire puissante, elle confine au drame. Le drame se transformera, se modifiera; mais, pas plus qu'il n'a été étouffé à sa naissance par les doigts glacés de la tragédie, il ne sera éternellement emprisonné par l'opérette qui, tout en riant, le voudrait cadenasser pour toujours comme un maussade et inutile vieillard dans quelque chambrette de Sainte-Périne.

Le drame perd d'ailleurs son représentant le plus illustre. Frédérick-Lemaître meurt à soixante-seize ans, délivré de l'horrible maladie qui lui dévorait la langue, comme si, après le cœur, c'était là qu'elle pouvait plus sûrement frapper un comédien. Il était né au Havre le 28 juillet 1800 (9 thermidor an VIII), et, entré au Conservatoire, à Paris, il avait été élève de Lafon, le tragique. On ne s'imagine pas Frédérick, la fantaisie superbe et sans frein, prenant des leçons d'un professeur. Il disait cependant volontiers que ces premières études lui avaient été profondément utiles. Savoir l'orthographe n'a jamais empêché personne de devenir un grand écrivain.

Et non seulement Frédérick avait passé par le Conservatoire, mais il avait, lui aussi, joué la tragédie. Il avait tenu à l'Odéon, vers 1822, le modeste emploi des confidents. Ruy Blas avait été Narcisse, Gennaro avait commencé par être Théramène. Il y a loin du « Bon appétit, messieurs », au « A peine nous sortions des portes de Trézène. » Pis encore : Frédérick qui ne put rester à l'Odéon, avait dansé sur la corde aux Funambules. On fait ce qu'on peut, on se montre où l'on peut. « Si vous n'avez pas d'église à décorer, disait Delacroix, barbouillez des murailles. » A cette époque, un seul homme avait deviné Frédérick, et cet homme, c'était Talma. Certaines prunelles ont le coup d'œil profond. « Vous ne voyez pas cette étoile, disait Bonaparte à Caulaincourt. Eh bien ! moi, je la vois. »

Il est intéressant de voir Frédérick deviné par Talma, ces deux hommes étant évidemment les deux personnalités dramatiques qui dominent le siècle, et nous ne pourrions comparer l'un à l'autre, si nous n'avions le témoignage de ceux qui les ont connus tous les deux ; et, parmi ceux-là, qui pourrait mieux les juger que Victor Hugo?

« Talma, nous disait le poète en causant, Talma était beau, d'une beauté classique ; Frédérick était beau, d'une beauté de Sicambre, toute moderne. Talma avait l'air d'une statue grecque ou romaine, Frédérick avait l'air d'un homme, Talma n'avait point de défaut et dominait complètement la foule qui l'écoutait. Frédérick était plein de défauts. Talma avait une voix sonore, profonde, et, comme on l'a dit si souvent, caverneuse ; Frédérick avait la voix éraillée, exécrable, et, de plus — les mots sont de lui — une mâchoire qui pesait six cents livres. Talma est arrivé du premier coup au succès et est mort en plein succès. On pourrait dire, au contraire, de Frédérick qu'il n'a jamais connu, malgré tous ses triomphes, le grand succès, le succès sans conteste qu'il méritait. Eh bien, de ces deux hommes également supérieurs, l'un parut plus complet, c'est Talma, l'autre fut plus grand, c'est Frédérick. Talma était parfait, Frédérick était inégal. Talma plaisait toujours, Frédérick heurtait parfois le goût, mais Frédérick avait des mouvements, des mots, des cris qui faisaient tressaillir une foule jusque dans ses profondeurs et des éclairs étonnants qui le transfiguraient et le faisaient apparaître dans l'éblouissant rayonnement de l'absolue grandeur. En un mot, et si l'on accorde que le comédien qui interprète une œuvre peut avoir du génie, ce qui est controversable, Talma avait plus de talent et Frédérick plus de génie! »

Le baron Taylor, à qui nous rapportions ces paroles de l'auteur de *Ruy Blas*, nous répondait il est vrai : « Frédérick eût été incapable d'être Auguste ou Néron, comme l'était Talma. Il n'a pas joué Corneille, pas plus qu'il n'a joué Shakespeare. »

Après avoir comparé Frédérick à Talma, comme le fait Victor Hugo, on pourrait comparer Frédérick à un homme qui n'a point laissé la renommée de Talma et qui n'avait point en lui les ressources physiques de Frédérick, à Bocage.

Bocage était plus maigre, plus triste, plus sombre, moins étincelant et moins prime-sautier, avec des gestes moins beaux, des éclats moins étonnants, des illuminations moins soudaines. Mais il y avait une profondeur plus réelle, une expression de souffrance souvent plus sentie, un foyer plus contenu, presque caché, un feu intérieur plus brûlant.

En supposant que ces deux hommes eussent la même flamme, Frédérick la répandait au dehors avec une vitalité de prodigue ; Bocage l'économisait avec une jalousie d'avare pour la rendre, à de certains moments, plus puissante. L'un semblait mieux fait pour peindre les élans fougueux de la passion ; l'autre, pour en exprimer les cuisantes douleurs. On avait plus d'admiration pour Frédérick, et plus d'affection pour Bocage. « Les hommes froids, sévères et tranquilles observateurs de la nature, a déclaré Diderot, connaissent souvent mieux les cordes délicates qu'il faut pincer. » Bocage n'était pas froid ; mais il savait justement toucher ces cordes délicates. Il était impossible de rendre avec plus de puissance la douleur humaine, domptée et couvant sous la cendre, qu'il ne le faisait dans le rôle de Buridan. Frédérick parut inférieur à son rival lorsqu'un jour il reprit ce rôle. Il n'eût pas osé, non plus, jouer Antony. J'ai vu d'ailleurs représenter Buridan par trois artistes d'un talent considérable : par Frédérick, qui en faisait une sorte d'aventurier, élégant comme un roi déchu ; par Mélingue, qui lui donnait la tournure d'un capitaine de Gascogne ; et par Bocage, qui, avec sa coiffure allongée et ses souliers à la poulaine, ressemblait à une figure du moyen âge descendue, droite et maigre, de quelque vieille tapisserie.

Frédérick-Lemaître était, au reste, le plus magnifiquement doué des trois. J'ai là, sous les yeux, une lithographie faite d'après lui, il y a trente ans, et rien n'est comparable à la vigueur superbe de ses grands yeux limpides et pleins d'éclairs. Ces yeux illuminent, incendient cette physionomie au port de tête hautain et plein de défi. Le front est admirablement beau, bien modelé, couronné de cette crinière que Frédérick garda jusqu'en sa vieillesse sans qu'en vérité l'âge l'eût ravagée, et qu'il hérissait, qu'il dévastait à son gré, qui demeurait, dans ses dernières années, un des moyens d'action les plus puissants qu'il conservât sur le public.

On disait volontiers que n'ayant plus de voix, il jouait avec ses gestes et ses cheveux. Mélingue avait ainsi fait, ou à peu près, quoiqu'il eût encore sa voix, lorsqu'il parut, à l'Odéon, dans le don César de Bazan de *Ruy Blas*. Le geste, chez Frédérick, était, il est vrai, toujours beau, toujours large, toujours puissant, incomparable malgré ce qu'on pouvait lui reprocher d'exagéré. Il était redondant, si l'on peut ainsi parler ; mais on pouvait dire du grand comédien ce que Voltaire disait d'Homère :

Babillard outré, mais sublime !

— Outré, mais sublime ! Ce magnifique reproche pouvait être appliqué à Frédérick.

Un soir, dans sa jeunesse, un petit théâtre disparu, où jouait Frédérick-Lemaître, les Variétés-Amusantes, donnait une comédie qui s'appelait *Pyrame et Thisbé*. Tout à coup, le bruit se répand que l'acteur chargé du rôle de Pyrame ne pourra remplir son rôle. Il s'est pris de querelle dans quelque cabaret voisin, et son adversaire l'a si fort malmené que l'amoureux est forcé de garder le lit. Cependant le public est là, qui attend, qui frappe du pied et qui demande la toile.

— Qui pourrait bien jouer Pyrame?

— Moi ! répond un comédien inconnu dont tout le rôle, dans *Pyrame et Thisbé*, consistait à passer dans le fond de la scène, à quatre pattes, revêtu d'une peau de lion et à rugir devant le public. C'était Frédérick-Lemaître. Il savait le rôle de l'acteur battu. D'ailleurs le souffleur était là. Le directeur accepte. Frédérick se dépouille de sa « fauve enveloppe » et entre en scène. On siffle, on hurle, on tempête. On réclame l'autre Pyrame, le seul Pyrame authentique. Le public a des engouements.

— C'est bien, se dit Frédérick, demain je me remettrai à quatre pattes !

Et il reprit philosophiquement sa peau de lion, se remettant à rugir en conscience.

Bien rugi, lion ! Que de fois, par la suite, lui répétera-t-on ce cri de Shakespeare ! Que de fois la critique reprendra-t-elle pour ce Frédérick l'éternel cliché du vieux lion ! Et il sera, en effet, un jour le lion du théâtre et le plus grand acteur de son siècle, ce comédien inconnu qui, à l'heure où on le siffle, apparaît, à quatre pattes, comme un figurant de baraque de foire, sur la scène des Variétés-Amusantes !

Un des traits caractéristiques de cet homme, c'est — pour exprimer par un mot ce que j'entends dire — qu'il ne fut pas du tout cabotin.

Le cabotin est au comédien ce qu'est le rapin sans talent au peintre convaincu, le bohème à l'écrivain, le faiseur au négociant ; le cabotin est jaloux, vaniteux, personnel, insupportable. Je sais des artistes tout à fait remarquables, qui sont cabotins par un côté quelconque ; tel sera jaloux en scène d'une figurante qui, très jolie, pourra attirer les lorgnettes sur elle tandis qu'il jouera ; tel autre (la petitesse des grands talents est infinie) aura besoin, pour réciter son rôle, de prendre, comme on dit, la scène, de rester toujours au premier plan, même lorsqu'il n'aura rien à dire. Frédérick n'était pas ainsi.

Il donnait volontiers des conseils à ses camarades, simplement, sans avoir l'air d'enseigner.

Il prenait, par exemple, à part, Atala Beauchesne ou Louise Beaudoin et lui disait :

— Je crois que vous feriez bien de dire telle chose de telle ou telle façon, ou de vous placer ici au lieu d'aller là. Votre rôle y gagnera et la pièce aussi, et quand la pièce y gagne un peu, tous les acteurs y gagnent beaucoup.

Jamais il ne « lâcha », puisque c'est le mot, un rôle. Il eut des fantaisies bizarres sur la scène, et ses aventures à la Kean sont célèbres. La fumée de l'ivresse lui montait parfois au cerveau et le mettait un peu trop en verve. Mais, de propos délibéré, jamais il n'abandonna une pièce et n'amoindrit un effet. En outre, il acceptait volontiers une observation.

— Monsieur Victor Hugo, disait-il, durant les répétitions de *Ruy Blas*, voici un vers que je ne dis pas bien, je le sens. Vous me rendriez service en m'indiquant comment je dois le nuancer !

Nous lui avons entendu déclarer, un soir, chez Carjat, au moment où il allait nous réciter le monologue de *Toussaint Louverture* :

— C'est la plus grande joie de ma vie que les deux plus grands poètes de ce temps-ci aient bien voulu me confier un rôle : M. Victor Hugo son Ruy Blas, M. de Lamartine son Toussaint Louverture !

Toussaint Louverture ne fut guère un succès que pour Frédérick, malgré des beautés incontestables. *Ruy Blas* avait été pour le comédien ce que le poète appelait une transfiguration. « Pour les vieillards, disait Victor Hugo, en 1838, c'est Lekain et Garrick mêlés dans un seul homme ; pour nous, contemporains, c'est l'action de Kean combinée avec l'émotion de Talma. »

On dirait volontiers que Frédérick-Lemaître était né pour incarner les types altiers du drame d'Hugo : Ruy Blas, Gennaro ; pour représenter les héros tragiquement passionnés du drame romantique : les Ravenswood et les Richard d'Arlington ; si nous ne l'avions vu, en ces dernières années, aussi simple, aussi apaisé, aussi vrai et aussi touchant qu'il avait été jadis éclatant et superbe.

Cet homme qui, tour à tour, apparaissait autrefois sous les traits de Cardillac ou de Concini, de Méphistophélès ou de Vautrin, de Georges le joueur ou de don César de Bazan, ce comédien qui avait été — avec quelle puissance effrayante ! — le notaire Jacques Ferrand d'Eugène Sue, et le Tragaldabas de Vacquerie ; ce Frédérick, le Chiffonnier de Paris et le neveu de Rameau, le Roi des Drôles et Robert Macaire, nous le retrouvions déchirant et attendrissant dans André Gérard, de superbe noblesse dans le comte de Saulles de Plouvier, exquis et paternel dans le Maître d'école de Meurice, étonnant d'émotion et de douleur dans le notaire Chérubin du *Crime de Faverne*, et souriant, larmoyant, semblable à un personnage de Paul de Kock, devenu tout à coup épique, dans *le Portier du n° 15*.

Et j'oublie bien des créations encore, des plus belles peut-être, qui datent d'une vingtaine d'années ; j'oublie ce rôle de *la Bonne aventure*, où il nous montrait un père frappé de folie parce qu'il soupçonnait la mère de son enfant, comme plus tard, dans *le Père Gachette*, il devait exprimer la fureur d'un homme à l'esprit sain enfermé tout à coup dans une maison de fous; j'oublie ce *Vieux Caporal*, où il paraissait tour à tour charmant et poignant, jouant un rôle de grognard muet avec une incomparable puissance; j'oublie *Paillasse*, un de ses triomphes, un mélodrame sentimental dont il faisait quelque chose d'humain, d'irrésistible et de déchirant.

L'art humain, j'ai dit le mot, voilà l'art de Frédérick. Il était exagéré, grandiloquent parfois; mais un éclair partait et il vous faisait pénétrer jusqu'au fond de l'âme humaine. Il avait aussi la fantaisie suprême. Ceux qui l'ont vu dans ce songe d'une nuit d'été, où Vacquerie mêle les visions de Shakespeare aux beuveries de Rabelais, ceux qui l'ont écouté dans *Tragaldabas* n'ont jamais oublié sa verve incomparable, sa lâcheté bouffonne et son insolence tapageuse. Et ce fut lui qui créa, qui inventa, qui sculpta de pied en cap ce type plus vivant que des vivants, cette caricature monumentale que lui envierait Balzac et que lui a empruntée Daumier; — Robert Macaire !

On sait d'où naquit ce héros de bagne et ce gigantesque chevalier d'industrie, ce colossal tripoteur qui restera comme la personnification des appétits d'un siècle. Robert Macaire, le meurtrier facétieux de M. Germeuil, le charlatan à la glu duquel se laisse éternellement prendre M. Gogo, le don Quichotte hideux dont Bertrand est le Sancho hypocrite, fut tout d'abord un personnage sérieux, un traître naïf d'un mélodrame de Benjamin Antier, Saint-Amand et Paulyanthe. Le 2 juillet 1823, l'Ambigu donnait cette pièce, *l'Auberge des Adrets*, que le public siffla durement. Elle était inepte. Benjamin Antier, l'ami intime de Béranger, dut être navré du résultat. Et pourtant, grâce à Frédérick, secondé par l'acteur Serres, qui jouait Bertrand, *l'Auberge des Adrets* devait être un succès étonnant et allait faire la réputation de Frédérick-Lemaître.

Ce fut le comédien qui, poussant à la charge le rôle de Robert, ajoutant chaque soir quelque nouvelle facétie jusqu'au jour où le rôle fut pour ainsi dire fixé par la tradition, ce fut Frédérick qui changea la chute en triomphe. Tout Paris court voir *l'Auberge des Adrets*, que la Porte-Saint-Martin devait reprendre en 1832. Le chapeau, le vêtement, la canne, le large pantalon rapiécé, le bandeau sur l'œil, la tabatière criarde de Robert Macaire, chaque détail était perfectionné par Frédérick avec un soin de créateur.

C'était lui aussi qui trouvait ces traits devenus célèbres, ces réponses demeurées légendaires :

— Vous vous nommez ? demande aux deux bandits le brigadier de gendarmerie.
— Toujours, répond Robert.
— Je vous demande votre nom.
— De Saint-Rémond.
— Où allez-vous ?
— A Bagnères, prendre les eaux de ce pas.

Ici une cascade, comme on dirait aujourd'hui sur les eaux de Spa, prises à Bagnères ; puis le dialogue continue :

— Votre profession ?
— Ambassadeur du roi du Maroc... Vous êtes peut-être étonné de ne pas me voir en marocain ?
Le brigadier s'adresse à Bertrand :
— Votre passe-port ?
— Voilà. C'est que nous les avons déjà montrés hier.
— Vous vous nommez ?
— Bertrand.
— Et vous allez ?
— Pas mal ; et vous ?
— Votre profession ?
— Orphelin !...

Tout cela est devenu banal à force d'avoir été répété ; mais il y a évidemment là une verve peu commune. Frédérick poussait d'ailleurs la plaisanterie un peu loin, par exemple lorsqu'à la reprise de la pièce, à la Porte-Saint-Martin, il montrait Robert Macaire et Bertrand poursuivis jusque dans la salle par les gendarmes comme M. de Pourceaugnac par les matassins, et se réfugiant dans une loge d'avant-scène d'où ils précipitaient sur la scène un cadavre de gendarme qui s'enlevait ensuite jusqu'aux frises.

Alors d'un ton superbe Robert Macaire chantait cet incroyable couplet final ;

> Tuer les mouchards et les gendarmes,
> Ça n'empêche pas les sentiments !

C'est ce qui a fait dire à Jules Janin que Robert Macaire a enfanté Lacenaire. Frédérick, à coup sûr, ne se croyait pas aussi coupable et on l'eût bien étonné en lui lançant cette étrange accusation de complicité morale.

Après avoir été si étonnant dans Robert Macaire, Frédérick-Lemaître crut, un beau soir, être aussi curieux dans le rôle de Bilboquet des *Saltimbanques*. Il joua Bilboquet au Palais-Royal, comme il avait joué Kean et le neveu de Rameau aux Variétés ; mais le succès ne fut point le même. Il parut sombre. Chose étrange, dans ce rôle créé par Odry, le grand artiste était inférieur à un simple farceur, à Lassagne. On ne le trouva intéressant que dans cette valse de Faust qui l'avait autrefois rendu si célèbre.

Cet échec, à coup sûr, ne comptera pas beaucoup dans sa vie, et ce n'est pas une erreur d'un jour qui peut faire oublier tant de soirées superbes et tant de gloire.

Et maintenant, que reste-t-il du grand comédien ? Ce qui reste d'un merveilleux feu d'artifice éteint. Pauvres artistes, dont on voit s'envoler le génie comme on voit s'éteindre la rampe qui les éclairait ! Un nom, un souvenir, c'est tout ce qu'ils laissent après eux. On vous dira que Frédérick était incomparable, lorsqu'au premier acte de *Ruy Blas*, il contait à don César ses déceptions et ses chimères :

Quand tu me connaissais, j'étais un homme encore.
Tous deux nés dans le peuple — hélas ! c'était l'aurore ! —
Nous nous ressemblions au point qu'on nous prenait
Pour frères ; nous chantions dès l'heure où l'aube naît,
Et le soir devant Dieu, notre père et notre hôte,
Sous le ciel étoilé, nous dormions côte à côte !

On vous montrera quelques photographies qui survivent à celui qu'elles représentent : Frédérick effrayant, hideux, affreusement beau dans le cinquième acte de *Trente ans,* l'œil hagard, la lèvre pendante, en haillons, un terrible bâton entre ses genoux, la tête en feu et la main prête au crime. On vous citera quelques jugements contemporains : « Lâchez Frédérick dans un rôle et vous verrez ! » s'écriait un jour Félicien Mallefille.

« Un rôle étant donné, a écrit Édouard Plouvier, Geffroy le peint, Bocage le dissèque, Regnier l'analyse, Provost le démontre, Mélingue le sculpte, Bouffé le crayonne, Frédérick le joue. »

Voilà tout ce qui restera d'un homme qui a fait palpiter, pleurer, rire, qui a terrifié et charmé son temps, d'un artiste hors de pair, d'un comédien qui eut à la fois le génie de la hardiesse et le respect de la vérité, d'une nature privilégiée et puissante, d'un acteur qui suivit jusqu'au bout le conseil de Shakespeare aux comédiens :

Garde aux troubles du cœur la dignité de l'art.

Quelques lignes dans les volumes de Janin et de Gautier, quelques remerciements durables dans les préfaces de Victor Hugo, quelques traditions dans les coulisses, un grand nom et peut-être un jour un monument ou une statue et c'est tout ! — Triste flamme, éteins-toi ! disait-il dans *Ruy Blas*. La flamme était éclatante et elle est éteinte, et ce grand artiste mort aura eu, comme Rachel agonisante qui entendait, de son lit de mort, les bravos donnés à une étrangère, à la Ristori, Frédérick-Lemaître aura eu cette douleur d'entendre acclamer dans un de ses rôles un *commediante* italien qui n'avait d'autre façon de se faire pardonner son succès devant cette agonie, que de mettre aux pieds de Frédérick, aux pieds du maître, les couronnes qu'on lui jetait, à lui, nouveau venu.

Ces couronnes, du moins, M. Rossi les a portées au tombeau de Frédérick.

Janvier 1876.

VI

Le monument de Samson.

Un souvenir d'un vieux et grand comédien. Une impression d'autrefois très présente encore. Dans une allée du cimetière Montmartre, les fidèles, les amis, les élèves ou les admirateurs se réunissant devant une tombe et saluant l'image de l'acteur Samson, que faisait revivre un buste de bronze. Toute la Comédie-Française était là. On avait terminé la répétition plus vite que de coutume, et l'on se retrouvait devant la tombe de Samson, le vieux Bouffé en tête, avec sa longue barbe blanche, et Mme Arnould-Plessy, avec son sourire.

M. Émile Perrin, M. Got, le doyen de la Comédie, M. Regnier, arrivent, accompagnés de la *maison,* comme on dit, et M. Pierre Berton, le petit-fils et l'élève de l'éminent comédien qu'on va fêter, Berton qui, ainsi que son grand-père, s'est fait applaudir comme acteur et comme auteur, conduit ce deuil — ou plutôt cette cérémonie de gloire. A Paris, il y a toujours un public pour toutes les cérémonies, quelles qu'elles soient. Lorsqu'on arrive devant la tombe, une foule de curieux l'entoure déjà, avide d'écouter les discours.

Au-dessus des têtes nues se dresse, sous les arbres verts du cimetière, le buste de bronze qu'a sculpté Crauk. Samson, le nez au vent, l'œil souriant, la lèvre ironique, semble distiller encore un de ces traits mordants qu'il laissait tomber avec une malice aiguisée. La tête est très vivante. C'est bien là le comédien et l'homme.

On fait cercle dans l'allée, autour des orateurs : les branches d'arbres, tordues par le vent qui passe, rendent le bruit d'une mer se brisant sur les galets et empêchent souvent les harangues d'être distinctement entendues. Mais que ce coin de cimetière est joli, avec ses tombes blanches et ses branches printanières ! La cérémonie n'a rien de funèbre. Les curieux qui sont là se montrent les célébrités du théâtre, les actrices aux jolis visages un peu pâles, à demi cachés par des voilettes noires à pois.

M. Derval a parlé au nom de l'Association des artistes dramatiques, fondée par Samson.

M. Émile Perrin a dignement loué Samson comme comédien, sociétaire, conférencier, professeur et camarade. C'est une véritable biographie que ce discours ému et plein de faits où M. Perrin a rappelé que, lorsque, avec Taylor, Samson fonda la Société des artistes, ce fut un billet de mille francs — emprunté peut-être — qui constitua les premiers fonds de cette œuvre, riche aujourd'hui. Le discours de M. Perrin a fait grande impression. Après lui, M. Ambroise Thomas a parlé au nom du Conservatoire. Samson y occupait cette chaire d'histoire et de littérature dramatique, instituée pour lui, je crois, et dont M. de Lapommeraye a hérité. M. Ambroise Thomas rappelle une parole de Samson visitant le Conservatoire et disant que « son cœur de vieillard palpite où son cœur de jeune homme a palpité jadis ». Après lui vient M. de Bornier, qui parle spirituellement — peut-être un peu trop spirituellement — au nom des auteurs dramatiques et fait l'éloge des belles-mères, après avoir cité les vers de Samson dans la *Belle-Mère et le Gendre* :

C'est un ange, d'accord, j'y consens, je le croi,
Mais elle est belle-mère et c'est assez pour moi !

J'aurais voulu entendre la voix si autorisée de M. Ernest Legouvé ; mais ce maître en ces sortes de discours a déjà fait sur *Samson et ses élèves* une conférence qui est un chef-d'œuvre, et il n'avait qu'à se répéter — ce dont on lui eût su gré, d'ailleurs.

On a dit, en résumé, d'excellentes et d'éloquentes choses, mais non pas tout à fait peut-être celles qu'il fallait dire. L'oraison funèbre est un genre un peu factice qui n'admet pas la réalité stricte. Samson était bien tout ce qu'on a dit qu'il était, comédien parfait, auteur dramatique applaudi, sociétaire de la Comédie-Française dévoué corps et âme à cette vieille et glorieuse institution, mais il fallait expliquer comment il était devenu tout cela, comment, fils d'un petit cafetier de Saint-Denis — d'autres disent d'un épicier de Pantin — élevé à l'école où le baron Taylor enfant se rencontra avec lui, il s'était instruit et *fait* lui-même. Je me rappelle que le baron Taylor, évoquant son souvenir, dans une de ces précieuses causeries remplies d'anecdotes qui accompagnaient nos dîners mensuels, nous disait:

— Mon camarade Isidore Samson était déjà classique en ce temps-là, et, tout gamin, il composait des pièces et me trouvait, moi, trop exalté, comme plus tard, au temps d'*Hernani*, il me trouva trop *romantique*.

Laborieux, acharné, passionné pour son art, sous cette double forme de la composition et de l'interprétation, Samson étudia beaucoup et devint le comédien extraordinaire et le fin lettré que nous avons applaudi tant de fois. M. de Bornier, parlant au nom des auteurs dramatiques, a très justement dit que le théâtre de Samson : *la Famille Poisson, la Belle-Mère et le Gendre*, était un théâtre de l'*ancien répertoire*. Il l'a comparé à celui de Collin d'Harleville. C'est un peu cela, en effet, avec plus d'ironie peut-être et une bonhomie moins bourgeoise. *La Famille Poisson* est tout simplement un petit modèle de fin badinage.

M. Got nous contait, au retour, plus d'un trait piquant de Samson, toujours prêt à s'irriter avec bonhomie. On causait un soir, au foyer de la Comédie-Française, de choses parfaitement indifférentes, quoiqu'il y eût ce jour-là un grand fait politique dont tout le monde s'entretenait — excepté, pour le moment, les comédiens au repos.

Samson entre. On se tait devant le doyen. Il regarde ses jeunes camarades, et vivement :

— Je parie, dit-il, que vous parlez de *telle chose?* (le fait politique en question). Vous disiez sans doute *telle chose?*

On ne répond pas.

— Ah! vous êtes de cet avis-là! continua Samson. Mais on pourrait parfaitement vous répondre *telle autre chose*. Qu'est-ce que vous diriez? Vous n'êtes pas de cet avis-là? Non? Eh bien, tant pis pour vous!

Et il sort du foyer, furieux, sans qu'on lui ait dit cependant un seul mot. Il y aurait une jolie scène de comédie à faire avec ce monologue.

Samson avait bien de l'esprit. C'est lui qui dit ce mot si joli, après la malheureuse épreuve de l'acteur Lafontaine dans le *Cid*:

— Allons! dorénavant, on ne pourra plus dire le *bon Lafontaine!*

Mot injuste, car Lafontaine devait être fort applaudi encore et mériter tous les bravos.

Ceux qui ont vu jouer à Samson le marquis de la Seiglière, Bertrand de *Bertrand et Raton*, le pair de France de la *Camaraderie*, le grand seigneur du *Fils de Giboyer*, ne l'oublieront jamais. Il fut une des gloires de la Comédie-Française, qu'il délaissa d'ailleurs un moment. Oui, en 1831, Samson donna sa démission et alla jouer au Palais-Royal, où il créa le *Comte de Saint-Ronan*, le *Philtre champenois* et un *Rabelais* où il était, me dit-on, tout à fait rabelaisien, avec son masque rieur. Au bout de dix mois, Samson dut rentrer, contraint et forcé, à la Comédie-Française, en vertu d'un jugement du tribunal de commerce. Son élève, Mme Plessy, devait l'imiter dans cette fugue. Elle était là, au cimetière, ai-je dit. Elle a fait mieux, un jour. Le 12 avril 1853, on donnait une représentation au bénéfice de Samson : Mme Plessy, alors à Pétersbourg, fit huit cents lieues pour venir jouer un rôle auprès de son maître et repartir après cet hommage à son professeur.

Samson, à qui l'on élève un monument où se lit, en lettres gravées, la reconnaissance de ses élèves, avait, avec Regnier, mené la campagne en faveur de la statue élevée, rue de Richelieu, à Molière. Ces deux comédiens lettrés tenaient à payer au grand comique l'éternelle dette du théâtre.

On peut, en répétant le mot de Bornier, dire que le monument de Samson ne manquera jamais de fleurs, comme sa carrière de comédien et d'auteur ne manqua jamais de couronnes.

Quelques heures après cette cérémonie, nous apprenions la mort de Paul de Musset et je me rappelais que le frère d'Alfred nous contait un jour un souvenir d'une répétition où Samson avait un peu irrité Musset.

On répétait *Un Caprice*. Mme de Léry disait : *Rebonsoir !*

— *Rebonsoir!* fit de sa fine voix flûtée, élégamment impertinente, Samson qui dirigeait la répétition. Dans quelle langue est cela ?

— Alors, très piqué, Musset, brutalement, de riposter :

— Dans la langue des femmes du monde que les comédiens ne connaissent pas !

C'était un peu vif, et je doute que Samson n'ait pas répliqué car il avait de l'esprit et autant de bravoure que de talent. Mais avait-il entendu la boutade de Musset ?

Ce fut un homme aimable et un homme de talent que Paul de Musset. Il fallait bien qu'il en eût beaucoup pour garder de son originalité jusque dans l'ombre projetée par la statue de son frère.

Il avait jadis écrit, sur la Régence, sur les mœurs et les personnages du dix-huitième siècle, des livres très pittoresquement érudits où Mme de Tencin, Mlle de Lespinasse revivent avec beaucoup de charme. Au théâtre il s'était fait applaudir, et il laisse un fort joli volume de voyage en Italie et en Sicile, ce voyage qui lui valait les strophes légères et attristées d'Alfred :

Ainsi, mon cher, tu t'en reviens
Du pays dont je me souviens
Comme d'un rêve...

Grand, élégant, le profil bourbonien, M. Paul de Musset ressemblait beaucoup à son frère, dont le portrait fut toujours placé devant sa table de travail. Il avait jadis répondu par un livre violent, *Lui et Elle,* au roman de George Sand, *Elle et Lui.* Il voulait publier bien des morceaux inédits et des lettres d'Alfred de Musset qu'il a conservés. Son rêve aussi était l'érection d'un monument à son frère. Un comité fut même constitué, sous la présidence de Victor Hugo; mais l'affaire en resta là. C'était une des tristesses de ce galant homme.

Mai 1880.

VII

Blanche Barretta.

Il y avait une fois (ceci n'est pas un conte) deux jeunes filles, Avignonnaises, venues à Paris et demeurant faubourg Saint-Honoré, dans le voisinage d'une grande jeune personne mince, charmante, blonde et qui rentrait, chaque soir, portant sous son bras le rouleau de cuir où l'élève du Conservatoire, où la comédienne enferme d'habitude ses rôles.

Le rouleau de l'élève est en moleskine ou en maroquin ; celui de l'actrice en cuir de Russie. Il est, d'ailleurs, de ces rouleaux de moleskine qui contiennent aussi un bâton de maréchal, comme la giberne du conscrit.

Les deux petites Avignonnaises, l'une déjà femme, l'autre encore enfant, regardaient passer cette grande jeune fille, élégante et poétique comme une Florentine de Masaccio ou de Ghirlandajo, et elles se disaient l'une et l'autre :

C'est Mlle Sarah qui revient de son cours !

Mlle Sarah, c'était Sarah Bernhardt.

Elle était aimable et bonne ; elle se lia d'amitié avec ces fillettes et remarquant dans la plus jeune des deux ce damné *diable au corps* qui fait les comédiens de race et les comédiennes nées, elle lui conseilla tout net d'entrer, comme sa sœur aînée, au Conservatoire.

L'enfant — Mlle Barretta était encore une toute jeune enfant — avait déjà joué la comédie, à sa pension, où elle récitait les fables de La Fontaine avec un sentiment étonnant du drame, comme l'eût pu faire un Delsarte, mais d'instinct. Née pour la comédie, Blanche Barretta avait pourtant été, dès sa première enfance, élevée avec le souvenir d'un épouvantable drame, et d'un drame historique. Elle est née à Avignon, dans la chambre même où fut assassiné le maréchal Brune. M. Barretta, le père, tenait là un hôtel, l'*Hôtel du Palais-Royal,* tristement historique depuis le massacre, et la fillette se rappelle avoir vu, au-dessus de son lit, dans la muraille, les trous des balles tirées sur le maréchal.

Avignonnaise donc, cette charmante jeune

fille, d'une grâce et d'un esprit tout parisiens. Oui, vraiment Avignonnaise, et son compatriote, M. de Pontmartin, nous a souvent dit qu'il retrouvait en Mlle Barretta la finesse aiguisée et la séduction alerte de ses jolies payses de Villeneuve-lès-Avignon.

Mlle Barretta grandissait, d'ailleurs, à Paris, en se disant que c'était bien tentant et bien charmant, le théâtre, et que cette Mlle Sarah avait bien de la chance, qui savait déjà, elle, combien vous grise un bravo ! Blanche Barretta se contentait encore des applaudissements récoltés à sa pension et des compliments du curé de sa paroisse.

Elle voulait pourtant mieux que cela. Elle voulait être actrice pour tout de bon. Les parents s'y opposaient tout en la laissant jouer, dans *le Supplice d'une Femme,* à la Comédie-Française même, le rôle de la petite fille qui traverse le drame en montrant son gentil sourire. Puis, Mlle Barretta entrait au Conservatoire, et M. Regnier la regardait déjà comme une des élèves qui lui feraient le plus d'honneur. Avec quelle bonté et quelle sûreté de coup d'œil il la consolait, lorsque Mlle Barretta attendant, méritant un premier prix, n'en obtenait qu'un second, contre toute justice ! « Console-toi, mon enfant, disait l'excellent professeur, c'est l'avenir qui te donnera ce prix-là, et sous une autre forme! »

Il avait raison.

Mlle Barreta fut engagée à l'Odéon après le concours, et elle y débuta avec Mlle Broisat, qui en était alors à ses premiers pas, à Paris, dans une pièce de ce pauvre Plouvier, qui se débattit toute sa vie entre le réalisme et la fantaisie, sans savoir choisir.

Mlle Barretta jouait une gentille pensionnaire au couvent, dans la *Salamandre*, d'Édouard Plouvier; elle montrait bientôt la grâce et la mutinerie d'une toute jeune fille dans le *Gilbert*, de Paul Ferrier; puis fort remarquée dans le *Petit Marquis*, de Coppée et d'Artois, elle était vraiment fort touchante encore, et d'une grâce particulière dans la jeune fille qu'empoisonne l'*Aïeule*, lors de la reprise du drame fameux de d'Ennery et Charles Edmond.

Déjà, Mlle Barretta avait, auprès du public parisien, gagné sa cause. Elle était aimée et classée. On se souvient de cette espèce de tournoi entre Mlle Reichemberg, Mlle Legault et Mlle Barretta jouant, toutes les trois : *l'École des Femmes*, Mlle Reichemberg, au Théâtre-Français, Mlle Legault, au Gymnase, et Mlle Barretta, à l'Odéon. Les revues de fin d'année s'en mêlèrent et nous montrèrent les *Trois Agnès,* lorsqu'arrivait l'acte des théâtres. La critique classique donna la palme à Mlle Reichemberg, mais Mlle Barretta nous avait séduit par je ne sais quoi de fin, de futé, de narquois, de bien moderne, qui donnait une note nouvelle à la tradition. Son succès fut éclatant.

Théodore Barrière la demandait bientôt pour créer au Vaudeville, dans *Dianah,* un rôle difficile, où il fallait une chasteté toute particulière, et le sujet de la pièce étant à peu de chose près celui d'une vieille pièce de Scribe, cette pièce, *Geneviève,* on la faisait jouer à Mlle Barretta dès sa rentrée à l'Odéon, où elle ne rentrait d'ailleurs que pour en sortir et pour aller à la Comédie-Française.

Geneviève et *la Demoiselle à marier* furent pour Mlle Barretta deux succès. Qu'elle était charmante avec ses manches à gigot de fillette de 1820 ! « Mlle Barretta, écrivions-nous alors, a cela de très séduisant qu'elle est vraiment. sur la scène, non pas une actrice, mais une jeune fille. » C'est ce charme spécial qu'elle a gardé et qui lui donne une physionomie artistique toute particulière.

Son entrée au Théâtre-Français était fort attendue. Elle débuta au mois de juin 1875, rue de Richelieu, dans Henriette des *Femmes savantes*. Vive, volontiers rieuse, presque pétulante, Mlle Barretta n'était pas tout à fait cette fille grave, muette, pensive, raisonnable que nous peint Molière. Elle réussit tout à fait dans Agnès, où elle fut, comme elle l'avait été à l'Odéon, charmante sans rien d'affecté, de mielleux, de précieux, ce qui est une vertu chez une ingénue. Son succès fut très vif aussi dans Angélique du *Malade imaginaire,* où elle était si spirituelle, raillant gentiment Diafoirus, et je me rappelle son émotion dans la scène de la leçon de musique. Le cahier tremblait dans sa main, et il fallut, après sa chanson, les applaudissements pour rassurer la jeune fille.

Mais où elle devait décidément prendre possession du terrain, et victorieusement, c'est dans *le Philosophe sans le savoir* et *le Mariage de Victorine*. « Mlle Blanche Barretta, disions-nous dans le feuilleton de *la Presse* (13 mars 1876), a obtenu, dans le rôle de Victorine, un double succès. Mme Sand avait trouvé jadis Rose Chéri pour le jouer au Gymnase ; Mlle Barretta l'a traduit, à la Comédie-Française, avec une naïveté et une sincérité ravissantes. On l'a fort applaudie quand elle pleure ; elle *pleure bien*, en effet, mais je la trouve supérieure encore dans les mots les plus simples qu'elle dit avec un naturel, une vérité infinis. Son succès a été très grand et très mérité. » Meissonier voulait la peindre, ajoutions-nous, lorsqu'elle sort, à la fin du quatrième acte de la pièce de Sedaine, en se retournant naïvement et coquettement, pour regarder l'effet que produit, derrière elle, la jupe de sa robe rose. Le mouvement, l'expression, la pantomime, tout cela était d'une fillette du XVIIIe siècle : un Moreau le Jeune ou un Eisen.

Mlle Barretta devait être fort remarquable dans le rôle effacé, difficile, écrasé par sa rivale, de la Camille de *Paul Forestier,* lorsque la Comédie-Française remonta l'œuvre d'Augier, et, depuis, elle est restée l'ingénue la plus charmante et, à la fois, la plus spirituellement piquante de notre théâtre.

Elle a beaucoup joué, rue de Richelieu, et dans des rôles multiples, mais pas assez au gré des amateurs de théâtre. Son fin sourire éveillé, sa voix sonore et gaie sont une fête pour les habitués de la rue de Richelieu. Elle a revêtu, cette ingénue si modeste et, je le répète, si allègrement Parisienne (que M. de Pontmartin me le pardonne), le *péplum* des filles de Racine. Elle a été Aricie après avoir été Victorine : et hier, elle était exquise, adorable de séduction tragique dans la *Galathée* de Mme Edmond Adam.

Elle a incarné avec le plus vif esprit la Casilda de Victor Hugo, raillant le roi son maître : *Il a tué six loups !* et Velasquez eût voulu la peindre dans son costume espagnol de *Ruy Blas*. On a d'elle, au surplus, deux portraits : l'un, de M. de Saint-Marceaux, un bronze qui sourit, éveillé et jeune, un buste coiffé d'un chapeau, comme si le sculpteur eût voulu tenir une gageure ; et une peinture de Mlle Abbema, vivante, pimpante, vibrante comme le modèle lui-même.

Ah ! la vie en art, la vie et l'esprit, les deux qualités bien françaises ! Mlle Barretta les possède au degré suprême, et de là son succès, son charme spécial, et ce succès-là n'attend, pour être décuplé, qu'une création définitive, digne de cette vive intelligence artistique, de ce talent naturel, alerte, entraînant, qui ressemble à une grappe de muscat du Midi, mûrie au soleil de Paris [1].

1881.

1. Depuis que ces lignes ont été écrites Mlle Barretta, devenue Mme Barretta-Worms, a affirmé son rare et exquis talent dans mainte pièce célèbre, *les Corbeaux*, *le Flibustier*, *l'Étrangère*, *le Gendre de M. Poirier*, *Maître Guérin* et elle a quitté le théâtre — trop tôt pour nous — sur un triomphe, *la Conscience de l'Enfant*, en laissant le souvenir de la plus remarquable des comédiennes et de la plus admirable des femmes. Elle me semble non pas une sociétaire à la retraite mais une artiste en congé.

VIII

Une Actrice parisienne.

Fargueil ! Anaïs Fargueil ! Je l'ai beaucoup connue, beaucoup admirée. J'ai tenté de la faire, un jour, nommer « professeur » au Conservatoire comme jadis l'était Augustine Brohan. Et, un moment, nous pûmes croire que nous réussirions.

Ce nom de Fargueil est, en effet, de ceux que Paris, ce diable de Paris, si infidèle à ses hommes politiques, a toujours aimés. La comédienne qui le porte incarna si bien cette certaine grâce qui fait qu'on reconnaîtrait, entre cent autres, une Parisienne actrice ou grande dame. Elle avait le *charme*, comme disait Janin ; elle eut surtout ce je ne sais quoi de subtil et de capiteux que Roqueplan comparait à une essence et qu'il baptisait : la *Parisine*. Femme d'un esprit supérieur et d'un très grand cœur, Mlle Fargueil a laissé dans l'art dramatique une trace lumineuse, un souvenir éclatant. Son art, tout de nuances, de délicatesses d'esprit, cet art aiguisé, délicat et profond, d'une ironie exquise, tournant soudain à la passion, à tout ce que la scène a de plus entraînant, cet art parfait et distingué est un art que Marco emporte avec un sourire et Dalila avec un éventail.

Le drame, avec Fargueil, avait une sorte de grâce, et la comédie, même légère, une adorable amertume. Le débit coupant, sifflant, spirituel, sans pitié dans la colère, plein de folie et d'éperduement dans l'amour, câlin et félin, se pliait à toutes les exigences de l'art, donnait toutes les notes et arrivait, sans crier, à tous les cris, j'entends à tous les cris de l'âme. Fargueil se livrait tout entière à son rôle, rayonnante aux soirs de triomphe, plus admirable encore, les jours de tempête. Une fois, dans une pièce d'Octave Feuillet, très remarquable pourtant, la partie semblait perdue. Arrive une scène où Fargueil, égarée, écoutait, derrière un paravent, je ne sais quelle déclaration d'amour faite à une rivale. Lorsque, le visage convulsé, tous ses nerfs tordus par la jalousie, la comédienne apparut, repoussant le paravent, en face du public, dès les premiers mots, ce fut un tonnerre de bravos, la scène s'acheva dans l'enthousiasme et l'œuvre de l'écrivain fut sauvée. Qu'on se rappelle encore la façon dont elle disait, dans *Maison Neuve*, en fuyant le logis, en jetant au loin une brosse, puis en montrant le plafond, l'étage supérieur où logeait sa rivale : « Ça ne sera pas pour elle, ça ! » Le geste méprisant souleva la salle. Elle avait de ces élans, Fargueil, de ces soubresauts, de ces courages dans le fracas du péril. Enfant de la balle et femme du monde à la fois, née dans les coulisses et n'aspirant qu'au coin du feu, grande artiste et bonne bourgeoise, rêvant sur la scène un rôle qu'elle n'a jamais rencontré, une sorte de Mélingue femelle, une Mme de Prie ou une tzarine, tour à tour insolente et clémente, faisant et défaisant tout, politicienne et amoureuse, que sais-je ? — Oui, rêvant le rôle qui ne sera pas écrit et le rêvant à la table de famille, auprès des siens, toute à sa passion d'art, mais toute à son foyer de Parisienne. C'est vraiment là une sympathique figure de comédienne et de femme.

Parisienne ! Quoi qu'on en puisse dire, les *Parisiennes* naissent partout. Anaïs Fargueil, dont le talent, je le répète, fut comme du *sublimé* de Paris, est Toulousaine. Elle est née presque sur les planches. Au Grand-Théâtre, son père tenait l'emploi de premier comique ; la petite avait à peine quatre ans, que, déjà, elle jouait des rôles et se trouvait chargée de représenter l'*Hymen* — un pauvre petit hymen haut comme cela, mais gentil comme un amour dans *le Petit Chaperon-Rouge*, l'opéra de Boïeldieu.

Ses parents étaient musiciens. Le père, appelé, en 1825, à Paris, et violoncelliste comme Offenbach, fit commencer alors à sa fille des études musicales. Fargueil n'avait pas six ans. C'est ce qui lui fait dire parfois qu'il lui semble « avoir pris naissance dans un violoncelle ». L'enfant grandit. Elle est au Conservatoire à dix ans ; à treize ans, musicienne achevée, elle est admise aux classes de Panseron pour la vocalisation, de Ponchard pour la déclamation lyrique. Le jury lui décerne le premier prix de lecture musicale, et, en 1834, le premier prix de chant. Voilà des études presque terminées, pour l'école du moins, et Fargueil n'a pas encore seize ans.

« Il ne faut pas s'étonner de cette précocité, écrivait un jour Mlle Fargueil, les enfants des comédiens sont, pour la plupart, des plantes de serre chaude. Les années et les impressions, en ces petites têtes suréchauffées, comptent double. »

Et, d'ailleurs, comment l'éclosion chez elle n'eût-elle pas été hâtive ? Elle eut le rare bonheur de passer son enfance, sa jeunesse, en relations continuelles avec les plus grands artistes de cette merveilleuse époque d'art dramatique qui va de 1830 à 1840 et plus loin. L'engagement de son père à l'Opéra-Comique faisait de ses soirées comme une mélodie qu'elle pouvait retrouver le lendemain à l'Opéra. Elle n'a cessé de voir de près, au théâtre, dans les coulisses, sur la scène, chaque soir de sa vie d'enfant ou de jeune fille ces gloires fugitives des portants. A l'Opéra, à la Comédie-Française, l'échange des entrées dans les théâtres royaux lui permettait, par exemple, de suivre attentivement, passionnément les grandes représentations de Mlle Mars. « Ah ! l'admirable et vraiment incomparable créature ! dit Fargueil quand elle se reporte vers ce passé. Depuis l'époque de sa retraite, depuis quarante ans, j'ai présents encore cette grâce, ce regard, ce sourire, cette voix, cette beauté ! Et quel charme, quelle vérité, quel goût, quelle âme, et enfin quelle haute intelligence ! D'autres ont été les *premières*, elle a été la *seule*. Elle était merveilleuse, lumineuse par-dessus toutes. Elle entrait : c'était de la clarté qui se faisait sur la scène. »

Et voilà bien, encore un coup, ce qui est ironique dans ces gloires de théâtre. Elles apparaissent et disparaissent. Lumière, soit. Un jour, la lueur baisse. La lampe s'éteint. Un peu de fumée. Tout est dit. Pauvres femmes !

Et pauvres grands artistes ! Car Fargueil a vu, près de nous, non pas Mars seulement, mais Adolphe Nourrit, mais Duprez, Levasseur, Ponchard, Mme Damoreau, la Malibran et tous ces artistes hors de pair du Théâtre-Français, dont chaque nom rappelait un triomphe. Elle a suivi la grande Rachel depuis ses débuts jusqu'à la fin de sa carrière ; elle a pu voir Frédérick et Dorval dans tout l'éclat de leur génie. Que ne raconte-t-elle ses souvenirs ? Elle écrit comme un ange, cette comédienne qui, au théâtre, eut de l'esprit comme un démon. Elle a le trait, le style alerte, la mémoire précise, et par-dessus tout cette mélancolie qui enveloppe la vie comme d'une brume et, peuplant le passé de figures évanouies, fait paraître hommes et choses pour ce qu'ils sont, des fantômes !

Comme elle évoquerait, ferait revivre cette inoubliable époque où la perfection relative, la supériorité d'exécution n'étaient pas moindres dans les théâtres de tous genres : où Odry faisait courir Paris aux Variétés et Deburau aux Funambules. Quel temps ! Anaïs Fargueil n'y songe jamais sans attendrissement.

— Le peu que je fus, dit-elle, en ne se doutant pas qu'elle répète une pensée de Gœthe, je le dois à mes souvenirs !

Elle n'était alors, elle ne fut longtemps que la *petite Fargueil*. En 1834, elle entre, engagée par Crosnier, à l'Opéra-Comique, avec un prix du Conservatoire. Elle n'avait pas seize ans lorsque, dans la *Marquise* d'Adolphe Adam, elle apparut, ravissante, le visage d'une finesse exquise, avec ses noirs bandeaux divisés par une raie au milieu du front, et tombant, lourds et lisses, des deux côtés de sa tête, cachant ses oreilles, ce qui est un tort. Elle charma, la petite marquise, puis elle créa un rôle de chinoise dans *le Cheval de bronze*, reprit *le Diable à quatre*, *les Voitures versées*, mais, écrasée par un travail régulier et forcé, si elle ne perdit point sa voix, comme Falcon, elle la fatigua et — après quelles angoisses ! — elle dut renoncer au chant, à tout ce qui avait été son espérance et son enthousiasme depuis qu'elle était au monde. Adieu donc, l'Opéra-Comique ! Et vive la Comédie !

La Comédie? Mais Fargueil était timide. Elle l'est encore. Elle avait, elle a toujours eu une défiance d'elle-même qui longtemps la paralysa, fut, jusqu'à la fin, le martyre de sa longue carrière. Être comédienne et être timide, voilà un supplice particulier et un paradoxe que le bon Diderot n'a point prévu.

Le professeur de comédie d'Anaïs Fargueil fut aussi celui de Rachel, Samson. Il lui enseigna le répertoire classique. A Dieu vat! La chanteuse débute comme actrice au Vaudeville de la rue de Chartres, et, avec des succès éclatants elle créa quinze rôles successivement, toujours applaudie, fêtée, choyée, Mathilde dans *le Démon de la nuit*, dont elle fit la vogue, *Casanova*, *le Diable amoureux*, *Joanna*, qu'elle jouait quand le théâtre brûla.

Le malheur voulut alors qu'elle abandonnât le Vaudeville pour le Gymnase. Elle a gardé de la direction de Montigny un souvenir amer. Des rôles infimes imposés dans des pièces sans nom. Mortifiée, rabaissée, prenant Paris en haine, et presque le théâtre en dégoût, elle rompt son engagement, et, comme si elle se fût enfuie, pendant cinq ans Fargueil chercha sa vie au hasard, en province et à l'étranger : c'est le roman tragique courant le monde, comme le roman comique de Scarron. La pauvre et adorable Desclée l'a tiré aussi, ce collier de misère; elle en est peut-être morte.

Ainsi voilà cinq ans du plus beau temps de la jeunesse, au lendemain de grands succès, en pleine réputation, en pleine intelligence, en pleine beauté, cinq ans que celle qui devait être la *Marco* de Barrière, l'*Olympe* d'Augier, la *Dalila* de Feuillet, la *Dolorès* de Sardou, l'*Arlésienne* de Daudet, *Madame de Maintenon* de Coppée, et *Miss Multon*, et *Rose Michel*, et la *Comtesse de Lerins*, cinq ans que la grande artiste a perdus, gaspillés, gâchés au loin, parce que Montigny ne l'a point comprise et l'a humiliée.

Ah ! cette atroce vie de théâtre ! Et sait-on que ce fut par hasard, par pur hasard, que la *petite Fargueil*, qui semblait devoir être la pauvre Fargueil, devint la *grande Fargueil* ?

En 1850, Bouffé, l'ancien directeur du théâtre de la rue de Chartres — non le comédien — reprend le Vaudeville de la place de la Bourse et engage Fargueil pour deux ans. Un jeune auteur, portant un nom illustre, venait de faire recevoir à ce théâtre — après combien de tribulations ! — un drame encore inconnu, tiré d'un roman déjà célèbre. Cela s'appelait *la Dame aux Camélias* et devait tout simplement révolutionner le théâtre moderne en substituant l'intimité et la vérité à la fantaisie et aux aventures. Bouffé donna le rôle de Marguerite Gautier à Mlle Fargueil.

On a dit que Fargueil avait « refusé le rôle », elle s'en défend avec énergie.

« — J'aurais donc été bien bête ! » dit-elle.

Elle répéta la *Dame aux Camélias* pendant quinze jours, tomba sérieusement malade, et céda le rôle à celle qui l'a créé. Mme Doche y trouva l'occasion d'un triomphe. Le théâtre a de ces coups de fortune.

Fargueil eut bien son heure de chance aussi, par hasard. Le grand succès de la *Dame aux Camélias* reculait nécessairement l'époque de sa rentrée. Elle attendait, attendait. Un an se passe. Au bout d'un an, on lui distribue enfin un rôle dans une pièce dont on reconnaît la parfaite nullité à la répétition générale, et voilà la malheureuse comédienne encore une fois *mise dans le coin*, comme on dit au théâtre.

Si elle rompait son engagement? si elle essayait de reprendre avec sa liberté, la vie cahotée de la province ? Elle ne souffrirait pas, du moins à Paris, dans ce Paris amoureux autrefois de la *petite Fargueil*, et où les blessures d'amour-propre sont plus douloureuses que partout ailleurs et comme empoisonnées. Partir? Elle essaie, l'administration n'accepte pas la rupture.

Il s'en fallait de six mois que les deux années du traité offert par Bouffé fussent expirées, lorsque Clairville, tout-puissant alors, fit recevoir au

Vaudeville une pièce en cinq actes intitulée *la Maîtresse d'été et la Maîtresse d'hiver*. M. Sarcey a déjà rapporté, dans une biographie d'Anaïs Fargueil, l'aventure que lui avait évidemment contée la comédienne.

Convoquée à la lecture de l'*œuvre* de Clairville, Mlle Fargueil accepta un rôle de coquette de second plan et, sans broncher, se met en devoir de suivre toutes les répétitions de ce vaudeville ignoré et du reste parfaitement digne du plus noir oubli. A la dix ou douzième répétition de sa pièce, Clairville arrive, écoute Fargueil, prend des airs ahuris, effarés, consternés, se tord sur son fauteuil, comme un ver dans du vinaigre, se crispe et finalement rend cet arrêt :

« C'est impossible, impossible, elle est exécrable ! »

Cela dit, il se lève, monte, rouge de fureur dans le cabinet directorial et déclare, si Mlle Fargueil doit conserver son rôle — c'est bien simple — il retire sa pièce !

— Je la re-ti-re ! Je la re-ti-re ! Est-ce assez net ?...

Grande rumeur. On envoie chercher la pauvre artiste. « — Vous entendez ce que dit M. Clairville ? — J'entends. Eh bien ! si je suis aussi mauvaise, rompez mon engagement, je vous l'ai déjà demandé ! » Mais non, décidément, Bouffé ne voulait pas rompre. Le lendemain Clairville envoyait du papier timbré, pour contraindre la direction à retirer le rôle à cette indigne interprète. Elle tenait à la pièce, la direction. *La Maîtresse d'été* devait dépasser la centaine ; on reprit le manuscrit à Fargueil et le chef-d'œuvre en question fut joué vingt-deux fois. Mais Clairville ne put du moins accuser de sa chute une aussi *exécrable* artiste qu'Anaïs Fargueil.

Et la fin de l'année arrivait : « Enfin, se disait Fargueil, enfin l'engagement finit ! Enfin, je vais être libre ! »

Bayard venait d'apporter au Vaudeville deux pièces nouvelles. Mlle Marthe, une jolie femme, fort obscure actrice, trouva indigne de sa renommée les rôles qu'on lui destinait dans ces deux pièces ; le rôle de Fiametta dans les *Contes de Boccace*, et celui de Coralie dans *Alexandre chez Apelles*. Mlle Marthe rompit son engagement avec le Vaudeville.

Voilà un auteur et des directeurs fort embarrassés.

— A qui diable allons-nous faire jouer cette *ingénue* et cette *coquette*? se demandèrent-ils? Bah ! vaille que vaille, donnons ça à Fargueil !

Fargueil ne récrimina point. Elle devenait un pis aller. Va pour le pis aller. Elle pouvait cependant trouver fort ridicule qu'on lui imposât le rôle d'une jeune pensionnaire; mais la pauvre femme était comme abrutie de toutes ces humiliations, résignée à fuir — pour toujours, cette fois — ce Paris dont elle n'espérait plus rien. Ce rôle ou un autre, ou pas de rôle du tout, peu lui importait. Son parti était pris. Le forçat achevait son temps.

Sa rentrée eut donc lieu dans ce petit acte d'*Alexandre chez Apelles*; la presse fut excellente à la nouvelle venue; Janin la loua selon ses mérites, et — voilà le hasard dont je parlais — quinze jours avant l'expiration de l'engagement de Fargueil, quinze jours avant son départ, quinze jours avant sa disparition définitive de Paris, arrivèrent ces fameuses *Filles de Marbre* dont le succès fut colossal.

Le jour où Anaïs Fargueil apparut au public parisien, cravachant insolemment de sa badine d'amazone l'or qu'on lui faisait danser sous les yeux dans le filet d'une bourse. — *Non, voilà ce qu'aime Marco!* ce jour-là, Fargueil avait reconquis sa place.

Elle allait avec tous ses nerfs, son talent, son énergie, sa fièvre, sa vaillance, animer ces créatures admirables ou sinistres des maîtres contemporains : Olympe, Dalila, Mme de Ris, Thérèse des *Lionnes pauvres,* Madeleine de *Rédemption,* et attacher son nom à ces œuvres supérieures; *les Femmes fortes, nos Intimes, les Diables noirs, Maison Neuve, la Famille Benoîton, l'Oncle Sam,* et vingt autres! Demandez à Sardou, ce qu'il pense d'un *porte-drapeau* comme Fargueil.

De 185[illegible] à 1880, Mlle Fargueil a fait trente-huit créations, qui, toutes, montraient la souplesse et la hauteur de son art admirable et dont plusieurs compteront parmi les plus éclatantes de ce temps. Elle a vu Dorval! Mais Dorval fut-elle jamais plus émouvante, d'une énergie plus effrayante que Fargueil dans *Rose Michel?* Y a-t-il de tragédienne qui ait élevé le pathétique à la hauteur de Fargueil dans *Patrie?* L'incomparable drame avait trouvé là une incomparable actrice. Puisque la comédienne prépare une représentation d'adieux solennelle et choisie, qu'elle joue une scène des *Pattes de Mouche,* ou de *Dalila* et le duo final de *Patrie,* ou qu'elle apparaisse une fois encore, sous les traits de Rose Michel, traînant par le collet son mari blême, et lui jetant ce cri : «Assassin! assassin!» qui retentit comme une épouvante et changea, pour un soir, la salle de l'Ambigu en théâtre shakespearien, et je promets à l'admirable femme une explosion de bravos comme elle n'en entendit jamais, elle qui en a tant entendu !

Anaïs Fargueil, cette Célimène née qui va disparaître, aurait dû faire partie depuis longtemps de la Comédie-Française, comme Geoffroy, ce bourgeois de Molière, qui vient de mourir.

Octobre 1883.

IX

Lhéritier.

Les comédiens et les comédiennes du théâtre du Palais-Royal célébreront, cette nuit même, le centenaire de la fondation de leur théâtre. On soupera, chantera, dansera, et je serais fort étonné que M. René Luguet, qui a, le premier, rappelé la date de l'ouverture du théâtre des Petits-Comédiens du comte de Beaujolais — 23 octobre 1784 — ne célébrât pas, sous forme de couplets, le 23 octobre 1884. Les directeurs du petit théâtre qui changea si souvent de nom, mais n'a jamais changé de place, ont même demandé, pour la circonstance, un volume spécial à un aimable vaudevilliste qui porte un grand nom — mais avec un *t* — M. Eugène Hugot.

Ils feront bien de danser en l'honneur des cent ans de leur théâtre, les comédiens du Palais-Royal, mais, en réalité, *leur* théâtre, le vrai théâtre du Palais-Royal, ce petit théâtre qui a révélé tant de grands comédiens et donné des chefs-d'œuvre en fait de comédies, le théâtre du Palais-Royal ne date pas de cent ans, et c'est seulement le 6 juin 1831 qu'il a ouvert ses portes sous ce nom devenu célèbre. A dire vrai, il n'y a que cinquante-trois ans que le théâtre du Palais-Royal est fondé. Il avait été, tour à tour, jusque-là, un théâtre de marionnettes et un café : il avait vu la troupe de la Montansier et les exercices du danseur de corde Forioso. Il devint seulement le théâtre qu'il est aujourd'hui à l'heure où l'on y logea la comédie avec Samson, Regnier — et tant d'autres qui y passèrent — et le couplet de vaudeville avec Virginie Déjazet.

C'est fêter quarante-sept ans trop tôt le centenaire du théâtre du Palais-Royal, mais je conçois que bien des gens soient pressés ; dans quarante-sept ans, les rangs seront éclaircis de ceux qui célèbrent aujourd'hui l'ouverture du théâtre du comte de Beaujolais.

Mais quand je pense à toutes les bonnes soirées de rire, à toutes les heures de gaieté que nous avons, tous tant que nous sommes, passées dans ce petit théâtre, je ne puis m'empêcher de tracer, puisque l'actualité le pousse sous ma plume, le tableau de ce coin de Paris, ou plutôt d'évoquer le souvenir de quelques comédiens que j'y ai vus, et ce sera là comme un acte de reconnaissance. A mon avis, nous devons savoir un gré infini aux braves gens qui passent leur vie à nous divertir. Ce trésor de bonne humeur que M. Renan se félicite de posséder, ce sont les auteurs comiques et les comédiens qui le conservent ; ils réparent les brèches quotidiennes qu'y fait la vie. Ce sont, en leur genre, des professeurs de philosophie que ces bouffons qui nous amusent. Ce sont aussi des médecins et l'histoire est connue de ce docteur ordonnant, pour tout remède, à Carlin malade d'aller voir Carlin.

Et le public, que nous accusons volontiers d'oubli, sait si bien cela qu'il est plein d'affection et de gratitude pour ceux qui l'ont charmé, arraché aux soucis quotidiens, guéri de ses ennuis, soulagé de ses misères — et par quoi ? — par un geste, un mot, une plaisanterie. C'est un des traits distinctifs du Parisien que cette passion qu'il a pour ses comédiens. Il les adore. Il sait bien tout ce qu'il leur doit ! Broussais guérissait, en son temps, ses malades par la saignée ; Ravel et Geoffroy ont souvent fait mieux que Broussais : ils ont, comme on dit, donné à leurs clients une pinte de bon sang.

C'est ce qui, en dépit des satiriques, fait que le comédien et la comédienne auront toujours, pour la foule, une sorte d'auréole toute spéciale. Chacun de nous incarne en eux ses propres rêves. On aime l'actrice parce qu'elle n'est pas seulement une femme comme telle autre femme, mais parce qu'elle est aussi, et en même temps, Ophélie, ou Juliette, ou Marguerite, ou la reine de Navarre. C'est de l'idéal tangible qu'elle représente — et présente. Et de même pour le comédien : il en est qui semblent la personnification même de l'esprit, d'autres celle de l'irrésistible belle humeur, d'autres encore de la niaiserie béate et divertissante. On s'habitue si bien à incarner en eux une idée que l'auteur même qu'ils interprètent disparaît parfois, à la longue, et que l'acteur, ne laissant qu'un nom d'ordinaire, hérite pourtant — à l'état posthume, si je puis dire — de tout l'esprit qu'il a débité.

Par exemple, il ne viendra jamais aux vieilles gens l'idée de dire : « Duvert et Lauzanne, dans telle pièce, avaient un mot bien amusant. » Non, ils s'écrieront, le plus naturellement du monde : « Arnal disait dans tel vaudeville », ou : « Comme disait Ravel, comme disait Grassot. » Le comédien a, peu à peu, confisqué la plaisanterie de l'auteur, Il l'a, aux yeux du public, faite sienne et le public aussi bien lui sait gré de l'émotion ou de la gaieté qu'il lui doit.

On le voit bien, lorsque disparait quelque personnalité théâtrale un peu populaire. Déjazet a eu dans la même église que Rossini des funérailles égales à celles du *maestro*. Paris a suivi le convoi de Frétillon avec autant de sympathie que celui de Béranger. Et quand on annonce la représentation d'adieu et de gloire d'un bon comédien que Paris a aimé, avec quel empressement il se précipite, ce Paris qu'on accuse d'indifférence, pour revoir celui qu'il a applaudi jadis !

On s'en apercevra lorsque, le mois prochain, on donnera, au Théâtre-Italien, la soirée organisée au bénéfice de Derval. Tout comédien qui s'en va emporte avec lui, que nous le voulions ou non, une part de nous-même. « Voilà une valse — la valse de la Kermesse — qui fera battre bien des jeunes cœurs ! » écrivait Saint-Victor, lorsque Gounod donna *Faust* pour la première fois. Il est évident aussi que bien des cœurs ont battu lorsque, par la voix de Delaunay, Alfred de Musset a parlé.

Perdican dort quelquefois dans la bibliothèque ; le comédien passe, l'incarne et le ranime ! Les poètes n'arrivent parfois à la foule que traduits par les comédiens. *Traduttori, traditori*, pourrait-on dire souvent. Mais ce n'est jamais un auteur dramatique qui dira cela ; l'auteur sait trop bien tout ce qu'il doit au soldat qui combat pour lui et Dumas, ayant à baptiser l'édition définitive de son Théâtre, l'a appelée l'*Édition des comédiens*.

J'ai vu chez M. Lhéritier, le comédien du Palais-Royal, un exemplaire de la *Cagnotte* habillé précieusement d'une reliure pleine et portant la réponse d'Eugène Labiche à une lettre de son interprète qui le félicitait d'être élu membre de l'Académie française :

« Je vous remercie, mon cher Lhéritier. Mais c'est bien vous et vos camarades qui m'avez *avancé le fauteuil !* »

Le mot est charmant. Il n'étonne pas sous la plume qui l'a signé.

Eh bien ! oui, les comédiens ont « avancé » ainsi plus d'un fauteuil, comme les grenadiers d'autrefois ont taillé plus d'un duché aux maréchaux de France. Derval et Lhéritier, pour ne parler que de deux d'entre les plus aimés, ont, en ce théâtre du Palais-Royal, dont les comédiens *toasteront* cette nuit, collaboré à bien des victoires.

Lorsque Derval arrivait au Palais-Royal, il y

a cinquante ans passés, c'était un grand beau garçon, élégant, très blond, d'un blond tendre, avec des sourcils superbes.

Le premier soir, lorsqu'il se présenta pour entrer en scène, Dormeuil, son directeur, qui ne l'avait peut-être pas bien regardé jusque-là, poussa des cris en apercevant ces noirs sourcils :

— Mon cher enfant, dit-il, effacez ça !

— Quoi ? Effacer quoi ? demandait Derval un peu étonné.

— Ces sourcils ! Voyons, soyez de bon compte ; vous êtes blond... très blond... et vous allez vous peindre d'énormes sourcils noirs au-dessus des yeux ! C'est absurde ! Et vous croyez peut-être faire plus d'effet avec cela ! Détrompez-vous ! Ce n'est pas *nature !*

— Mais, monsieur Dormeuil, je n'ai rien peint ! Rien ! Ces sourcils, ce sont les miens !...

— Ce sont les vôtres ? Alors, c'est différent ! Vous arriverez, mon cher Derval. Ce contraste est une originalité de plus !

Il s'en est fallu de bien peu que l'excellent comédien et le très charmant homme qu'est Derval ne créât son dernier rôle, il y a deux ans, dans *Monsieur le Ministre.* Nous avons coupé, la veille de la répétition générale, une scène épisodique assez amusante, devenue fort divertissante par le jeu des acteurs et que je regrettais le lendemain. Derval y représentait un ancien débris du parlementarisme et lorsqu'aux répétitions arrivait la *scène de Derval* les comédiens du Gymnase faisaient silence et se pressaient contre les portants pour écouter. La vérité est que Derval était tout à fait remarquable d'attitude, de distinction hautaine et de fine raillerie! J'aurais dû le laisser venir recevoir, ce soir-là, les bravos personnels que le public lui donnera demain.

Derval joua, au Palais-Royal, les séducteurs, les gentilshommes élégants, le héros de *la Liste de mes maîtresses*, le comte de Lauraguais dans *Sophie Arnould* et un des officiers de dragons qui apprenaient à *Vert-Vert* le jargon de la caserne; il représentait galamment les colonels de cavalerie dans les pièces de M. de Rougemont ou de M. de Forges, mais il ne fut pas, comme Lhéritier, uniquement fidèle à l'ancien théâtre de la Montansier. Le jour — qui ne peut tarder — où l'on organisera pour Lhéritier, comme pour Derval, une représentation d'adieu, c'est au Palais-Royal qu'il la faudra donner, puisque, pendant cinquante et un ans tout juste, le bon Lhéritier a joué la comédie sur les mêmes planches, entre les mêmes pans de muraille.

Je doute que Lhéritier, s'il y a été invité, puisse se rendre au souper du *centenaire* de son théâtre. Il s'est retiré dans sa petite maison des Batignolles, et, au coin du feu, le vieux comédien vit là de souvenirs. Et c'est touchant de voir chez lui, souriant encore, aimable, spirituel et bon, l'artiste qui nous a tant fait rire ! Je lui devais bien des soirées charmées. Depuis ces derniers jours, je lui dois une délicieuse journée de causerie. C'est lui, s'il voulait écrire, qui conterait admirablement, avec une simplicité et une bonhomie malicieuse, l'histoire du théâtre du Palais-Royal !

Ah ! l'aimable compagnon et l'intéressant causeur ! Il assiste de loin, du fond de sa retraite, à la comédie parisienne. Il la voit et la juge. Il a vu passer et repasser devant lui tant de gens et tant de choses ! Ses *Mémoires* sur le théâtre, s'il les écrivait, seraient profondément curieux, car Lhéritier est un lettré délicat et un observateur affiné. Il vit là, dans sa maisonnette, entouré de ses livres, de ses tableaux, de ses portraits de parents et d'amis. Là, une photographie de Grassot, comédien hors de pair, qui disait : « Puisque le public aime les charges, je lui en donne », mais qui valait mieux que ses drôleries de geste et de gosier.

Chez Mlle Nathalie, un jour, Grassot, peu connu encore à cette époque, avait fait beaucoup rire avec quelques charges de sa composition. Alcide Tousez lui dit :

C'est drôle à l'air..., mais, dans le théâtre, ce n'est pas aussi amusant !

— Patientez, répondit Grassot, ça le deviendra!

Et il avait raison. Avec le temps, ses bouffonneries et ses tics devinrent à la mode et, mieux que cela, légendaires.

Sur la cheminée de Lhéritier, un groupe de Mène, en bronze, cadeau de ses camarades du Palais-Royal lorsque le bon comédien quitta son théâtre — et le théâtre — et tout à côté, fané, jauni, rougi, mais pieusement conservé avec ses roses mordues comme par une gelée et desséchées, le bouquet qu'on apporta à Lhéritier en lui disant adieu.

C'est un logis aimable et gai que celui du vieil artiste à la retraite. Une vigne court le long des fenêtres et des grappes — trois ou quatre grappes de raisin — pendent aux pampres cuivrés. Une fois par an Lhéritier se livre à une grave et solennelle occupation. L'admirable artiste, qui nous a tant divertis dans *la Cagnotte, le Réveillon, la Grammaire, Célimare le Bien-Aimé,* prend ses ciseaux et, en quatre coups, fait ses vendanges.

Assis dans son fauteuil, près de sa fenêtre, Lhéritier peut se contempler lui-même, debout, de pied en cap, dans le vivant portrait que lui a fait Georges Cain. C'est le Lhéritier de la *Cagnotte,* Cordenbois dans son costume de conquête, escarpins, claque à la main, gilet de soie et le fameux habit loué et sentant la benzine. Lhéritier est étonnant de vérité dans cette toile spirituelle et colorée.

Et quand on pense que Cordenbois, le Cordenbois de Labiche, avait joué — sur ces mêmes planches du Palais-Royal — le Directeur Barras ! Dans une pièce de Théaulon, qui s'appelait les *Quatre Ages du Palais-Royal,* Lhéritier jouait Barras, le beau Barras, comme Derval jouait le Régent, autre bel homme. Les comédiens de ce temps-là pouvaient et savaient tout jouer. Grassot, dont la foule ne se rappelle guère que les gloussements et les *gnouf gnouf!* fut tout bonnement étonnant de sentiment et d'émotion dans le *Gendre de M. Pommier,* une contre-partie plus qu'une parodie du *Gendre de M. Poirier.*

Lhéritier jouant Barras ! Eh ! il en a joué bien d'autres ! Il conserve, dans un album, des aquarelles faites par lui (il a un rare talent de portraitiste, de caricaturiste), où il s'est représenté dans la plupart de ses rôles, depuis *les Amours du Port au Blé* jusqu'à *la Corneille qui abat des noix,* en passant par le *Vicomte de Létorières,* où il jouait le duc de Lubis, et par *le Sous-préfet s'amuse.* Lhéritier en duc ! Lhéritier pirouettant sur un talon rouge ! Et très séduisant, s'il vous plaît. Dans *l'Enfant du faubourg,* il représentait bien un forçat, un forçat hideux sous la casaque rouge et le bonnet vert et disant d'une voix enrouée à un autre galérien reconnu innocent : — « Oh ! reviens nous voir, dis ! Un petit bonjour, de temps à autre ! »

Le cadre où se plaît Lhéritier, où il vit paisible et satisfait, nous reporte à des temps brillants pour nos théâtres. Feuilleter l'album du vieux comédien, c'est revivre un peu de notre jeunesse; l'écouter, c'est assister à l'évocation de tout un passé aimable par un magicien sans pose et sans méchanceté. Il n'a, celui-là, d'autres maléfices que sa verve et son esprit.

Après avoir, aux murailles, retrouvé les charges de Bouffé, d'Arnal, de Levassor, lithographiées par Benjamin Roubaud, je regarde des aquarelles de Monnier, des dessins de Cham, puis je tourne page à page les feuillets de cet album où, toutes jeunes, blondes ou brunes, avec la fleur d'un sourire aux lèvres et la gaieté des dix-huit ans dans les yeux, revivent les charmeuses d'autrefois, oubliées ou vieillies, mortes ou disparues. C'est comme une visite aux catacombes, mais on y revit sa vingtième année. Les voici toutes, une à une, Cico, Martine, Elisa Deschamps, Aline Duval, et les plus nouvelles: Céline Montaland, au profil de camée; Massin, mince, petite, mignonne, une fillette de Boucher, jetée toute fraîche chez la Montansier; Schneider, jeunette, avec son rictus narquois de grisette de Bordeaux... Et les comédiens et les auteurs, Sardou à vingt-huit ans, Sarcey à ses débuts, Gil-Pérès, Janin, Déjazet.

Et, comme une légende au bas de chaque portrait-carte, une historiette que noteraient les Tallemant des Réaux, en passant.

Que de traits étonnants de ce pauvre Gil-Pérès, mort fou, et qui mériteraient d'être réunis dans les *anas* si les recueils d'*anas* étaient encore à la mode, comme au temps de Cousin d'Avallon !

A dire vrai, dans les plaisanteries de Pérès, on trouverait comme le grain qui détraque la machine. Sa plaisanterie était toujours singulière, paroxyste. Ce qui lui fit perdre la tête, c'est qu'on lui donna à entendre un jour qu'il devait se résigner à ne plus jouer les amoureux. Le pauvre comédien, qui devait pourtant se sentir vieillir, n'eut pas le courage de se *vieillir* en scène. Il recula devant cette idée de jouer les *vieux*, lui, le jeune premier comique. Il y eut là une tempête sous un crâne tout à fait navrante, et la maison d'aliénés fut au bout.

C'est Gil-Pérès qui, au foyer du théâtre, lançait les plaisanteries les plus extraordinaires.

M. Harmand était le directeur du Vaudeville et Harel celui des Folies-Dramatiques, lorsque M. de Girardin donna sans succès, au théâtre du Vaudeville, sa comédie : les *Deux Sœurs*.

— Savez-vous pourquoi, s'écriait Gil-Pérès, Émile de Girardin a donné sa pièce au Vaudeville plutôt qu'aux Folies ? Non ? Eh bien, c'est parce qu'il a mieux aimé tuer *Harmand qu'Harel !*

Il eût fait, en son temps, un excellent petit journaliste et ses mots valaient les plus applaudis des comédies qu'il interprétait. Je crois bien que c'est lui qui disait en parlant d'une de ses camarades du théâtre :

— Puisqu'elle fait dire qu'elle n'est pas chez elle quand elle y est, je la trouverai peut-être un jour qu'elle sera sortie !

Tous ces comédiens, du reste, avaient un esprit alerte et le dépensaient sans marchander.

Plus d'un auteur leur dut une *paillette*, qu'il le voulût ou non. Dans l'esprit de Lhéritier — esprit bon enfant et matois en même temps — je retrouverais volontiers la manière ou plutôt le naturel de Labiche.

C'est Lhéritier qui disait un jour, pendant une répétition, par une température maussade :

— Quel drôle de temps ! Il ne fait pas plus beau que les jours où il fait mauvais !

Et, en contant je ne sais quelle histoire :

— J'étais blanc comme votre linge... plus blanc !

Mettez le mot au théâtre, la salle partira d'un éclat de rire comme lorsque Gil-Pérès lui demandant : « — De quoi ris-tu si fort ? Fais-nous-en part ! » Lhéritier répondait :

— Je ne le peux pas, je ne me le rappelle pas. Je sais que j'en ai bien ri... Alors, quand j'y pense, je ris de souvenir !

Avec un esprit aussi amusant, Lhéritier aurait pu augmenter facilement le nombre des lignes de ses rôles. « Ce que je dis n'est pas sur mon cahier, mais c'est sur mon cahier des *charges !* » s'écriait un comédien qui ne se gênait pas pour jeter au public tout ce qui lui passait par la tête. Lhéritier ne fut pas de ces comédiens-là.

— Il y a, nous disait-il, des acteurs qui, dès

que la lecture d'une pièce est faite, ne s'occupent qu'à chercher tous les moyens d'ajouter à leur rôle, de l'*engraisser*. De là l'expression de coulisses : *Il y a du gras !* pour dire que l'acteur a grossi telle réplique ou telle tirade. « — Mais commencez donc par le jouer, votre rôle, ou par l'indiquer, répétai-je souvent aux nouveaux venus. Vous broderez ensuite tant que vous voudrez ! »

Il était agacé souvent des fautes de français qu'ajoutaient ainsi des comédiens — et parfois des plus huppés — au texte des auteurs. Le bon Lhéritier en souffrait autant que la grammaire elle-même.

Un jour qu'il en faisait l'observation à un acteur :

— Bah ! dit celui-ci, ça rend le dialogue *plus nature !*

— Nature, soit, dit Lhéritier, mais nature grossière !

Et il y a toute une théorie artistique et littéraire dans la simple riposte du fin comédien.

Grand — mais pas trop — comme Derval, Lhéritier était bien l'homme du Palais-Royal. Henri Monnier disait de l'excellent comédien Delannoy :

— Il n'a pas réussi au Palais-Royal, mais

c'est la faute du cadre. Oui, la plus grande partie de son talent est dans sa physionomie et, comme sa tête, allait se perdre dans les frises... alors va te promener!

Lhéritier et Derval ne se perdirent jamais dans les frises.

J'aurais voulu faire conter par le menu, au vieux comédien, toute la chronique du théâtre qu'on va chanter, ce soir, le verre en main. Il a vu *son* théâtre du Palais-Royal alors que c'était un café où, au retour de l'île d'Elbe, se réunissaient les officiers mis en demi-solde. Le père de Lhéritier, bonapartiste ardent, l'amenait là et disait à l'enfant : « Écoute et regarde! » Des officiers ou des bourgeois montaient sur la scène et couronnaient le buste de l'empereur en chantant la *Marseillaise*. Le théâtre de la Montansier s'appelait alors le « Café de la Paix ». Mais Waterloo vint. Les gardes du corps de Louis XVIII vinrent casser toutes les glaces du café, pour se venger des brigands de la Loire, et le père Romain (Lhéritier se nomme Gustave-Thomas-Romain) apprit à l'enfant ce couplet qui courut Paris :

Honneur à vous, enfants de la victoire,
Sous ses drapeaux vous serez signalés,
Et tous vos noms, au temple de mémoire,
Par Clio seront burinés.

Dans nos guérets, vos imposantes masses
Ont bien prouvé qu'à votre élan guerrier
Rien ne résiste... pas même les glaces
Du café Montansier !

Et le futur comédien de la *Cagnotte* de répéter :

Nous avons vu leur glaive meurtrier,
Conduit par vous, renverser jusqu'aux glaces
Du café Montansier !

Chaque fois que je me trouve en présence de l'histoire vivante, j'écoute avec une émotion curieuse. On ne nous apprend jamais sans doute que les Russes ont gagné la bataille d'Austerlitz et que nous n'avons point perdu la journée de Waterloo, mais les contemporains nous donnent l'atmosphère même et comme la couleur du temps qu'ils ont vécu.

Aux funérailles de Louis XVIII, Lhéritier entend, par exemple, un enfant s'écrier :

— Oh ! que c'est beau ! Qu'est-ce que ce sera donc quand le bon Dieu mourra ?

Et tout aussitôt je me figure la pompe déployée pour les funérailles du dernier souverain qui devait entrer dans la basilique de Saint-Denis.

Lhéritier a, depuis longtemps, comme il dit, dépassé « l'âge où l'on croit aux revenants, pour l'âge où l'on ne croit qu'aux revenus » mais, à dire vrai, il ne croit qu'à la littérature, au théâtre, à l'amitié et à ses camarades, dont il se souvient. Il faisait des chansons autrefois et des contes qu'il disait avec cette finesse étonnante que nous admirions; il a, sur de petits cahiers, pris des notes et des notules sur son passé, et s'il les voulait coordonner, il nous donnerait, je le répète, d'amusantes impressions d'autrefois. Sophie Arnould n'a pas dit en sa vie autant de *mots* — même en y ajoutant ceux qu'Augustine Brohan lui a prêtés... et empruntés — que Lhéritier n'en a jeté ou recueilli.

Il y avait jadis, de par le monde théâtral, une jeune et jolie actrice qui, malheureusement, avait la démarche de Byron et de Mlle de la Vallière : elle boitait.

Lorsqu'elle débuta, Lhéritier entendit un machiniste dire en la voyant marcher :

— Joli fauteuil, très joli, « vrai bois de rose, richement capitonné », mais il lui manque une roulette !

Le Palais-Royal était un bon endroit pour dépenser ou récolter de l'esprit. Depuis les vieux vaudevillistes, qui en avaient beaucoup, jusqu'à Barrière, Gondinet, Labiche, Meilhac, Halévy, les auteurs habituels de la maison laissaient tomber une menue monnaie qu'ils n'utilisaient pas toute dans leurs pièces.

— Si vous allez trop souvent au Bois, vous finirez par la falourde ! disait, un soir, Théodore Barrière à une comédienne qui a fini, en effet, à peu près comme cela.

C'est au foyer du Palais-Royal, que Jules Janin, pour se mettre au ton du logis, disait gaiement :

— On macadamise tant qu'on finira bien par m'académiser aussi !

Et lorsque ce grand et maigre Cham, que M. Félix Ribeyre a fait revivre dans un livre, arrivait aux répétitions du *Myosotis*, c'était un feu roulant de plaisanteries :

— On fait des souscriptions pour les inondés, c'est très bien, disait Cham, mais quand en fera-t-on pour ceux qui sont à sec?

Puis, comme on citait le nom d'un homme fort ennuyeux et lent en ses histoires :

— Lui parlez-vous ? demandait Cham.

— Oui, quand je ne suis pas pressé, car il n'est pas amusant !

Alors le caricaturiste, froidement :

— C'est très vrai. Aussi, c'est quand je suis pressé que je me laisse aborder, parce qu'alors je le quitte tout de suite !

Lorsque Lhéritier évoque ce passé, ces morts, il oublie toujours de dire qu'il avait autant d'esprit qu'eux. Il est demeuré ce qu'il fut toute sa vie, très modeste, trop modeste. On l'avait laissé pendant des années comme au second plan et, tout à coup, lorsque ce maître comédien, ce grand comédien qui s'appelait Geoffroy, entra au Palais-Royal, on s'aperçut que Lhéritier, son partenaire, était son égal. Lhéritier et Geoffroy formaient un duo de bourgeois absolument merveilleux : celui-ci, grinchu, violent, colère, stupide, avec des férocités implacables, celui-là bonhomme, naïf, essoufflé, ennuyé, bafoué. Deux artistes supérieurs, deux acteurs qu'on ne remplacera pas.

Au lendemain de quelqu'une de ces soirées, où Lhéritier triomphait avec Geoffroy l'excellente *mère Thierret* lui envoyait son portrait-carte avec ce petit mot : « Cette pièce, qui a été pour toi un véritable et incontestable succès, doit aussi te faire quelquefois songer à ta vieille camarade de théâtre et de jeunesse, et j'ai été heureuse, mon vieil ami, de voir ton amour-propre satisfait. Le reste de ta carrière dramatique vaudra cent fois le commencement : on ne découvre pas toujours à première vue un astre. »

Un astre ! Le mot dut faire rougir le bon Lhéritier. mais Mme Thierret avait le droit de parler, l'étonnante comédienne lettrée, érudite, qui jouait la *Mariée du Mardi Gras* avec *le style* qu'elle eût mis à jouer Molière! Lhéritier nous montrait un portrait de Mme Thierret avec une dédicace adressée à l'ancien élève de Bourbon, et il y a du grec et du latin sous la signature de la mère Thierret. L'étrange femme! Après avoir souffleté un monsieur, elle se battit, un jour, en duel, déguisée en homme, et blessa son adversaire. On n'apprit l'aventure au théâtre que beaucoup plus tard.

Après la lecture d'une farce quelconque, l'auteur demandait à Mme Thierret si elle était satisfaite de son rôle :

— Absolument. J'y serai amusante, je crois, et, comme dit Isaïe, *et gaudebitis et exaltabitis!*

Isaïe! Lambert Thiboust (car c'était lui) dut faire une singulière figure.

Encore une fois, après avoir feuilleté l'album de Lhéritier, passé d'Alphonsine à Montbars, on voudrait, lorsque le vieux comédien cause, l'écouter toujours. Mais il ne se livre pas, il attend, et, l'autre jour, il a fallu son vieux camarade Gabriel Marty — un comédien de son temps et de sa race — et son jeune ami Georges Cain pour le décider à donner la volée à ses souvenirs. Alors, par exemple, ils chantaient et battaient des ailes! Et j'écoutais, avec une joie sincère, ce bourgeois de Labiche, me parlant du théâtre du Palais-Royal comme l'eût fait un bonhomme de Diderot. Cheveux blancs et sourire jeune. Et, de temps à autre, des mots à ne pas oublier.

— Tu dois beaucoup à la nature, disait-il à Hyacinthe ; ton nez est une rude avance qu'elle t'a faite !

En parlant d'une pièce chutée lourdement et mortellement ennuyeuse :

— Cette pièce est tombée... comme la guillotine!

D'un homme qu'on a trop vanté et qui en est resté comme hébété :

— On l'a tellement porté aux nues qu'il a toujours l'air d'en tomber !

Puis des souvenirs d'autrui, des jugements d'une autre époque. En 1842, par exemple, Déjazet alla pour la première fois à Londres en représentation. Elle avait donc quarante-cinq ans à peu près alors. Bayard disait : — Elle a trop tardé. Les Anglais aiment le beefsteack saignant. Ils le trouveront trop cuit, pour ne pas dire charbonné.

C'est à Déjazet, affirmant qu'elle n'avait que quarante ans, que Méry disait assez brutalement :

— Les femmes comme vous comptent leurs années comme les points au piquet : de vingt-neuf on passe à soixante.

L'esprit de Lhéritier n'a jamais été aussi méchant. Il dira gaiement ; « Les mots d'esprit sont plus dangereux que les maux de cœur. » Quelquefois, au Comité des artistes dramatiques, dont il est membre, il défendra — d'un trait — la caisse de l'Association, assiégée par les quémandeurs :

— Il faut donner beaucoup à X..., disait quelqu'un. Il prend constamment les intérêts de l'Association !

— Et même il les accepte... en secours ! répondit Lhéritier.

Castellane, encore en ce Comité des artistes dramatiques, prend la parole un jour, et dit :

— Messieurs, permettez-moi de vous raconter deux méchantes histoires qui ont rapporté cinquante francs à la caisse !

— Eh ! mais, réplique Lhéritier, vos méchantes histoires forment un excellent compte !

Voilà l'homme. Il me semble que, dans la petite maison des Batignolles, où court la vigne, où les feuilles d'automne pleuvent dans le jardinet, j'ai passé de bonnes heures avec quelqu'un de ces beaux vieillards que peignait Greuze. Tandis que Lhéritier évoquait ces lointains souvenirs, les chants d'oiseaux et les cris d'enfants jouant sur la place voisine entraient par la fenêtre, à travers les arbres, avec un rayon de soleil. Et je me disais que, comédiens et comédiennes peuvent bien arroser de champagne, ce soir, le centenaire du théâtre du Palais-Royal. Je dois à Lhéritier une bien autre fête. Je l'ai entendu, lui qui a donné cinquante ans de sa vie à ces planches, célébrer ce centenaire en évoquant d'un mot — et d'un sourire — les belles soirées évanouies, les comédiennes oubliées et les vieux auteurs disparus.

Et je reviendrai à la vigne de Lhéritier y faire encore vendange de souvenirs[1].

Octobre 1884.

1. Je n'y suis pas revenu. Et Lhéritier est mort quatre mois plus tard, le 23 février 1885.

X

Jeanne Samary.

La mort de l'artiste admirable, de la jeune et charmante femme, de la mère tendre et dévouée, à qui je donne, au nom de toute la Compagnie, un suprême adieu, est pour l'art dramatique une perte cruelle et pour la Comédie-Française un deuil de famille. Nous ne pouvions croire, il y a quelques jours — à peine quelques heures, pourrais-je dire — que Mme Samary pût nous être aussi brusquement, aussi brutalement ravie. Il nous semble, tant elle était, il y a si peu de temps encore, rayonnante de beauté, toute vibrante de verve et d'esprit, que l'irréparable malheur n'est pas possible et que la sinistre réalité n'est pas vraie.

Jeanne Samary! Pour le public, c'était la Muse même de la comédie en belle humeur, c'était le sourire de Marivaux, c'était la fantaisie de Regnard, c'était le rire de Molière, c'était l'étincelle de l'art contemporain, où ce beau rire d'autrefois se fond en larmes profondément humaines. C'était l'enchanteresse des beaux soirs de la Comédie-Française, où, pour fêter nos maîtres immortels, nous demandions à la servante de Molière sa voix sonore et son verbe clair. Mais, pour nous, qui savions ce que valait une telle artiste, c'était une force, une puissance, l'esprit bien français de toute une race incarnée dans la digne héritière des Brohan. Ce que nous perdons, nous seuls pouvons le dire, et Dorine, Toinette, Nicole, Madelon, Marinette sont en deuil.

Elle n'avait pas dix-neuf ans quand elle est entrée à la Comédie, et les amis de cette noble maison, ceux qui guettent les débuts d'un artiste échappé au Conservatoire comme on chercherait sur les traits et dans le clair regard d'un conscrit les promesses de futures victoires, se souviennent encore de la soirée où cette enfant toute rieuse, blonde, avec sa bouche spirituelle dans son gai visage, entendit, en jouant Dorine, le bruit, le premier bruit des premiers applaudissements. Elle s'arrêta, comme suffoquée. Elle sentait les sanglots l'étouffer à demi. Elle pleurait, et pourtant elle était si heureuse ! Ces bravos, si doux à l'oreille et au cœur, ne devaient plus s'arrêter pour Jeanne Samary, et cette comédienne, au talent si vrai, si simple et si franc, allait, à son tour, arracher au public des larmes, de ces chères larmes que d'un coup d'aile chassait bientôt sa gaieté.

Aujourd'hui, ce qui nous fait pleurer, ce n'est pas la comédienne de *l'Étincelle* ou du *Monde où l'on s'ennuie,* c'est l'artiste frappée en plein triomphe, c'est la femme disparue en plein bonheur. Je cherchais à la revoir hier, bien plantée sur cette scène hardiment conquise par son petit pied, l'œil vif, la voix franche, victorieuse, le sourire poétique et railleur à la fois, avec son petit bonnet de soubrette sur ses cheveux blonds, telle que je l'avais applaudie pour la première fois, telle qu'elle était encore il y a deux semaines, fraîche et gaie comme un printemps, et je la retrouvais pâle, muette, couchée sur un lit de morte, parmi les fleurs, ces fleurs mortuaires moins nombreuses que ses bouquets et ses gerbes des soirs de triomphe. Ce n'était plus Jeanne Samary qui était là, c'était Mme Paul Lagarde, la vaillante mère de famille, pleurée, aujourd'hui, par un mari qui sait tout ce qu'il perd d'affection et, demain, par de chers enfants qui ignorent, eux, les pauvres petits êtres, tout ce que la mort leur prend de dévouement et de maternel amour.

Elle m'écrivait naguère, la pauvre mère, pour me remercier de la laisser passer quelques jours auprès de ses fillettes, là-bas, à Trouville : « Merci pour mes petites poupées ! » Elle était heureuse à l'idée de rester avec elles sur la plage, pour leur chercher de la santé dans cet air où, sans le savoir, elle buvait la mort.

Jeanne Samary aimait bien son théâtre, le succès qu'il donne, la gloire qu'il apporte, mais Mme Lagarde eût tout donné pour ces têtes blondes auxquelles, entre deux répétitions elle contait des contes, la plume à la main, sans prétention. En écrivant pour ses filles un petit livre familier, la charmante femme ne devenait pas auteur, elle avait trop joué Martine pour ne pas se moquer des *Femmes savantes* ; elle restait mère. Elle songeait à sa couvée.

Jeune, belle, applaudie, aimée, Jeanne Samary avait eu sur cette terre une part trop belle de bonheur. La destinée le lui a donné éclatant, mais le lui a fait court. Elle lui a tout repris violemment, injustement. Il y a dix-huit jours, elle fut applaudie pour la dernière fois. Ceux de ses camarades qui jouaient à côté d'elle la trouvaient inquiète, troublée, un peu nerveuse. Ils s'étonnaient de la voir redouter le public.

Ils ne savaient peut-être pas que cette comédienne de tempérament, de bravoure, était, au fond, une timide dans son art, inquiète de ses efforts et laborieuse jusque dans ses élans de nature. Je ne lui ai jamais vu cette imperturbable confiance en soi qu'ont trop souvent les médiocres. Mais ce dernier soir, ce n'était pas la peur de la rampe que ressentait Jeanne Samary, c'était une nervosité particulière, une souffrance vague, une terreur inexpliquée. Hélas ! c'était la maladie, c'était la mort.

Elle s'alita. Elle parlait de son futur rôle, celui qu'elle étudiait, la *Parisienne* qu'elle savait déjà et qu'on voulait lui reprendre, oui, sur son lit d'agonie, pour être représenté plus vite. Elle parlait de ses enfants. Puis, les médecins qui la soignaient s'inquiétèrent. Un fait grave se produisait : cette mère incomparable ne demandait plus de nouvelles de ses enfants. Le Dr Félizet me disait lundi : « Elle recommence à s'en inquiéter ; elle redevient elle-même ; c'est un signe d'espoir ! » — L'espérance, hélas ! n'a pas été de longue durée. La Comédie la pleure, et, avec la Comédie, l'art du théâtre et le public, ce public si reconnaissant à ses comédiens, à ceux qui l'amusent, l'émeuvent, l'arrachent par la vie du rêve à la vie cruelle et banale de tous les jours et qui, donnant leur existence à la foule, ne lui demandent en échange qu'un peu de bruit, les bravos, et un peu de fumée, la gloire !

Oui, le public est reconnaissant à ceux qui le séduisent ; mais, personnellement, comment oublierais-je que je dois à Mme Samary le premier succès de ma direction ? C'est elle qui joua, presque à l'improviste, *la Femme de Socrate* et qui lança, de sa voix juvénile, les vers de Banville. Que de succès encore le Théâtre-Français pouvait espérer d'une telle artiste !.. Notre répertoire classique perd en elle, ai-je dit, une de ses forces. Mais quel accent moderne, profond et vrai, elle donnait à tous ses rôles ! Enfant de Paris, comme Molière, elle incarnait en elle la vivacité, la verve, le clair esprit et le bon cœur de ce Paris qu'elle avait charmé, conquis, diverti, attendri, et qui fait aujourd'hui à la comédienne applaudie des funérailles pleines de tristesse, pleines de larmes et pleines de respect.

Vous avez raison de la pleurer, vous ne l'entendrez plus, vous ne la verrez plus, et la Maison est triste et silencieuse. Cette voix, ce mouvement, cette exubérance de vie, cette pétulance, ces reparties, tout ce qui fut elle, tout ce qui fut son être, son talent, sa nature, tout s'est éteint. Mais dans l'histoire de notre théâtre dans les glorieux souvenirs de la Comédie-Française, le nom de Jeanne Samary restera comme un double exemple : celui d'une incomparable actrice, celui d'une épouse adorée et honorée, et, quand on voudra rappeler un caractère spécial de comédienne, on citera Mme Samary-Lagarde qui joua Martine, mais qui ſut Henriette, et pouvait dire, elle aussi, en parlant de la vie :

Les suites de ce mot, quand je les envisage,
Me ſont voir un mari, des enſants, un ménage...

Ajoutez-y de la gloire et vous avez Jeanne Samary, cette ſille de Molière qui ſut une ſemme de cœur.

Septembre 1890.

XI

Thiron.

Les deuils vont vite à la Comédie-Française, et l'administrateur général a le triste devoir de prendre trop souvent la parole pour saluer, une dernière fois, ceux des bons serviteurs de la Maison qui disparaissent, les uns en pleine jeunesse, les autres en pleine gloire. Charles Thiron avait appartenu pendant vingt ans à la Comédie-Française. Il y avait paru débutant, il y était rentré devenu maître. Après l'avoir applaudi, à l'Odéon, aux heures de mes vingt ans, j'ai eu la bonne fortune — il n'y a pas d'autre mot quand il s'agit de ce rare artiste et de cet aimable homme — de l'avoir pour collaborateur. Il a joué, avec un vif éclat, un rôle dans une des premières pièces de ma direction, *le Parisien*, et il eût interprété encore bien des rôles nouveaux si la maladie ne l'eût forcé à prendre une retraite prématurée.

A soixante ans, il pouvait encore, si la santé lui fût revenue, jouer les rôles de son répertoire, ceux qu'il interprétait si bien : *le Chandelier, l'Été de la Saint-Martin, le Malade imaginaire, Amphitryon, le Bourgeois gentilhomme, Mademoiselle de la Seiglière !*

— Allons, cher Monsieur Thiron, lui disais-je, quand il venait me voir, essoufflé et miné par la maladie, vous remontrez quelque jour sur les planches !

— Oh ! répondait-il, les planches !... Il y en a en bas, il n'y en a pas là-haut !

Le départ et la cause cruelle du départ de ce comédien éminent ont été un des chagrins de mon administration, une perte profonde, absolue pour la Comédie-Française. Un soir il fut frappé, sur la scène même, en jouant les *Effrontés*. On l'emporta congestionné. Je tâchais de le consoler.

— Ce ne sera rien, rien, mon cher sociétaire !

Et lui, tandis qu'on le mettait en voiture :

— Oh ! oui, parbleu ! *Seignare !... Purgare !*

Il restait l'enfant de Molière, il restait gaulois, narquois, il restait Thiron, même frappé à la tête.

On se rappelle tous les triomphes de Thiron. Sa dernière création fut le marquis de Riverolles dans la pièce de M. Alexandre Dumas, *Francillon*.

Je puis dire, l'ayant vu à l'œuvre, quel soin, quel souci profond du mieux, quelle patience dans l'étude il apportait à la composition de ses rôles. Ce comédien d'un talent si sûr était (pareil en cela à Jeanne Samary) timide comme un débutant. Cet artiste d'un esprit si fin doutait de lui comme si le public ne l'eût pas entendu, réclamé, toujours heureux de l'applaudir.

Hélas ! en le voyant jouer, chercher, s'inquiéter, je prévoyais l'heure où, après tant d'artistes éprouvés, celui-là à son tour, et bientôt, disparaîtrait à jamais !

— Prenez garde, me disait Dumas, dont le coup d'œil était médical, il va nous manquer un de ces jours !

La Comédie-Française est le seul théâtre qui ait pu supporter tant de pertes successives. Je ne dis pas sans secousse, je ne dis pas sans tristesse, mais sans danger pour son avenir. Elle a résisté et résistera toujours; mais elle a bien le droit de se plaindre de tant de deuils et de tant de morts. Le 5 avril 1888, après le premier acte des *Effrontés,* Thiron, pris d'un étouffement, était forcé de quitter la scène et un de ses camarades, un sociétaire, dévoué comme lui à la maison, achevait son rôle, tandis qu'on emportait, je le répète, l'éminent artiste que nous redoutions déjà de ne plus revoir. Il devait reparaître pourtant sur cette glorieuse scène de la Comédie-Fançaise qu'il a illustrée et, refusant la démission qu'il crut devoir nous adresser, nous lui donnâmes, le comité et moi, un an de congé, espérant que la maladie dont il souffrait pourrait être enrayée. Un an après, le 4 avril 1889, il rentrait dans le *Mariage de Figaro* et le semainier, M. Worms, écrivait après la Matinée Classique ces lignes sur le rapport quotidien : « Le pauvre Thiron était dans une émotion profonde ; mais enfin il a très bien supporté cette première épreuve. A son entrée, le public lui a fait une réception chaleureuse. » Hélas ! ces ovations devaient être les dernières, et, deux mois après cette rentrée, le 10 juillet 1889, Thiron jouait pour la dernière fois, dans l'*Étrangère,* le rôle qu'il avait créé.

Il avait peur du théâtre, peur des planches, peur de la rampe, cette auréole du comédien. Il ne voulut même pas reparaître, malgré mon insistance, dans une représentation d'adieu où le public lui eût payé, en un soir, tout ce qu'il lui devait de joies exquises et de délicates sensations d'art. « Venir recevoir des fleurs en scène, me disait-il avec un sourire ironique et triste, y pensez-vous? La couronne du bénéficiaire, la dernière couronne ! Oh ! je n'y échapperai pas !

Mais vous me l'apporterez un peu plus tard, bientôt, au Père-Lachaise! » Et il fallait entendre le ton douloureux et pourtant résigné dont il disait ces mots!

Thiron fut, dans la vie, un esprit pénétrant, aiguisé, quelque chose comme un de ces comédiens du XVIIIe siècle dont les saillies charmantes sont devenues légendaires. Mais cet esprit si fin était un esprit sûr. J'ai toujours trouvé en lui — je redis le mot avec plaisir — un collaborateur dévoué, un cordial et solide auxiliaire. Il avait, dans les comités, la vision nette des choses, le goût exercé, et comme il avait sur la scène le talent le plus brillant, il y apportait en même temps la modestie la plus profonde, cette modestie qui est peut-être la marque de la véritable supériorité.

Il est banal de répéter que le souvenir des comédiens passe vite. Tout passe vite à l'heure où nous sommes. Mais croyez-vous qu'on puisse oublier, dans l'histoire de la Comédie-Française, cet acteur charmant et original, naturel et pétri d'humour; ce mordant interprète du répertoire moderne; spirituel, pénétrant, personnel lorsqu'il abordait les rôles classiques; inimitable lorsqu'il jouait du Musset dont la verve ailée était comme adaptée à sa fantaisie, à toute sa personne, à cette petite taille courte, ronde et cependant d'une élégance suprême et souveraine, l'élégance impertinente d'un galant homme d'un autre temps?

Encore une fois, le nom de Thiron est intimement lié à l'histoire de ce grand théâtre qu'il a beaucoup aimé, bien servi et bien défendu. J'entends encore sa voix claire et pimpante chanter, d'un ton si pénétrant, avec une gaîté naïvement ironique, le couplet du *Mariage de Figaro* qui pourrait servir d'épitaphe à tant d'événements et à tant de renommées :

Tout finit par des chansons !

Non, mon cher Thiron, tout ne finit pas par des chansons. Vous avez achevé le couplet de Beaumarchais dans les souffrances de la maladie, dans le regret de ce théâtre où l'on vous cherchait à votre place habituelle quand venait le défilé des anniversaires. Tout finit, en cette vie, par un dernier acte toujours tragique, même les comédiens des comédies de Molière, même les comédiens des comédies de Musset ! Tout finit par la dernière couronne, que vous avez refusée mais que vous aviez bien gagnée. Et quand on est comme vous, un artiste de race et un honnête homme, tout finit par des regrets !

Novembre 1891.

XII

La Roche.

Autrefois, quand un comédien prenait sa retraite, il était rare que ses camarades ne se réunissent point dans un banquet — le dernier banquet des Girondins de la scène — pour donner un souvenir à celui qui partait. Je ne sais pourquoi cette coutume a disparu dans ces dernières années et je me demande s'il n'y a point quelque diminution de la fraternité d'art dans l'abandon de cette bonne coutume ainsi tombée en désuétude. Que de sociétaires retraités auxquels on n'a rien dit!... J'ai plus d'une fois payé à ces « partants » la dette de la Comédie et il m'est doux de recueillir ici ces paroles qui, au total, sont aussi des « portraits parlés ». Et c'est ainsi que je disais, un soir, à M. Jules La Roche :

Depuis le 14 octobre 1875, jour où mon prédécesseur portait, dans un banquet d'adieux, un toast à un glorieux et regretté comédien, Regnier — c'est-à-dire depuis bientôt dix-huit ans — il n'y a pas eu de réunion pareille à celle-ci. Je ne sais pourquoi et par quelle timidité à se mettre en avant ou, qui sait ? par quel oubli peut-être d'une solidarité qui cependant est la force et la renommée d'une institution, on n'a pas célébré les événements heureux ou les retraites regrettables qui ont marqué ces dernières années dans l'histoire intime de la Comédie-Française.

On a vu la décoration de la Légion d'honneur, instituée pour récompenser, dans l'armée, dans les sciences, dans les arts, tous les mérites éminents, aller à des camarades et à des maîtres, tels que M. Got, le doyen de nos chevaliers, tels que M. Delaunay, dont j'ai mieux encore mesuré la rare valeur depuis qu'il s'est retiré trop tôt, tels que M. Febvre, M. Mounet-Sully, M. Worms, trois légionnaires dont la nomination m'a été une joie personnelle — et les collègues et les amis de ces gloires de notre scène n'ont pas eu l'idée, qu'ont eue les vôtres, de témoigner publiquement la satisfaction qu'ils éprouvaient à voir récompenser les services rendus par ces maîtres dans un art exquis : — l'art du théâtre qui est une des fiertés de notre France.

Je serais tenté de croire que lorsqu'on m'a reproché naguère de songer à reprendre la vieille comédie de Scribe *la Camaraderie*, ce n'est point parce que la pièce aurait pu sembler porter des rides ; non, c'est qu'aujourd'hui le mot et la chose sont peut-être plus abolis encore et que la camaraderie est une vertu plus démodée que le répertoire de Scribe. Je pense pourtant que c'est dans une maison comme la nôtre où les intérêts de chacun se lient aux intérêts de tous, où le succès d'un artiste rejaillit sur la Compagnie tout entière, que la camaraderie doit exister plus que partout ailleurs et sous sa forme la plus cordiale et la plus militante, le dévouement et l'amitié.

Évidemment — pour me servir d'un mot que j'entends fréquemment prononcer autour de moi et qu'on m'a pris peut-être, — évidemment, comme toute association d'hommes, la nôtre a ses rivalités, ses jalousies ; mais je m'imagine qu'il en est de même dans ce modèle de toute réunion humaine, l'armée ! Seulement, qu'un danger arrive et que le clairon sonne — ou qu'on frappe les trois coups, — il n'y a plus de rivaités et l'on court au rideau comme au ralliement, comme nos petits et chers soldats de France courent au drapeau.

Je remercie donc avant tout vos amis de leur chaleureuse initiative. En nous fournissant l'occasion, en nous offrant la bonne fortune de fêter, ce soir, l'honneur qui vous a été fait, ils me permettent de dire que désormais leur bon exemple sera suivi et qu'il n'y aura pas de joie particulière chez nous sans un témoignage général de sympathie, et point de départ sans une manifestation de regrets.

Car, voilà le seul point noir, le point attristant de cette charmante et amicale réunion. Vous quittez cette Comédie-Française que vous avez loyalement, victorieusement servie. Vaillant encore, vous aspirez au repos. Vous laissez à d'autres et votre place et votre exemple. Je veux, du moins, vous dire, au nom de la Comédie, que vous êtes de ceux qui l'ont, et par bien des mérites divers, le plus profondément honorée.

Tout ce que vous emportez dans votre retraite, c'est à la Maison, comme nous aimons à appeler l'institution dont vous aurez été le défenseur, c'est à la Maison seule que vous le devez. En vingt-trois ans, vous ne lui avez pas demandé la faveur d'une semaine, d'une soirée de votre vie. Vous avez toujours joué chez elle, et pour elle. Tout jeune, vous avez été tenté par l'Amérique — cette redoutable concurrente que Molière n'avait pas prévue ; — mais c'est surtout depuis l'Amérique et lorsque vous êtes rentré pour toujours à la Comédie que vous avez uniquement aimé la France, le public français, et, dans cette France même, Paris, notre cher Paris de la rue Richelieu. Aussi bien, mon cher La Roche, laisserez-vous le nom, le souvenir d'un sociétaire modèle, et si jamais — ce qui n'est pas à redouter — l'institution qui compte plus de deux cents ans d'existence et que quelques-uns trouveraient volontiers caduque comme si les étendards les plus glorieux et les plus respectés n'étaient pas précisément les plus vieux drapeaux, avec les noms dorés de leurs victoires ; — si l'institution que vous aimez, vous qui la quittez, autant que nous l'aimons, moi qui lui suis dévoué et ceux qui restent ou qui arrivent, — était en péril, ce seraient des serviteurs tels que vous qui la défendraient encore en la servant sans phrases, et en l'honorant sans fracas.

Je ne me doutais pas, mon cher sociétaire, lorsque j'applaudissais à vos débuts, que je serais, un jour, votre administrateur. Je savais, lorsque je suis entré dans la maison de Molière, quel était votre talent ; j'ai su depuis quel est votre caractère. Votre conscience et votre netteté ont toujours été pour moi de précieux auxiliaires. Vous étiez, vous êtes, je puis le répéter et dire de vous ce que je pensais de Thiron, un collaborateur d'autant plus utile que votre dévouement est doublé d'indépendance.

A chaque fois qu'un acteur disparaît ou se retire, la même pensée nous revient : il ne laisse rien après lui. On a dit, redit, répété, redit encore, du comédien que sa gloire s'éteint avec la flamme de la rampe, — et plus brusquement même aujourd'hui que les renommées vont plus vite et qu'un tour de clef fait évanouir la lumière électrique. Mais quelle est la gloire qui ne s'en va pas vite ? Ce qui est certain, c'est que le comédien a vécu cinquante existences en une, c'est qu'il a été tour à tour la voix du poète qui le fait parler et l'âme de la salle qui l'écoute ; c'est qu'il a, comme le soldat, vu le danger et conquis sa renommée dans la poudre de la bataille, — et dites-vous bien que pas un auteur, pas un parmi les plus grands n'a été soulevé par ces tempêtes de bravos qui accueillent (vous le savez tous) le comédien que les spectateurs redemandent après le baisser du rideau comme s'ils voulaient emporter, plus vivante, l'image de celui ou de celle qui, pour un soir, a incarné cette chose idéale, délicieuse et subtile : un rêve !

Et de ces rêves, mon cher La Roche, il en restera de beaux souvenirs dans votre carrière artistique. Je vous revois, à l'Odéon, dramatique et froid, sous les traits du huguenot Poltrot de Méré dans *la Conjuration d'Amboise* de Louis Bouilhet ; je vous revois dans *le Fils de Giboyer* sous l'aspect inoubliable pour ceux qui vous ont applaudi, du jeune d'Outreville ; je vous revois dans Alceste, dans Pyrrhus, dans Dorante, et comment ne pas évoquer cette figure pâle, hautaine et farouche du Saxon Ragenhardt dont vous fîtes le soir de *la Fille de Roland,* comme un spectre de la Revanche ?

Et, tenez, on se demande parfois ce que les auteurs doivent de reconnaissance à leurs interprètes et ce que les comédiens doivent de gratitude aux auteurs. C'est bien simple ; ils pratiquent entre eux le libre-échange des services rendus. L'auteur, dans les coulisses, voit le comédien aller au feu pour lui, en chair et en os ; le comédien, sur la scène, est le témoin agissant, le véritable second de l'auteur dans ses duels avec le public. Tous deux créent ; l'un invente, l'autre incarne et, au bout du compte, ils se doivent toujours quelque chose.

Vous devez à mon ami M. de Bornier un brin de fil au moins de votre ruban rouge et il vous doit, lui, un morceau du velours très doux de son fauteuil.

Ah ! ce ruban rouge ! Il ne faut pas oublier que ce n'est point votre départ mais votre nomination qui nous réunit ce soir ! J'ai l'orgueil et je me vante d'avoir, un des premiers, dans la presse, réclamé jadis pour les comédiens la croix de la Légion d'honneur. Il y a longtemps que je l'ai demandée pour le doyen, aujourd'hui disparu, des acteurs de Paris, le vieux Bouffé, et pour un de nos sociétaires retraités, l'honnête et glorieux Geffroy. J'avoue que ma campagne dans la presse n'a pas été couronnée de succès, ni Bouffé, ni Geffroy n'ont été décorés. Et l'on assure cependant que les journalistes sont tout-puissants et obtiennent tout ce qu'ils désirent ! Mon cher voisin et ami Francisque Sarcey, si dévoué à la Maison et à l'art dramatique, vous dirait que, quelle que soit son autorité, il n'a peut-être pas obtenu non plus les croix qu'il refusait pour lui et qu'il demandait pour les autres !

Journaliste devenu administrateur, j'ai été du moins plus écouté et, si je ne réclamais rien pour moi, selon une habitude prise depuis longtemps, j'ai eu la bonne fortune d'obtenir pour plus d'un d'entre mes administrés des récompenses que je trouvais justes, bien placées et bien gagnées. J'en remercie aujourd'hui hautement les représentants de l'autorité qui ont bien voulu m'écouter et dont M. des Chapelles a, comme moi, gardé le reconnaissant souvenir.

Dieu merci, nous n'aurons plus à combattre, comme autrefois, ce préjugé désormais abattu comme tant d'autres : la décoration du comédien. Tout homme qui illustre ou sert bien son art et son pays a droit à la reconnaissance de la patrie. On nous disait autrefois, pour combattre nos arguments, que Napoléon, qui institua l'ordre de la Légion d'honneur, n'avait pas osé décorer Talma. C'est possible. Mais ce que je sais bien, c'est qu'à la chute de l'Empire, alors que plus d'un chevalier et d'un grand-aigle oubliait l'empereur et retournait sa croix pour cacher l'effigie de César, comme on retourne un vieil habit, Talma, sur la scène même de la Comédie-Française, affirmait la puissance, la conscience et la générosité de l'acteur en se montrant au public dans la tragédie de *Sylla* sous les traits et avec le masque et la mèche de cheveux légendaire de Napoléon Ier. L'empereur n'avait pas osé décorer Talma ; Talma, en évoquant, devant la foule stupéfaite, le fantôme de César disparu se vengeait, si je puis dire, en incarnant, en faisant applaudir, en décorant publiquement l'empereur.

Mais, encore une fois, nous n'en sommes plus à des polémiques inutiles. Le fait est là, le fait heureux et désormais accompli. En buvant à votre ruban rouge, mon cher filleul — car j'ai été votre parrain dans l'Ordre national — je bois aussi à tous ceux de vos camarades qui vous ont précédé dans la Légion d'honneur. Et, puisque nous sommes pour ainsi dire ici en famille — Madame La Roche et votre père, si heureux et si justement fiers de l'hommage de ce soir, voudront bien me pardonner le mot — puisque j'ai, devant les directeurs de théâtre et les artistes qui ne sont pas des étrangers pour moi, parlé des affaires de la Maison comme si nous étions en Comité, laissez moi, mon cher La Roche, joindre au toast que je suis heureux de vous porter un autre toast qui vous sera aussi cher qu'à nous.

Là-bas, dans cette Bretagne où vous allez, comme votre ami Alceste, chercher non pas un endroit écarté *où d'être homme d'honneur on ait la liberté,* (cet endroit-là, on le rencontre partout), mais un coin de terre où l'on trouve le repos que vous prenez trop vite, dites-vous que quand on a appartenu à la Comédie-Française, on lui appartient toujours. C'est un régiment où l'on arrive lentement, mais sûrement — je dis cela pour les jeunes — et qui n'efface aucun nom de son livre d'or. Le sociétaire retraité est toujours de la famille. Et lorsque la mort en frappe quelqu'un, comme cette admirable Augustine Brohan, quel que soit le titre que porte la pierre du tombeau, c'est toujours l'image du théâtre qui sourit au-dessus et c'est moins la comtesse de Gheest que l'on célèbre que Dorine, Marinette, Suzanne ou Toinon « *de la Comédie-Française* » !

Vous resterez donc avec nous, mon cher La Roche, même éloigné, même retiré. Je regretterai l'acteur excellent et le semainier modèle. Vous, vous penserez à nous les soirs de premières et vous vous direz que d'autres vont au combat pour la gloire et le succès du théâtre. Quand vous leur enverrez, à ceux-là, votre bravo lointain, ils sauront qu'il vient d'un homme de bonne foi et d'un bon serviteur de l'Art.

Aussi bien, je vous propose, en buvant à vous, à votre ruban, à toute votre carrière si nette et si droite, de boire à cette institution plus que deux fois séculaire, toujours vivante, toujours renouvelée, toujours militante, fondée sur ce sentiment dont vous et ceux qui vous entourent avez donné tant de fois l'exemple : l'immolation de l'intérêt ou de l'amour-propre personnel à l'intérêt général ; à cette Maison où depuis Molière — car le fameux décret de Moscou, dont on parle tant sans le connaître, n'est que la codification des règles établies par le grand comique entre ses camarades et lui — où depuis Molière le problème de l'association et de la coopération, poursuivi aujourd'hui par les socialistes, est appliqué avec un rare bonheur et une absolue justice ; à ce théâtre qui est, avec deux ou trois autres institutions, une des gloires incontestées de la France et dans l'histoire et devant l'étranger ; à la Comédie, que vous avez, je le répète, bien servie et bien honorée ; à la Maison, dont vous avez été le collaborateur, le serviteur, — j'ai dit et je répète le mot, le soldat ; — et en portant, mon cher La Roche, un toast à vous, sociétaire, j'en porte un aussi à cette Maison dont le nom est déjà sur vos lèvres et a toujours été dans votre cœur : « A la Comédie-Française ! »

1893.

XIII

Frédéric Febvre.

On a beau dire que les adieux sont touchants, émouvants, inoubliables, ils sont toujours tristes : c'est pourquoi je ne veux pas, mon cher Febvre, une minute, penser que nous sommes réunis ici pour ajouter une émotion et, je puis bien parler anglais, puisque nous allons à Londres, dans quatre jours, un *Farewell* à votre éclatante représentation de retraite ! Je me dis simplement que vos camarades se sont groupés autour de vous pour vous donner un témoignage d'affection et de regrets. Je lève mon verre, en leur nom, pour porter votre santé. C'est, je crois, ce qu'il y a de moins triste, de plus consolant et de plus cordial !

Un long discours ressemblerait à ces harangues académiques où, dans l'éloge le plus convaincu, se glisse toujours quelque chose de funèbre ; c'est pourquoi, mon cher sociétaire, je veux éviter tout ce qui pourrait donner à ce toast d'un jour d'été une apparence de discours ; et si j'avais cédé à ma simple inspiration, je vous aurais tout uniment dit un grand et profond merci dans un affectueux serrement de main.

Mais non, ce ne serait pas assez ; nous avons beau être en famille, autour d'une table dont la nappe blanche ne ressemble guère au tapis vert du comité, l'administrateur ne peut pas oublier qu'il parle à l'artiste éminent à qui le théâtre doit vingt-sept années de glorieux services et qu'il parle d'un comédien hors de pair à des nouveaux venus ; à ceux-là votre existence d'art et de labeur doit servir d'exemple.

Vous m'avez souvent dit que vous étiez fort ému lorsque vos succès du dehors vous ouvrirent les portes de ce grand théâtre où veulent entrer tous ceux qui n'y sont pas et où, parfois, se plaignent de rester ceux qui y sont. On peut dire de ceux-ci qu'ils se plaignent que la mariée soit trop belle, j'entends que la Comédie soit trop bonne. Vous aviez devant vous, en 1866, au moment de vos débuts, Leroux, Delaunay, Bressant, Lafontaine et M. Garraud, votre vieux camarade du Havre, à qui j'envoie de loin un souvenir qui lui ira au cœur. Vous avez attendu, vous avez patienté, vous avez travaillé.

Une de vos camarades vous disait d'un ton narquois, aux premières répétitions: « Nous ne sommes plus ici au Vaudeville, Monsieur »; vous vous contentiez de sourire et, comme plus d'un ou plus d'une, que je pourrais nommer, vous prouviez tout doucement que la vérité, la simplicité, le pittoresque élégant, la vie moderne sont aussi du domaine de la Comédie-Française.

J'ai eu un grand plaisir, hier, en relisant les articles que je vous consacrais en ce temps-là. Je n'ai pas été mauvais prophète. Toujours je louais, dans la multiplicité et la variété de vos rôles, l'art des transformations uni à la conscience de vos recherches et, à chaque feuilleton, les mêmes mots revenaient sous ma plume; perfection, vérité, simplicité dans les moyens, puissance dans les résultats.

Je ne savais pas encore qu'à tous ces dons de nature vous ajoutiez, à un degré admirable, un autre don de volonté, celui du travail: on n'est pas un comédien de la Comédie-Française sans travailler infiniment, sans travailler sans cesse.

Là encore, vous avez été un exemple pour les jeunes acteurs qui vous ont suivi; j'en sais beaucoup qui vous envient. Je voudrais en trouver quelques-uns qui vous imitent.

Les jeunes gens, — qu'ils me permettent de le leur dire, — n'ont pas mangé d'un mets très coriace mais très sain, qu'on ne nous a pas servi aujourd'hui et dont nous avons eu notre portion autrefois, je veux dire la vache enragée! La vache enragée n'est pas une nourriture, mais c'est un apéritif, elle donne à la fois, pour plus tard, de l'appétit et du talent.

Vous en avez eu votre part et vous l'avez gaiement dévorée, avec cet esprit alerte et résistant que vous avez apporté à toutes vos entreprises.

Et c'est ainsi qu'à un âge où l'on reste militant, vous pouvez vous retirer, ayant joué près de trois cents rôles, c'est-à-dire plus de mille actes, interprété quatre-vingt-seize auteurs et appartenu à onze théâtres, sous dix-neuf directeurs.

De ces directeurs-là, c'est le dernier qui est resté votre administrateur, après avoir été votre critique et qui vous remercie, au nom de l'art dramatique et au nom de la Comédie-Française. Vous êtes las, dites-vous, de tant d'années de labeur et vous avez des fringales de repos et de voyage. Vous avez voulu reprendre votre liberté, jouir d'une indépendance bien gagnée!... J'ai fait de mon mieux pour vous retenir et je n'oublierai jamais quel collaborateur précieux vous avez été sur la scène et à l'avant-scène; vous aviez le goût, la curiosité, le sens de la vie et cette qualité, qui semble secondaire au théâtre, et qui est une vertu, la ponctualité.

Être un grand artiste à ses heures, c'est bien; être un grand artiste à heure fixe, c'est inappréciable!

Vous aviez aussi une qualité qui me plaisait: la sympathie pour les petits. Moi seul puis savoir combien de fois vous avez plaidé, auprès de moi, la cause de vos plus humbles collaborateurs. Vous en ont-ils tous su gré?... Je veux le croire. Dans tous les cas, après le plaisir de faire le bien, il y en a un autre un peu plus amer, mais, délicieux aussi, c'est celui de faire des ingrats.

Ingrat, vous ne l'avez jamais été pour cette grande maison, qui vous a donné la gloire, mais à qui vous avez donné, vous, vingt-sept ans de votre talent supérieur et de votre labeur vaillant.

Vous lui devez bien quelque chose, sans doute; mais elle vous doit beaucoup et c'est en son nom que je salue avec tristesse votre départ prématuré.

Ce n'est pas sans une profonde mélancolie que

je vois s'éloigner de la scène, qu'ils ont illustrée, les meilleurs et les plus glorieux. Je sais bien que le public se crée à lui-même des auteurs et des acteurs nouveaux; mais ce ne sont pas les nôtres, ce ne sont pas ceux de notre jeunesse.

On a toujours une tendresse pour les pièces et les comédiens de ses vingt ans.

Il ne faut pas, du reste, tomber dans le défaut que nous reprochions à nos aînés et croire ou dire que tout finit avec nous; chaque année nouvelle a son printemps. Il y a des printemps aigres, des printemps frileux, des printemps glacés; mais c'est le printemps! Et ces printemps-là auront leur moisson à l'automne.

Vous avez, mon cher Febvre, la coquetterie de quitter le champ avant l'hiver, vous comptez une jolie gerbe de succès, mais vous avez voulu acquérir et emporter nos regrets.

Mais, encore une fois, je ne veux pas attrister ce matin de fête et je vois encore Mme Febvre pleurer d'émotion aux vers touchants de mon ami Armand Silvestre. Nous ne sommes pas ici pour verser d'autres larmes que celles du Champagne. Je crois bien que vous regretterez plus d'une fois la maison; votre administrateur vous regrettera toujours. Si j'insistais, nous nous attendririons et je ne veux que porter votre santé au nom de tous.

Et au nom de tous, je buvais à Frédéric Febvre et au souvenir des vingt-sept années qu'il avait données à la Comédie-Française.

Juin 1893.

XIV

Edmond Got et son cinquantenaire.

Dans le dossier que chaque artiste possède ou que possède sur chaque artiste la Comédie-Française, la première pièce qui vous concerne, mon cher Doyen, est une lettre d'Auber, directeur du Conservatoire de musique et de déclamation, demandant au comité du Théâtre-Français de vouloir bien inscrire sur la liste des entrées le nom de M. Got, nommé élève pensionnaire des classes de déclamation spéciale, en remplacement de Mlle Thouret, qui a quitté l'établissement. La lettre d'Auber est datée du 24 février 1842. Vous n'aviez pas vingt ans.

La seconde est une lettre du 27 mars 1844, signée de vous et où vous demandez à débuter sur la scène de la Comédie-Française. « Je me suis déjà fait, dites-vous, inscrire pour une audition il y a environ deux mois, et je serais tout prêt à la passer si vous le jugiez nécessaire. »

Je regardais hier cette demande : votre écriture est la même, solide et serrée, et à la voir je croyais retrouver une lettre de vous, datée d'aujourd'hui. L'encre a pâli, jauni; le caractère n'a pas changé, pas plus celui de l'écriture que celui de l'homme. Vous êtes depuis longtemps le doyen de la Comédie et vous êtes resté le robuste et résolu serviteur de l'art que vous étiez il y a cinquante ans.

Car il y a cinquante ans aujourd'hui que vous débutiez, cher monsieur Got, et c'est pour fêter l'anniversaire de cette date heureuse et glorieuse pour le théâtre, que tout le théâtre est ici rassemblé; oui, le théâtre tout entier, représenté par ses collaborateurs les plus illustres ou les plus obscurs, depuis ceux qui partagent avec vous la renommée et l'éclat de l'affiche jusqu'à ces collaborateurs anonymes, habilleurs, tapissiers, machinistes, qui sont les ouvriers du succès comme les soldats sont les artisans de la victoire. Nous avons voulu grouper autour de vous toutes les forces vives et tous les dévouements de la Maison, pour célébrer par l'unanimité des hommages ce qui ne s'est jamais vu dans l'histoire de la Comédie-Française, un artiste, un grand artiste donnant à une institution et à son art un demi-siècle de son labeur et de sa vie.

Vous êtes, en effet, mon cher doyen, non seulement un des comédiens qui ont le mieux servi la Comédie, mais celui de tous qui l'a le plus longtemps servie. Pierre La Thorillière, qui parmi les doyens compta le plus d'années de service, appartint à la Comédie pendant quarante-sept ans, Guérin pendant quarante-cinq ans, Molé pendant quarante-deux ans, et Préville se retira après trente-trois ans. Vous, vous aurez fait à la Comédie une plus large mesure, et vous aurez même dépassé cinquante ans de glorieux services.

Il y aura donc, je le disais, cinquante ans ce soir, le mercredi 17 juillet 1844 que, l'année même où votre ami Augier donnait sa première pièce, vous débutiez par Alain des *Héritiers* et Mascarille des *Précieuses ridicules*. Entre les deux pièces, pour vous laisser un peu de repos, — comme si vous aviez besoin de repos! — on avait joué le *Mari à la campagne*. J'ai voulu savoir ce que la presse avait dit et pensé de vous et, sauf un journaliste dont malheureusement j'ignore le nom, les critiques ne devinèrent pas — je mets le fait à leur passif — l'admirable comédien qui était en vous. Charles Maurice croyait s'apercevoir que vous aviez dû beaucoup jouer en province et il vous conseillait charitablement d'y retourner. Un autre vous trouvait un aplomb prématuré. Il vous reprochait d'avoir, à vingt ans, l'assurance d'un homme de cinquante, oubliant que la certitude dans le jeu ne vient pas toujours de l'aplomb, mais de la foi et de la bravoure. Un seul, celui dont je ne connais pas le nom[1], vous louait d'avoir étudié et fréquenté vos auteurs et vos personnages. « Il voit, écrivait ce critique, il voit — et cet *il,* c'est vous — *les idées derrière les mots et s'efforce de donner aux mots la couleur des idées.* Pour tout dire, M. Edmond Got est évidemment un comédien littéraire, espèce de plus en plus rare, et dont il est bon de recueillir la graine, quand par hasard on la retrouve. » Et ce journaliste ajoutait : « Recueillons donc M. Got. »

La Comédie, mon cher Doyen, non seulement vous recueillit, mais vous accueillit avec joie. Après avoir joué Sganarelle du *Médecin malgré lui,* l'Intimé des *Plaideurs* et Scapin des *Fourberies,* fait une année de service au régiment, d'où Mlle Mars vous faisait passer rue de Richelieu avec l'aide du duc de Montpensier, vous figuriez définitivement le 1er avril 1845 sur la liste des pensionnaires entre Roussel et

1. M. Got m'a dit que c'était Hippolyte Rolle.

Fechter, jusqu'au jour où, appuyé par l'excellent Provost, votre maître, et présenté par Arsène Houssaye, votre administrateur, vous étiez élu sociétaire, ayant attendu ce titre pendant six ans. Et vous étiez nommé pour l'emploi des *seconds comiques*.

Il est bien loin, mon cher Doyen, le temps où c'était un second comique qu'on choisissait et qu'on applaudissait en vous ! Le débutant du 17 juillet 1844 est devenu le glorieux comédien que nous honorons aujourd'hui. Il a, dans toute une existence de recherches, de pensée et de travail, ajouté un nom à l'histoire de l'art dans notre France qui compte tant d'admirables artistes. Le jeune homme, que le critique anonyme saluait comme un *comédien littéraire*, est devenu le collaborateur averti et puissant des Augier, des Dumas, des Musset, des Vacquerie, des Pailleron, de tous les maîtres de la scène moderne, sans compter le vieux répertoire où, du Matamore de Corneille au Dandin de Racine, il a animé de sa verve et de sa fantaisie personnelle les créations immortelles des classiques. Il a été, je répète — ce qu'on lui disait lors de ses débuts — *l'homme qui voit les idées derrière les mots et donne aux mots la couleur des idées.* Il a incarné pour plusieurs générations successives la vie et la vérité humaine qui assurent la durée à ce qu'il y a de plus passager en apparence dans l'art : le génie de l'artiste dramatique.

Qu'il y a longtemps de ces soirs de mes premières soirées d'étudiant où, entrant à la Comédie-Française, je trouvais quelque chose de mes rêves exprimé par vous dans une déclaration d'amour du *Duc Job,* ou dans une amère et ardente protestation de Giboyer. C'était tout le contraire d'un poète que Léon Laya, et cependant vous donniez je ne sais quel poignant accent de poésie à la description d'une petite boucle blonde entrevue dans la fumée de la bataille. Et ce Giboyer, que vous jouiez encore hier, de quelle inoubliable façon l'avez-vous fait vivre! Personne n'a été plus pittoresque et plus profond que vous. Le comédien m'a semblé quelquefois comme un poète en action, un trouvère qui paraît, disparaît, apporte et emporte de la poésie et du rêve. Eh bien, dans votre carrière, Maître Guérin, Mercadet, Poirier, le rabbin de *l'Ami Fritz,* Jean Baudry, le père de *Denise,* le vieux Le Goez du *Flibustier* sont comme des poèmes de vie, dont la figure de l'abbé d'*Il ne faut jurer de rien* serait un sonnet.

Mais ce n'est pas, à dire vrai, le comédien seul que nous fêtons aujourd'hui. C'est aussi, permettez-moi de vous le dire, le bon et fidèle serviteur de l'admirable institution que j'ai le grand honneur de diriger et que vous avez noblement servie.

Pendant les longues années qui nous séparent de vos débuts, vous avez été, en effet, pour les administrateurs qui se sont succédé à la tête de la Comédie, un collaborateur tantôt éclairé, dévoué, tantôt indépendant. Vous avez apporté dans votre amour pour la vieille et glorieuse Maison une passion qui, parfois, avait les soubresauts mêmes de toute passion sincère et vous avez — pourquoi ne pas le rappeler, puisque aujourd'hui nous faisons de l'histoire? — joué le *Dépit amoureux* autre part qu'au théâtre[1]. Mais Gros-René était toujours fidèle à Marinette, et vous avez tour à tour réclamé et reconnu les libertés et les droits de la société.

Vous avez même été directeur ou quasi-directeur de théâtre. Pendant une période de temps assez courte, mais singulièrement critique et douloureuse, vous avez, à Londres, au lende-

1. Ed. Got fut un insurgé, à une heure de son existence. Il plaida contre la Comédie et Me Léon Cléry, en son nom, fit alors une vive et militante plaidoirie. Il rédigea, pour le Ministre, tout un projet de refonte des décrets et dans ce travail, demeuré inédit et inutilisé, il y avait un grand esprit de justice et un espoir de rajeunissement. Got ne parlait plus, du reste, de cette codification nouvelle dans les dernières années de sa vie.

main de la guerre, organisé des représentations qui permirent à vos associés demeurés à Paris de vivre et à la Comédie de survivre. Le moment était tragique. Devant la caisse vide, quelques-uns de vos camarades, de ces alarmistes qu'on rencontre à toutes les époques, désespéraient de l'avenir et parlaient de liquider l'association. C'est alors qu'avec une partie de la Compagnie vous êtes allé donner en Angleterre des représentations qui assurèrent le paiement des appointements et des dettes de la troupe de Paris. Vous seul pourriez dire par quelles mains généreuses furent versés les premiers fonds dont vous aviez besoin pour ouvrir cette succursale du théâtre à Londres[1]. Mais je peux dire, moi, comment et au prix de quels sacrifices vous apportiez à vos camarades de France l'argent que donnait à notre répertoire le public anglais. Vous êtes, pour cela, revenu, un jour, sous les balles de 1871, et leurs sifflements sont les seuls sifflets que vous ayez jamais entendus.

Vous m'avez souvent parlé, d'ailleurs, avec une sorte d'ironie particulière de votre temps de directoriat. Il paraît que diriger les comédiens

1. C'est le duc d'Aumale qui fut ce prêteur discret.

est chose délicate, difficile, et c'est vous qui me l'avez répété... après Molière. Je vous avoue qu'il est assez facile d'administrer quand on a devant soi des artistes tels que vous, dont les opinions et les intérêts particuliers cèdent toujours devant l'intérêt général. Dans les conseils de la Comédie, autour de cette table du comité où viennent expirer les légendes ou les propos de coulisses et de couloirs et où je n'ai jamais trouvé que d'honnêtes gens disant librement leur opinion, vous avez toujours apporté le concours de votre autorité et le poids de votre expérience pour reconnaître les droits de l'administrateur, qui sont la sauvegarde même de la charte de la maison.

Je ne vous adresserais qu'un reproche, c'est de nous avoir privés trop tôt de l'expérience de vos traditions et de vos lumières. Vous avez été plus fidèle à la scène qu'au comité et vous savez pourtant que vous étiez aussi écouté de vos camarades que vous êtes aimé du public.

Savez-vous pourquoi, mon cher Doyen? C'est que vous ne vous êtes pas contenté seulement de montrer comment on joue admirablement des rôles; vous avez donné, — comme vos aînés du reste, comme tous les artistes illustres qui ont fait la renommée de la Comédie-Française, — l'exemple du dévouement absolu à une institution qui vous doit un nouvel éclat de gloire. Mais vous avez toujours répété bien haut que cette renommée et cette sécurité dans la vie artistique qui assurent au comédien l'indépendance matérielle et surtout morale, c'est à la Comédie-Française qu'il les doit aussi. Il y a entre la Comédie et le comédien un libre échange de renommée. Et les succès, les règles, les devoirs de la Comédie ont été les vôtres. Vous avez travaillé pour votre maison en travaillant pour vos associés et pour vous-même.

Je n'oublierai jamais, mon cher Doyen, avec quelle éloquence familière et rude, un jour que vous parliez, dans ce comité où, je le répète, vous auriez dû rester, à un sociétaire annonçant prématurément ses désirs de retraite, vous rappeliez à chacun ce qu'il devait à l'œuvre commune :

« Nous sommes, ne l'oublions pas, disiez-vous à vos camarades, des privilégiés de l'art dramatique. Combien d'artistes, qui nous valent bien, n'ont pas eu comme nous la vie facile et la vieillesse heureuse, parce qu'ils ont dépensé leur talent dans les hasards des théâtres d'aventure! Songeons à leur destinée, si différente de la nôtre, et disons-nous qu'en échange des avantages et de la respectabilité que la Comédie-Française nous assure, nous lui devons, jusqu'à notre dernier souffle, jusqu'à notre dernier effort, notre talent, notre travail et notre nom. Nous sommes un théâtre où les jeunes viennent se faire et les vieux se refaire. Servons la Maison, dont le toit est solide et dont le drapeau est fier. »

En un mot, mon cher Doyen, vous avez été fidèle à la parole donnée. Lorsque les candidats au sociétariat sollicitent — avec quelles protestations de dévouement, vous le savez ! — l'admission dans la société, lorsque élus, ils vont, devant notaire, donner leur signature et adhérer librement au contrat qui vous lie tous, ils ne songent pas à monnayer plus tard le titre qu'alors ils réclament, à tirer parti de la renommée qu'ils ont acquise, non seulement par leur propre mérite, mais par la collaboration, le voisinage, les traditions, les souvenirs de la Maison. Ils ne pensent, disent-ils, qu'à la gloire d'appartenir à une institution à laquelle ils se vouent tout entiers. Il n'y a rien là que de très simple et c'est un contrat pareil à tous les contrats. Vous avez été respectueux de ce contrat librement consenti, vous avez, pendant cinquante années, travaillé à la prospérité, à la bonne renommée, à la durée de la Comédie-Française. Voilà, sans parler de votre valeur artistique, le mérite de votre destinée. Bien souvent les années ont été dures, les épreuves douloureuses; vous avez connu des mois de décembre sans partage et des époques où le théâtre encaissait à peine autant de recettes en un an qu'aujourd'hui en un mois. Vous avez toujours porté le devoir avec résolution et la mauvaise fortune avec bonne humeur, en artiste et en soldat.

Et c'est pourquoi, mon cher Doyen, en mémoire des services que vous avez rendus à la Comédie, je vous remets cette médaille où d'un côté, avec la date du véritable décret qui nous régit, 1680, vous trouverez le profil de Molière qui prit pour tâche, comme vous, *d'amuser les honnêtes gens*, et, de l'autre, ces deux dates qui nous sont chères : 1844, celle de vos débuts, 1894, celle de votre cinquantenaire, avec quelques mots plus éloquents que tous les longs discours :

LA COMÉDIE-FRANÇAISE

A M. ED. GOT

SOUVENIR D'UN DEMI-SIÈCLE

Un demi-siècle de labeur et de gloire! Un demi-siècle que nous saluons ce matin et que le public, vous acclamant dans votre dernier — pardon, je me trompe, un de vos derniers rôles — saluera, à son tour, ce soir !

Juillet 1894.

XV

Mounet-Sully.

Discours prononcé au banquet offert à M. Mounet-Sully, Sociétaire-Doyen de la Comédie-Française, le 22 Juin 1896.

Mon cher Doyen, non, — je me trompe, nous ne sommes pas ici à la Comédie-Française, — mon cher Mounet-Sully, mon cher ami.

Depuis plus de dix ans que j'ai l'honneur d'être administrateur de la Comédie-Française, j'ai présidé bien des banquets où se mêlait à la joie de célébrer de nobles carrières d'artistes et des existences lumineuses, le regret amer de voir s'éloigner du théâtre quelque illustre comédien, qui emportait un peu du patrimoine de gloire de la maison. J'étais heureux de rendre hommage à celui qui s'éloignait chargé de couronnes ; mais les départs ont beau être accompagnés de fanfares, la musique en est au fond mélancolique, et tous les baisers de ce monde ne font pas qu'un adieu ne soit pas un adieu. Aujourd'hui, Dieu merci, il ne s'agit pas d'un départ. Il s'agit d'une halte en pleine victoire : Des amis ont voulu vous fêter sans autre prétexte que de chercher l'occasion de vous dire qu'ils vous admirent, qu'ils vous aiment.

S'agit-il, en effet, de célébrer une nouvelle consécration officielle de votre talent ? A-t-on arrondi le ruban rouge que vous portez à la boutonnière ? Vous a-t-on appelé à monter dans quelque chaire d'enseignement dramatique ? Avez-vous le droit de porter cet habit vert que Molé et Grandmesnil ont endossé il y a un siècle et qui vous irait tout aussi bien que la toge d'Œdipe ou le pourpoint d'Hernani ? Non, des jeunes gens, des artistes, des spectateurs, qui ont, dirais-je volontiers, comme Charles X, payé leur place au parterre, se sont réunis dans un généreux mouvement d'enthousiasme pour fêter en vous un grand artiste et un grand art, le grand artiste qui s'unit en votre personne à l'honnête homme, et l'art que vous et vos camarades honorez, l'art glorieux où notre France est maîtresse et qui fait sa puissance par le monde, l'art où excellent nos poètes, nos dramaturges, nos comédiens, l'art du théâtre !

Et si l'honneur très mérité qui vous est fait

par ces admirateurs enthousiastes ne rejaillissait pas et sur la plus glorieuse Maison d'art de notre France et, je dirai, sur votre profession même, j'aurais été, parmi les convives de ce soir, prendre ma place à côté de vos hôtes, et je me serais contenté de faire ici ce que je ne puis faire là-bas, dans ma loge, vous applaudir, mais l'administrateur de la Comédie prend aussi pour la Comédie sa part de joie et sa part d'hommages ; et c'est pourquoi j'ai accepté de présider ce banquet auquel je voulais surtout assister en spectateur et, je vous le répète de tout mon cœur, en ami.

Un autre devait s'asseoir ici, à vos côtés, dont je ne puis oublier le nom aimé, et à qui je veux envoyer le plus profond et le plus ému des souvenirs. C'est le Directeur des Beaux-Arts à qui notre tristesse envoie la pensée la plus profonde, non comme une consolation vaine et ici presque sacrilège, mais comme un témoignage de respectueuse affection et de fidèle amitié.

M. Roujon vous eût dit toute notre sympathie, mon cher Mounet. Moi j'aurais toujours eu un droit particulier à vous parler aujourd'hui au nom de tous, parce que — je le constate sans modestie — il y a longtemps, très longtemps que je vous ai deviné.

Les journalistes qui jugent le présent savent quelquefois prévoir l'avenir. Je ne me doutais guère pourtant que je dirigerais un jour la Comédie-Française lorsqu'en rendant compte des concours de fin d'année au Conservatoire, je signalais, en mon feuilleton de théâtre, parmi les lauréats, un jeune homme, un nouveau venu qui avait déjà joué, à l'Odéon, un petit rôle dans le *Roi Lear* et qui concourait, au mois de juillet 1868, pour la Comédie dans Clitandre, pour la tragédie dans Oreste.

Ce jeune homme, sur le programme des concours s'appelait Sully-Mounet. Vous avez retourné votre nom en l'agrandissant.

Eh bien, mon cher Doyen, tout en protestant alors contre le jury — les jeunes journalistes protestent toujours contre le jury — qui n'accordait à *M. Sully-Mounet* qu'un premier accessit en tragédie, tandis qu'il lui donnait un prix de comédie, je vous reprochais d'avoir, écoutez bien, joué l'Oreste de Racine comme on jouerait un personnage de Shakespeare. Je vous revois encore en frac noir et en cravate blanche, couché à terre, traînant les basques de votre habit sur les planches du petit théâtre, étendant les bras vers quelque vision terrible, et je disais devant vos fureurs, « M. Mounet est un romantique, ce n'est pas Oreste qu'il doit jouer, c'est Hamlet ».

Hamlet! il y a vingt ans de cela. Et la prédiction du critique est devenue la joie de l'administrateur et la gloire de l'art français. Vous avez joué Hamlet — avec quelle maîtrise et quelle géniale puissance les bravos de la foule vous le disent tous les soirs — mais vous avez joué aussi Oreste, Néron, Achille, le Cid, Joad, Hernani, Ruy Blas, Didier, Gérald, les héros de la tragédie classique et du grand drame moderne, et, interprète aujourd'hui de Shakespeare, vous l'avez été près de Corneille ; vous exprimerez quelque jour les amertumes du misanthrope comme vous avez poussé les plaintes immortelles d'Œdipe, et vous avez montré dans un rajeunissement vigoureux de l'art tragique, que la Maison de Molière où Tartufe, Alceste, Arnolphe, les fils éternels du grand comique ne sont pas oubliés, est aussi la Maison de Sophocle, de Racine et de Victor Hugo.

Le triomphe d'*Hamlet*, qui est encore éclatant, fut, il y a dix ans, le premier succès de mon administration. Mounet-Sully a joué le prince de Danemark, comme je le demandais à Sully-Mounet jouant Oreste. Paul Meurice vous en remerciera. Lui et vous je vous en remercie.

Je voudrais pourtant oublier aujourd'hui, je

vous le répète, que je suis l'administrateur de cette grande Maison dont vous êtes le Doyen et ne vous parler qu'en convive et en hôte ; mais il m'est impossible de ne pas me souvenir que vous êtes de ceux qui, dans la marche administrative de notre Comédie, apportez le plus de dévouement et le plus de passion loyale et de ne point le proclamer publiquement. Vous n'avez pas seulement le talent et la foi, mon cher Mounet, vous avez l'âme aussi la plus droite et la plus ferme. Je ne vous louerai pas trop d'être, en même temps que l'artiste épris du beau, l'homme épris du devoir. Émile Augier a dit chez nous : « L'honnêteté, c'est l'orthographe. » Fidèle à vos engagements, respectueux des lois qui sont la force et la sauvegarde de la Comédie-Française, je vous ai toujours trouvé aussi net, aussi droit dans vos conseils que vaillant et inspiré devant le public. La toile levée, vous êtes une force ; la toile baissée, vous êtes une conscience,

Et je répondrai moi-même, dès à présent, la réponse qui vous vient aux lèvres, que je connais, que je devine, que je lis dans vos yeux :

— Faire son devoir, n'est-ce pas tout simple et ne le font-ils point, tous ces camarades qui marchent avec moi et combattent pour la prospérité de notre cher théâtre et pour le fier renom de l'art français ?

C'est à eux que vous songez, je le sais bien, en cette soirée où vos amis se sont réunis pour fêter votre renommée. C'est vers eux aussi que je reporte ma pensée, vers ces compagnons de labeur et de bataille tous fidèles à la vieille devise autrefois gravée sur les anciens jetons du Comité : « Simul et singulis. » Et ces mots, sur ces vieux jetons que vous n'avez pas connus, entouraient une ruche d'abeilles, image symbolique du dévouement de chacun à l'œuvre commune. Tous égaux, tous dévoués à l'association des efforts, tous apportant leur labeur à cette ruche où les plus grands travaillent pour les plus petits, où les jeunes reçoivent la leçon des vieux, retirés après la tâche remplie, la journée faite, attendent, dans leurs années de repos et de quiétude, le prix du travail des jeunes. Quelle fraternité de devoirs et parfois de sacrifice !

On a souvent cherché à l'ébranler, cette vieille institution, je ne dis pas seulement glorieuse, mais cordiale et généreuse, dont les preuves sont faites, depuis plus de deux siècles. Ceux qui ont goûté du miel de la ruche n'en devraient parler qu'avec la plus ardente reconnaissance. Nous savons tout ce que les grands acteurs tels que vous ont apporté de gloire à la Comédie-Française ! Mais, ignorent-ils donc ce qu'en revanche elle a fait pour eux et comptent-ils combien, dans leur auréole, la Comédie qui les accueillit à leurs débuts leur a donné de rayons ?

Je sais des comédiens admirables qui ont, après une existence de succès, fini dans la détresse parce qu'ils n'avaient point reçu l'hospitalité de cette Comédie tant décriée, tant attaquée, si méconnue et qui, du moins, si elle a les défauts inhérents à toutes choses humaines n'est servie que par des mains nettes et s'appelle, comme le disait naguère notre ancien, M. Delaunay, la maison de l'honneur.

C'est la force de la ruche, mon cher Mounet. L'essaim bat des ailes. On nous parle souvent d'association de travailleurs, et le problème de ce siècle, que M. Gladstone a appelé le siècle des ouvriers, c'est le socialisme. Messieurs, Mounet-Sully me saura gré de le rappeler aujourd'hui, il y a un admirable et grand socialiste qui, en pleine monarchie autoritaire, sous le règne même de Louis XIV, a fait d'une étonnante manière, non pas du socialisme de théorie mais du socialisme pratique, du socialisme durable, et ce socialiste-là, c'est Molière. Il a groupé indissolublement autour de lui tous ses collaborateurs, tous ses comédiens, tous ses amis. Il leur a donné à chacun leur part de responsabilité, leur partage du pain de gloire et du pain de vie. Il a résolu, il y a près de deux cent cinquante ans, le problème, dont tant d'esprits vaillants poursuivent encore, parfois chimériquement, la solution. Il a fondé, en prenant pour programme le *tous pour un, un pour tous,* la plus solide et la plus remarquable société coopérative qui existe et lorsqu'on nous rappelle ou lorsqu'on vient prétendre que l'Association des Comédiens français ne subsiste ou n'existe que par un décret signé par Napoléon Ier entre une canonnade et un incendie, on oublie que le fameux décret de Moscou, préparé à Paris par des jurisconsultes éminents, n'était en somme que la codification des usages, des droits et des devoirs des artistes de la vieille Comédie et que l'Empereur ratifiait simplement, en quelque sorte, la charte contresignée par un roi, Louis XIV, et préparée par un comédien, Molière !

Il semblerait que je m'éloigne de vous, mon cher Mounet-Sully, si tout ce qui touche aux intérêts matériels et moraux de notre chère Maison ne vous tenait pas profondément au cœur et n'était pas en quelque sorte votre vie même. Cette vie tout entière, cette existence qui est un double exemple de gloire retentissante et de dévouement aux tâches obscures et difficiles de la vie de théâtre nous la saluons aujourd'hui, et je voudrais dire à tous ceux qui vous aperçoivent seulement là-bas parmi les rayonnements de la scène, combien il y a de charme dans Œdipe chez lui et de modestie dans Hamlet intime.

Ils ne voient de vous que le tragédien acclamé, Rodrigue ou Hernani soulevé par des tempêtes de bravos. J'ai vu en vous, et si souvent, l'artiste hésitant, inquiet, préoccupé du mieux, soucieux du moindre détail, poussant l'angoisse personnelle jusqu'à la souffrance, mais allant au feu comme le soldat... mon Dieu, comme votre frère et vous, aux jours sinistres, vous vous précipitiez au-devant des Allemands, faisant de la tragédie en route avec les camarades de Bergerac, avec les mobiles de la Dordogne.

J'ai vu aussi, j'ai entrevu tout ce qu'il y a dans votre carrière d'artiste, de familial, et je dirai presque d'austère, de digne et de bon. Le foyer pour vous n'est pas seulement celui où l'on vient féliciter Hamlet après le triomphe ; c'est le foyer où on l'aime, et où on le soutient après les épreuves. C'est le foyer discret, la maison laborieuse et close où la femme la plus dévouée et la plus exquise partage la vie entre le père qui travaille et le jeune homme qui suit votre exemple. C'est la demeure pleine, en notre bruyant Paris, des souvenirs du cher passé de votre province, des fantômes aimés, des images sacrées, de tout ce qui est votre consolation, votre support, votre culte et votre foi!

On a trop souvent répété qu'il ne fallait pas voir le théâtre derrière la toile et les comédiens dans leur fard. Vous êtes l'exemple vivant du contraire, vous ajoutez la probité de la vie à la dignité et à l'inspiration de l'artiste. Vous honorez votre art, votre maison, votre pays. Et je salue en vous, avec le collaborateur et l'ami, l'acteur interprète des poètes, et le comédien, ce poète en action!

XVI

Scriwaneck.

Je vois entrer dans mon cabinet deux vieilles femmes petites, l'œil vif, avec un sourire aimable — charmantes encore, car tout âge a son charme particulier, — et l'une d'elles, qui est Mlle Scriwaneck, Augustine Scriwaneck, l'héritière de Déjazet avant que Céline Chaumont apparût, Scriwaneck dont le nom fut si populaire et sonne comme un refrain de cigale, Scriwaneck dont tous les collégiens furent un peu amoureux à l'heure où elle jouait les revues de fin d'année et *l'Amour, qué qu'c'est qu'ça?* au théâtre des Variétés, Scriwaneck me présente l'amie qui l'accompagne :

— Madame Jollivet, l'ingénue du théâtre du Capitole !

Ingénue à Toulouse, Madame Jollivet, lorsqu'à Toulouse Scriwaneck jouait les travestis, les Gentil-Bernard et les Letorières. Les deux vieilles amies ont été jadis applaudies ensemble, rappelées ensemble ; elles sont revenues devant la rampe saluer le public avec ce même sourire que l'âge maintenant a rendu mélancolique, et Mme Jollivet escorte Gentil-Bernard vieilli qui vient — en me demandant de parler pour elle — me confier que son rêve, maintenant, est de donner une représentation d'adieu.

— Et savez-vous pourquoi? pour entrer à Sainte-Périne !

A Sainte-Périne, la femme accorte, spirituelle: vive et chantante, que je revois sous la veste blanche du meunier Blésinet dans cet *Amour, qué qu'c'est qu'ça ?* qui était comme *la Chercheuse d'esprit* de Favart, devenue *le Chercheur d'esprit !* A Sainte-Périne, la jolie Suzanne des *Princesses de la Rampe* et l'alerte Satan des *Enfers de Paris !*

A Sainte-Périne, cette Scriwaneck qui nous réapparaît montrant son fin visage parmi les cheveux blonds ou bruns des Schneider, des Caroline Bader, des Judith Ferreyra, des Léonide Leblanc, fantômes disparus, refrains de chansons pour la plupart terminées par un *De profundis*. Ce sont là les lendemains de songes, les *P. S.* de la vie de théâtre !

Et Mlle Scriwaneck m'explique comment, à

soixante-douze ans, elle a besoin d'une certaine somme pour entrer au refuge suprême et, satisfaite alors, y évoquer, dans la retraite, ses chers souvenirs. Elle n'a jamais gagné beaucoup d'argent, et elle a donné volontiers, beaucoup donné, aux heures de chance, quand le succès la suivait, de ville en ville, en province, alors que ce nom légendaire de Scriwaneck attirait partout la foule.

— Je suis d'un temps, me dit-elle, où il fallait avoir beaucoup de talent pour gagner peu de chose... Il faut parfois peu de chose pour gagner beaucoup ! Moi, j'ai travaillé cinquante ans, et voilà !

Puis, comme tant d'autres, c'est la guerre qui l'a ruinée. A l'ambulance des Variétés, pendant le siège, elle soignait, avec cette Berthe Legrand, si jolie alors, qui joue les duègnes maintenant, les blessés à qui elle fredonnait la *Lisette de Béranger,* disant : « Cela les berce ; c'est mon *baume tranquille.* »

Or, pendant que la brave artiste devenue garde-malade passait les nuits au théâtre où les râles des agonisants avaient remplacé les flonflons des vaudevilles et des revues, on lui dévastait à Bougival, les deux petites maisons achetées sur le produit de ses tournées et qu'elle appelait fièrement : *ma Province !*

Quand la paix revint, il n'était plus temps pour Scriwaneck de se refaire un répertoire, et d'ailleurs le gai vaudeville un peu naïf qui lui avait donné la gloire était débusqué par l'ironique opérette, la satire narquoise, intense et aiguë de Meilhac et Halévy, et la musique d'Offenbach, enlevée de verve par Hortense Schneider, étouffait les rondes d'autrefois et les couplets de Nargeot.

Alors Scriwaneck ouvrit un cours de diction, prit des élèves, tout en courant encore la province et en jouant, non plus seulement les travestis, mais les rôles de drame, en vraie comédienne qu'elle était : *Monsieur Alphonse, La joie fait peur*.

Elle avait fait rire jadis dans Blésinet ; elle avait fait sourire dans Mme Guichard, elle s'était demandé si elle ferait pleurer dans la pièce de Mme de Girardin :

« Et pourquoi, ma chère Scriwaneck, ne joueriez-vous pas, dans *La joie fait peur*, le rôle de Mme Désaubiers ? lui écrivait M. Francisque Sarcey. Je vous ai vue dans ce rôle et vous l'avez rendu avec beaucoup d'émotion. Le propre de l'artiste c'est précisément de s'incarner dans les personnages très différents. Vous avez été longtemps la rivale de Déjazet, mais Déjazet eût été capable aussi de larmes.

Allez donc, ma chère Scriwaneck, bon courage et bon succès ! »

Et le succès vint en ces incarnations nouvelles, on continua. Mais l'âge aussi venait, l'âge et la fatigue. Scriwaneck, qui, il n'y a pas un an, à la Bodinière, chantait encore le Sermon de grand'mère :

On se mourait pour mes beaux yeux,
C'était au temps du Directoire !

Scriwaneck est lasse et — telle une brassée de chrysanthèmes — m'apportant les vieux articles des critiques d'autrefois, elle est venue me demander — et si timidement — de chercher, de retrouver dans ce passé ce qui pourrait la faire connaître des générations présentes et lui faciliter cette représentation suprême.

Je les ai donc feuilletés, relus, ces albums de jadis où la comédienne a collé les lambeaux de gazette, sortes d'épitaphes attendrissantes où revivent sa jeunesse, son talent, son charme, sa gaieté ! Je les ai feuilletés et la Scriwaneck d'antan a semblé revivre dans ces lignes où « la taille fine et serrée » de la femme, le naturel, la finesse, la distinction dans la fantaisie, l'esprit, le vif et leste esprit de France, de la comédienne sont loués à propos d'un vaudeville oublié, *le Roi malgré lui*, où Scriwaneck jouait le chevalier de Créqui.

« Elle ressemble comme deux grains de tabac d'Espagne, disait un critique, à ces Amours des petits maîtres qui papillonnent si joliment dans les ciels de lit des scènes érotiques de Baudouin, elle a l'œil émerillonné, l'exquise tournure, l'étincelante effronterie. Elle lance le mot du coin des lèvres, elle fait sauter le couplet comme un bouchon de vin d'Aï : il n'est pas jusqu'à sa voix flûtée et perlée qui n'ait le son de ces touches fragiles des vieux clavecins sur lesquels ont couru les doigts fluets des marquises ».

De qui sont-elles ces lignes ? De Théophile Gautier ou de Paul de Saint-Victor ? Le morceau de journal collé par Scriwaneck sur son album ne porte pas de signature. Mais le portrait — pastel ou gouache — est d'un maître.

Et sait-on comment Jules Janin, le prince des critiques, saluait en plein *Journal des Débats* le retour de cette septuagénaire qui songe aujourd'hui à Sainte-Périne ?

« Vivat, criait le bon Janin. Elle est rentrée enfin ! Elle nous est revenue, elle nous est rendue, ô bonheur ! Battez des mains, semez des fleurs, des lis et des roses, tressez des couronnes, mettez vos habits de fête! Hosanna! hosanna! Mlle Scriwaneck est de retour! »

Ne disons pas qu'on gâte trop aujourd'hui les comédiennes. On les a toujours encensées. Demandons-nous seulement si elles méritent les *hosannas* de la critique.

Mlle Scriwaneck les méritait. C'est — cette femme de soixante-douze ans qui a travaillé un demi-siècle, — une enfant de la balle, fille d'un musicien de Lausanne et d'une mère cantatrice. A Metz, sous Charles X, Mme Scriwaneck, la mère, jouant les dugazons, faisait la joie des *dilettanti* messins. Plus tard, en célébrant le regard bleu des doux yeux des Scriwaneck, Jacques Arago disait :

« La mère avait beaucoup de talent, la fille en a plus que la mère. J'ai battu des mains à toutes les deux! » Elle était entrée pour la première fois en scène pour jouer — vouée au *travesti* dès l'enfance — le rôle de Benjamin dans le *Joseph* de Méhul. C'était je ne sais où, à l'île Bourbon, peut-être. A Paris, Scriwaneck débutait dans *Rosière et Nourrice* de Clairville et Théodore Barrière, au théâtre Beaumarchais. Puis le Palais Royal la demandait, l'engageait et c'était une série de triomphes: *les Beignets à la Cour, le Philtre champenois,* les rôles mêmes de Déjazet,

« *charmante* au point d'être *charmant* », et Déjazet applaudissait à son sosie.

Elle était une Mme Roger-Bongtemps qui eût fait sourire le Roger-Bontemps de Béranger. Quand elle jouait *Indiana et Charlemagne*, le vieux Paul de Kock — pas si vieux ! — lui apportait un bouquet de lilas en l'appelant la dernière des grisettes.

Elle jouait à Aranjuez devant la reine d'Espagne et un peu partout pour les pauvres. A Béthune, un jour, dix personnes de la troupe de M. Lejeune, dix pauvres comédiens, ballottés par la misère comme un bateau de cabotage par la tempête, étaient accrochés à l'hôtel. Elle joue pour eux, leur donne la recette, paye leur note d'hôtel et s'en va — comme une hirondelle.

Elle avait de Déjazet l'esprit et le cœur. Édouard Thierry disait d'elle, en citant un vers de Casimir Delavigne :

> Où le Cid n'est pas c'est moi qui le suis !

Tout ce passé, ce passé pimpant, jadis chantant ainsi qu'un grelot d'or, je le retrouve là, mais très lointain ou comme en poussière, dans les albums que Scriwaneck m'a apportés. J'ai l'impression de remuer des couronnes fanées, des lauriers en poudre. Et voici que tout à coup, parmi les comptes rendus des vaudevilles abolis, je rencontre dans la chronique de quelque Eugène Guinot, à côté de la description d'un grand bal donné, rue de Varenne, à l'ancien hôtel Moncey où Cavaignac avait un moment installé le pouvoir exécutif, à côté d'un bal au profit des enfants pauvres, la description faite par le chroniqueur d'un autre bal donné par Mlle Scriwaneck, *Mlle Scriwaneck de la Montansier*, « en son joli appartement de la place de la Bourse » — la place de la Bourse était élégante alors, — et où diplomates, artistes, écrivains, membres du Parlement coudoyaient les artistes à la mode, les *professional beauties* de 1850 : Mme Octave qui jouait Ève au naturel ou à peu près dans *la Propriété c'est le vol* ; Mme Cerito, la danseuse ; Alice Ozy ; Mlle Judith, « en syrène toute enfouie dans les algues et les coraux » ; Mlle Nathalie, en Érigone, majestueusement coiffée de pampres et de grappes ; Mlle Page, avec de longs repentirs ; Mlle Figeac, « coiffée de lys comme un La Rochejaquelein » ; Mlle Plunkett ; Mlle Duverger, « belle comme Cérès et coiffée comme elle ». Et le chroniqueur loue le charme et la bonne grâce exquise de l'hôtesse, l'hospitalité charmante de Mlle Scriwaneck et la donne comme modèle aux grandes dames du faubourg. — O souvenirs! ô fantômes!

O soleils disparus derrière l'horizon!

Aujourd'hui, la brillante Scriwaneck de *l'Amour qué qu'c'est qu'çà?* est la délicieuse petite vieille qui ne regrette rien de ce passé, se rendant cette justice qu'elle a toujours été dévouée dans la vie, dévouée à son art comme à ses amitiés, généreuse, insouciante du lendemain, mettant ses bijoux en gage pour obliger les gens, quitte à se réveiller, comme aujourd'hui, avec Sainte-Périne en perspective.

— Ma seule distraction, à présent, me dit-elle, ce sont mes soirées au théâtre, les billets de théâtre que les directeurs m'accordent; mes toilettes ce sont mes élèves qui me les donnent! Mais quoi! 72 ans! cela ne peut toujours durer!

Elle a rédigé une sorte de lettre qu'elle me fait lire et où, une dernière fois, elle fait appel à la presse et au public. Le ton en est touchant et simple :

— Ah! si les journalistes voulaient m'aider!

Et je lui réponds qu'ils l'aideront et que cette presse, si redoutée, a toujours, d'un mouvement généreux, un coup d'épaule à donner aux braves gens dans l'embarras.

Et puisque l'opérette a détrôné jadis le vaudeville anecdotique et poudré, puisque la Belle Hélène prit jadis la place du *Cherubino d'amore* que Déjazet appelait « mon gentil frère » ; — pourquoi celle qui fut la Grande-Duchesse d'Offenbach ne viendrait-elle pas chanter, elle aussi, une dernière fois, au bénéfice et à côté de Scriwaneck qui fut la Lisette de Béranger ?

— Hélas ! disait naguère Mlle Schneider à Scriwaneck, je ne vais plus au théâtre, jamais, jamais, jamais, et je me couche tous les soirs à 8 heures !

Quoi qu'il en soit, Mlle Scriwaneck peut aller, sa *lettre aux journalistes* à la main, trouver les critiques d'aujourd'hui : ils accueilleront la *princesse de la rampe* exilée comme leurs prédécesseurs lui souriaient en sa jeunesse ; — ils auront un dernier salut à donner sans nul doute à celle qu'applaudissaient les Gautier, les Janin, les Fiorentino, les Saint-Victor, les Prémaray et que chantèrent les poètes, le bon Bornier, Roger de Beauvoir et le doux Banville.

Novembre 1897.

XVII

Suzanne Reichenberg.

— Classe de comédie. Élèves femmes. *Appelez Mlle Reichenberg !*

Et, le geste aimable, avec une voix encore jeunette et une petite figure ridée sous des cheveux blanc d'argent, M. Auber, directeur du Conservatoire, assis à côté de Dumas fils dans la loge du jury, attendit que l'huissier Lescot eût fait, sur le seuil des coulisses, signe à une des concurrentes de venir sur la scène. Puis on aperçut, bondissant jusqu'auprès de la rampe, une fillette toute blonde, menue, menue dans sa robe blanche, presque une enfant, avec des gestes qui remerciaient, des yeux qui pétillaient, un sourire qui montrait des dents blanches, — et la fillette salua, regarda le jury avec une joie de pensionnaire échappée, envoya presque des baisers à cette salle qui l'acclamait, et ce joli petit paquet de nerfs tout blanc, tout blond et tout rose rebondit encore et, sautant, riant, piaffant, battant des mains, courut lestement embrasser, dans la coulisse, une femme tout en larmes et dont les oreilles tintaient encore de ces mots dits par M. Auber d'une voix caressante :

— Mademoiselle, le jury vient de vous décerner le premier prix à l'unanimité !

Il y a trente ans de cela. Trente ans ! Et les cheveux blonds sont toujours blonds et la voix est toujours fraîche et le sourire est toujours jeune. Je revois encore Mlle Reichenberg — *Suzanne-Charlotte Reichenberg*, disait le programme du concours — venant saluer le jury et la salle et les camarades ; et, ce soir, lorsqu'elle partira, lorsqu'on lui aura dit — avec tristesse — les vers qui sont un adieu, au moment où le rideau tombera sur les derniers couplets de *l'Ami Fritz*, il me semble que du fond d'une loge, là-bas, dans la grande salle de la Comédie-Française, comme jadis dans la petite salle du Conservatoire, la voix de M. Auber va dire encore et répéter :

— Appelez Mlle Reichenberg !

En cette année 1868, il y eut au Conservatoire un concours de tragédie et de comédie que j'appellerais volontiers historique aujourd'hui. Nombre d'artistes, qui sont devenus la gloire du Théâtre-Français, avaient défilé là devant nous, comme élèves, et, en relisant mes notes d'autrefois, un vieil article de l'*Opinion Nationale* sur les concurrents de ce mois de juillet, je rencontre les noms, devenus fameux, de M. Sully-Mounet (1er accessit de tragédie), de Mlle Croizette qui concourait dans Célimène, de Mlle Tholer, qui est morte, et de Mlle Reichenberg, qui prend sa retraite.

Il est malaisé d'être prophète lorsqu'il s'agit de ces jeunes gens dont le sort et la vie modifieront ou développeront les dons de nature. Je retrouve cependant avec plaisir dans le feuilleton écrit par moi au sortir de la séance annuelle ces lignes relatives à M. Mounet-Sully :

M. Mounet est un jeune homme élégant, d'une figure aimable, que nous avions vu débuter dans *Le Roi Lear*. L'Odéon, où il va rentrer, avait obtenu du Conservatoire qu'il jouât la pièce de M. Jules Lacroix. Les élèves n'ont pas toujours chance pareille. Au lieu de s'essayer sur les théâtres d'ordre, ils commencent par la petite scène de la rue de La Tour-d'Auvergne où, livrés à eux-mêmes, ils perdent bien vite ce qu'on leur enseigne dans leur classe. A l'Odéon, M. Sully-Mounet avait joué avec un peu trop de *gentlemanerie* un des personnages de Shakespeare. Au Conservatoire, il a accentué avec trop de fureur un personnage de Racine. Il a fait d'Oreste un fou shakspearien, *quelque chose comme un Hamlet poursuivi par le spectre.* Il se traîne à terre, il étend les bras vers quelque objet invisible. Toute sa mimique est pleine d'intentions curieuses: M. Mounet est — comment dirai-je? — un romantique...

Je relis ces lignes et j'y aperçois déjà, saisi en quelques traits, avec tous ses dons merveilleux, l'artiste qui jouera Hugo, le tragédien dont je saluais les « promesses et mieux que les promesses », et il m'est agréable de constater qu'à travers l'élève interprétant Oreste sur les planches du Conservatoire j'ai aperçu le maître faisant revivre Hamlet sur la scène de la Comédie-Française.

J'ai été moins bon prophète avec Mlle Reichenberg. Elle nous avait dit, avec beaucoup de grâce, le fameux récit de *Lady Tartuffe* où toutes les ingénues, tous les ans, nous viennent raconter qu'elles ont passé une heure dans le jardin à calmer, en le caressant, le gros chien de garde, ce bon *César*, ce terrible *César!* Mlle Reichenberg, élève de Régnier, avait obtenu là un succès prodigieux.

Ce fut, écrivions-nous, un triomphe pour Mlle Émilie Dubois que cette jolie scène, si facile à rendre charmante lorsqu'on a des cheveux blonds et des yeux bleus. Ces cheveux, Mlle Reichenberg les a touffus et superbes. Elle avait déjà gagné sa cause avec sa gentillesse en se présentant au public. Je dois ajouter qu'elle a récité son morceau d'une façon ravissante, très spirituelle et où l'on ne sent point la direction du maître et les leçons du professeur. Mlle Reichenberg est sans contredit, à l'heure qu'il est, la plus remarquable de toutes ces élèves.

Et pourtant — ajoutais-je (et c'est là que je n'ai plus à me vanter du don de prophétie) — et pourtant je ne voudrais point affirmer qu'elle a, par exemple, *un avenir aussi assuré* que celui qui attend Mlle Tholer. Voilà, ou je me trompe fort, une actrice véritable. Mlle Tholer a dit avec infiniment de goût et de charme une scène du *Barbier de Séville*. Elle est encore un peu anguleuse, elle a cette gracilité un peu gauche de la jeunesse, mais on devine une nature d'une distinction rare dans cette chrysalide. C'est une pensionnaire à l'air timide et un peu attristé, les cheveux noirs. Elle rappelle vaguement Mlle Thuillier ; elle a, comme elle, une expression résignée et tendre.

Et voilà bien les ironies des destinées du théâtre ! Cette mince et maigre Gabrielle Tholer, qui allait devenir si élégante et si jolie, se heurtait, dès ses débuts, à je ne sais quelle malchance, se désolait à la Comédie, abandonnait la place, partait pour la Russie, rentrait ensuite lorsque les situations étaient prises, jouait avec grâce, interprétait Marivaux, Dumas ou Feuillet avec un charme hautain et doux à la fois, espérait — comme tant d'autres — le succès décisif, la gloire, la grande gloire, et mourait, jeune encore, emportée par la phtisie, et — voulant disparaître tout entière — demandait que son corps fût jeté au four crématoire, dévoré, réduit en cendres... Fumée de beauté !

Et, toujours, depuis ce mois de juillet 1868, Gabrielle Tholer avait gardé en elle l'amère tristesse de sa déception. *Second prix !* Elle n'avait obtenu que le *second prix,* qu'elle partageait avec Mlle Clotilde Colas, la spirituelle et jolie soubrette disparue. Ce *second prix,* que lui avait annoncé aussi M. Auber, du fond de la loge du jury, ce second prix obtenu avec peine, tandis que, d'un sourire, d'un regard, d'un petit geste accompagnant sa délicieuse romance — *César! ce bon César!* — Mlle Reichenberg enlevait le *premier prix* aux acclamations unanimes, ce lugubre *second prix,* Mlle Tholer en devait garder le souvenir, la pesante amertume jusqu'à la fin de sa vie, et on jugera de la rancœur qui peut rester au fond d'une âme, d'une pauvre âme blessée d'artiste et de femme, lorsqu'on saura que, par son testament, Mlle Tholer a institué un prix de cinq ou six cents francs, décerné chaque année à l'élève femme qui aura obtenu non pas le premier, non, non, mais le *second prix* de comédie au Conservatoire.

Méditez. Songez à cette clause testamentaire. Un prix pour les *seconds prix!* Il y a là l'explosion finale de toute une douleur comprimée depuis des années. La jeune fille déçue a traîné, comme un boulet, pendant toute son existence la tristesse de sa désillusion première. Et, classée au second rang lorsque son amour-propre et son espoir la désignaient, à son gré, pour occuper le premier, elle a voulu, du moins, consoler dans l'avenir les concurrentes tombant, comme elle, du haut d'un rêve inconsolé. Un peu de sparadrap sur une plaie qui ne se ferme jamais.

Le *second prix!* Vraiment oui, il y a tout un drame, intime et poignant, une souffrance cachée, pareille à un poison lent, dans cette résolution dernière de la rivale battue jadis par cette étincelante Suzanne Reichenberg.

Elle, du moins, n'a pas connu les heures de lutte et les journées désespérées. Mlle Reichenberg est arrivée, elle a souri, elle a dit deux mots — comme Horace, — de la douce et implacable voix d'Agnès, et elle a été, tout de suite, l'ingénue idéale, l'ingénue intacte et poétique dont la bouche virginale laisse tomber sur le malheureux Arnolphe désolé les paroles les plus délicieusement cruelles que Molière ait mises sur les lèvres de femme. Elle a été l'Agnès absolue comme Mme Barretta a été l'Henriette parfaite, et la Victorine sans retouche, et Mlle Bartet la Bérénice inoubliable.

Oui, tout de suite, Mlle Reichenberg s'empara de cette scène qu'elle quitte à présent je ne sais pourquoi. Elle avait été engagée dès le Conservatoire, étant mineure, à 150 francs par mois et sans signature, « l'administrateur général étant à Marseille avec une partie de la Comédie ». Le lendemain de ses débuts, les appointements étaient portés à 3000 francs et il y avait de la joie, là-haut, au numéro 184 de la rue de Rivoli, où Dumas fils montait féliciter la débutante. Le premier rôle moderne que Suzanne — *Suzette,* disait-on au théâtre — allait créer était écrit déjà. C'est celui d'Aline dans *les Faux Ménages* de M. Pailleron, et je disais alors de Mlle Reichenberg : « Ce n'est pas une actrice, c'est une jeune fille. »

Il y a fort peu de « jeunes filles » dans le roman moderne, et encore moins dans le théâtre contemporain. L'*ingénue,* ce type ou cet *emploi* que vient d'analyser avec finesse M. Arsène Alexandre, semble, pour les auteurs nouveaux, quelque chose d'aboli et d'antédiluvien. La fillette candide d'autrefois, celle que Mlle Mars habillait d'une robe de mousseline et parait d'un ruban bleu de ciel, s'habille aujourd'hui chez Doucet et s'appelle d'un nom nouveau : « la demi-vierge. » Les *sœurs* de Lavedan se renvoient les mots d'argot de leurs frères, comme les *cousines* de Scribe se renvoyaient les volants de leurs raquettes. Mlle Reichenberg aura incarné toute une race de jeunes filles, tout un petit monde disparu.

Elle eut — je devrais dire elle a — l'ignorance exquise de la vierge, avec les « roueries de l'ingénue » et l'*au delà* aussi, l'impression de la poésie qui fait que, dans la séduction d'une voix, on croit sentir la palpitation d'une âme. « Quelquefois, me disait M. Febvre, quand je joue *l'Ami Fritz* avec elle, je me prends à l'écouter : elle *fait de la musique.* » Et la musique était harmonieuse, prenante. Une cantilène, mais irrésistible. La voix de Rosetté donnait l'illusion de la douleur qui tue, la voix de Suzel avait le charme de l'amour printanier qui sauve.

Oh ! elle n'avait pas beaucoup à travailler ses rôles, Mlle Reichenberg ! « Allons, bel oiseau bleu, chantez la romance à Madame ! » Elle les disait, elle les notait, et cette sœur de Chérubin chantait délicieusement la *Romance à Monsieur*. Puis, comme ce don de poésie se greffait sur beaucoup d'esprit, lorsque M. Pailleron lui faisait lancer les mots de la sous-préfète du *Monde où l'on s'ennuie* ou lorsque Meilhac lui confiait les petits coups de tête et les petits coups de cœur de *Margot,* elle y mettait tant de verve qu'on se demandait si cette voix railleuse et drôle de sainte nitouche narquoise, quasi-perverse, était bien celle qui avait, la veille, soupiré l'élégie de *Mariage blanc.*

Je la reverrai toujours sur cette grande scène que remplissait sa diction impeccable et sûre, large et classique comme il convient en ce vaste cadre. Elle était le mouvement et la vie de ces planches, allant, venant, causant, fredonnant, toujours occupée, ubiquiste et trotte-menu, saluant et souriant, et telle aujourd'hui que jadis lorsqu'elle trottinait de même, toute petite, dans le salon de Suzanne Brohan, la mère des Brohan, dont la dernière, l'exquise Madeleine, est toujours là, spirituelle et bonne, — aussi bonne que spirituelle, ce qui n'est pas peu dire.

La filleule de Suzanne Brohan, la petite Suzanne, autrefois, courait et virait dans le logis, disait des fables, récitait des vers de Desbordes-Valmore. On appelait sa mère « la souris de Mme Brohan ». Et, à son tour, vive, alerte, furtive, pressée, Suzette allait devenir « la souris de M. Pailleron ». Une souris, c'était le mot qui venait également à Augier lorsqu'il lui voulait faire jouer *l'Aventurière,* oubliant lui-même que le public, à tort ou à raison, incarne Clorinde dans une grande créature insolente et hautaine :

— Clorinde, disais-je, c'est un oiseau de proie !

Et Émile Augier :

— Mais, mon cher, me répondait-il, une souris peut dévorer aussi un Monte-Prade !

J'ai, tout à l'heure, donné, non sans tristesse, la signature finale qui règle la pension de la sociétaire retraitée. Quatre sociétaires — deux sociétaires en exercice et deux sociétaires retirés — doivent, de par les statuts, signer pour permettre la remise des fonds sociaux à l'artiste qui s'en va. Me Donon, le notaire de la Comédie, avait demandé, voilà bien peu de jours, à M. Lafontaine sa signature, la dernière qu'ait apposée sans doute sur un papier le créateur de *Dalila,* et c'est auprès du nom de l'éminent artiste mort hier que j'ai mis le mien. Lorsque Delphine Fix quitta la Comédie pour se marier, elle ajoutait à sa lettre de démission la promesse formelle de ne plus reparaître sur un théâtre. Elle tint parole et Suzanne Reichenberg fera de même. Cette coquetterie lui est venue de laisser là Molière en plein succès. Mlle de Brie, qui avait créé Agnès, joua le rôle d'une façon admirable, bien au delà de l'âge de l'ingénue.

— La Comédie-Française, disait un comédien supérieur, est peut-être le seul théâtre où l'on ne nous demande pas notre acte de naissance.

Mlle Reichenberg eût pu montrer le sien. Elle a *joué à la doyenne,* elle n'a jamais été doyenne, par droit de naissance. M. Théodore Dubois, comme jadis M. Auber, pourrait redire à l'huissier du faubourg Poissonnière :

— « Appelez Mlle Reichenberg. »

Elle reviendrait avec son même petit pas furtif, rapide et jeune...

Que parlais-je de « la souris »? Ce n'est pas une sociétaire qui s'en va : c'est un oiseau qui s'envole...

Mars 1898.

XVIII

Jeanne Ludwig.

« Janvier 1896. — Examens semestriels. Mademoiselle Ludwig (Jeanne). *Un mariage sous Louis XV*. Agréable, fine, spirituelle, originale et jolie. Marivaux lui ira mieux que Molière. »

Je retrouve cette note, prise par moi, sur le registre que chacun des membres du jury d'examen du Conservatoire a devant soi lorsque défilent ces jeunes gens, ces jeunes filles qui, près de concourir, chrysalides d'artistes, sont assez difficiles à deviner et nous apportent (ou nous emportent) tant d'espérances irréalisées.

Les espoirs que cette jeune fille Jeanne Ludwig, toute jeune, toute mince, frêle et fine, faisait concevoir alors que je lui donnais la note citée plus haut, n'ont pas été déçus. Avec elle, la Comédie a perdu un de ses sourires.

Elle est morte à trente ans, à vingt-sept ans plutôt, car depuis trois ans, elle se mourait. Elle a disparu dans tout le charme de sa jeunesse et de son talent. Elle n'aura joué qu'à la Comédie-Française. Elle aura été, de ses premiers pas à ses derniers, l'actrice-pensionnaire, puis sociétaire de la Comédie-Française. Elle ne concevait pas le monde, ce monde de rêve et féerie qu'elle voulait vivre, sans la Comédie-Française. Elle fut, un moment, tentée d'aller aux Variétés, trouvant que le sociétariat se faisait trop attendre. Elle y eût été applaudie, comme partout, mais y eût-elle joué Roxelane, Lisette et Musette? Sa véritable place était au pays le Regnard.

Dès ses débuts, elle avait été elle-même. Dès les premières répétitions du *Jeu de l'Amour et du Hasard,* cette nouvelle venue s'était fait aimer de tout le monde. Elle avait la grâce, l'esprit, le pétillement du babil et le propos délié de la Parisienne. Elle avait, avec le talent le plus personnel, la voix la plus mordante et la plus gaie, narquoise et claire comme le son de ces fifres qui menaient à la victoire les soldats du XVIIIᵉ siècle; l'allure preste, le geste vif, la grâce piquante et, par-dessus tout, ce ton exquis, indéfinissable et irrésistible, souverain inexplicable, subtil et qui fait la force de l'esprit français, elle avait le « charme ». Elle plaisait. Dès que le public l'eut aperçue sous le costume de Lisette, il fut charmé, il l'adopta, il l'applaudit, il lui fit fête, il lui fut fidèle.

Et ce furent dix années de joie pour ce théâtre où, des deux côtés de la rampe, on aimait Mlle Ludwig: ici pour son talent et là pour son cœur. Elle avait débuté le 24 octobre 1887 dans *le Jeu de l'Amour et du Hasard,* elle joua pour la dernière fois le 5 décembre 1897 dans *la Vie de Bohême.* Entre ces deux dates tient toute une existence; le premier succès, le premier bravo — et le dernier effort. Nous n'oublierons jamais cette charmante comédienne qui me rappelle cette Mlle Olivier qui apparut, créa le Chérubin de Beaumarchais, sourit et mourut. Elle avait délicieusement joué le *Passant,* cette passante exquise qui finit par les tristes sourires de la mourante de Mürger. Jamais cette image ne s'effacera de notre mémoire: la pauvre Musette essayant de rire et riant, à force de courage, entre deux quintes de toux et l'étouffant, cette toux maudite, pour que Mimi pût tousser à son aise et remplir son rôle de malade. Ah! ce renversement de tout ce qu'il y avait d'irréel dans le rêve douloureux du poète, comme un tel spectacle devenait poignant et quelle double agonie ce fut pendant quelques soirs: la fausse toux de la comédienne aimée se mêlant à la toux véritable, à la toux déchirante de la malade! Je ne crois pas qu'on ait rencontré plus cruelle antithèse dans la décevante et éternellement attirante vie du théâtre.

Chaque fois que Mlle Ludwig jouait Musette — Musette, le rôle qu'elle avait tant rêvé de jouer! — elle nous donnait ainsi, elle donnait au public un peu de sa vie. Un éclat de rire lui coûtait une semaine d'existence. Qu'importe! Si elle avait pu jouer encore et se tenir debout, elle n'eût point compté! Il y avait une petite âme très héroïque dans cette statuette de Sèvres. On a dit que c'était en allant, après une représentation des *Faux Bonshommes,* se promener au Bois, qu'elle avait contracté la terrible maladie qui l'emporta. Ce que je sais, c'est que le 16 septembre 1895, la dernière fois qu'elle joua *le Monde où l'on s'ennuie,* elle donna un exemple de dévouement et de courage dont bien peu de plus robustes seraient capables. Elle était affichée pour le rôle de Suzanne de Villiers, qu'elle joua avec un succès éclatant, même après l'admirable comédienne qui l'avait créé. Elle l'aimait, ce rôle, elle y tenait, elle voulait le garder. Elle tremblait qu'une autre l'y remplaçât. Elle ne voulut pas faire comme on dit, « changer le spectacle ». Elle, n'avait qu'à m'écrire un mot, à m'avouer son état de souffrance, la Comédie eût donné une autre pièce. Non, elle tint à jouer ; elle joua, et ses camarades m'ont conté cette soirée lugubre où la pauvre enfant, pour arrêter l'hémorragie redoutée, portait à ses lèvres en feu des morceaux de glace, entre deux répliques, derrière son éventail. Elle a, on le voit, joué la tragédie aussi la pauvre et rieuse Ludwig et elle l'a jouée au naturel !...

Quelques jours après cette terrible représentation du *Monde où l'on s'ennuie*, où on l'emporta jusqu'à Saint-Germain avec 40 degrés de fièvre, j'allai la voir dans la petite villa qu'elle habitait près de la forêt. Tout de suite j'eus la sensation d'un malheur probable. Ce n'était pas encore Musette mourant comme Mimi ; mais dans ce lit blanc, Jeanne Ludwig toute pâle, attristée, c'était comme la *Dame aux Camélias* au dernier acte, et dès ce jour, j'eus peur pour elle.

Mais elle était jeune, elle était vaillante, elle voulait vivre, elle voulait jouer, rejouer, devenir ce qu'elle eût été sans nul doute si l'existence ne lui eût pas été tristement mesurée, une grande artiste. « Être une grande artiste, laisser dans l'histoire du théâtre un beau souvenir ! » C'était toute son ambition, toute sa pensée. Le théâtre ! Elle n'avait que cette idée, elle ne prononçait que ce mot lorsque ses camarades, qui l'aimaient, allaient, toujours fidèles à la souffrance, la voir, avenue Niel, étendue sur sa chaise longue ou dans le lit qu'elle ne devait plus quitter :

— « Et le théâtre ? » leur disait-elle.

Elle avait rêvé d'y vivre, elle eut, un moment, la tentation de s'y faire porter pour y mourir.

— « Si j'avais à récrire mon théâtre, me disait un jour, Henri Meilhac, la petite Ludwig y tiendrait une grande place. » Elle était bien la comédienne de ce Parisien et l'*Autographe* joué par elle, était quelque chose d'exquis, de délicieux, la perfection même.

Et avec un talent si rare, une telle modestie, une telle bonté ! La Comédie a pris le deuil pour elle ; le deuil n'était pas seulement sur l'affiche. Il était dans tous les cœurs, le deuil de la pauvre Musette !

Juillet 1898.

XIX

Une revenante.

« J'ai soixante-quinze ans, ma santé devient chaque jour plus mauvaise et mes forces sont tellement amoindries que je ne puis, toute seule, soutenir ma vieillesse... » Qui écrit ces lignes? Qui pousse cet appel? D'où nous vient ce cri de détresse? C'est la comtesse Lionel de Chabrillan qui, du fond d'une humble retraite d'Asnières, demande, en qualité de veuve d'un agent consulaire, une pension à Monsieur le Ministre des Affaires Étrangères.

Il me revient à la mémoire un passage cruellement mélancolique de cet *Ami des Femmes* où Dumas fils a mis tant de lui-même, de ses doutes, de ses amertumes et de son cœur. C'est cette confidence faite par M. de Ryons à Montègre et à des Targettes sur Ellénore, son premier amour — amour de collégien bafoué par la vie : « Elle est revenue me voir un beau matin. Elle me demandait quelques louis. Est-ce assez triste quand, à trente-trois ans, on voit déjà revenir du fond de son passé une créature qu'on a connue belle, élégante, rieuse, maintenant ridée, blanchie, vêtue, Dieu sait comme, vous parlant de misère et de maladie... Ah! mauvaise jeunesse! »

Non, ce n'est jamais la jeunesse qui est mauvaise tant qu'elle dure. C'est la jeunesse perdue qui semble attristante. Et moi aussi j'ai éprouvé à la lecture de la lettre de Mme Lionel de Chabrillan l'espèce d'amère mélancolie de M. de Ryons. C'est du fond de mes souvenirs qu'apparaît, dans tout l'éclat d'une beauté sculpturale, le profil régulier, les cheveux noirs plaqués sur un front d'une pureté exquise, celle qui, la taille droite et la démarche fière, portait déjà le titre que lui avait donné le comte de Chabrillan, consul de France à Melbourne et dont j'avais lu les *Mémoires* publiés en quatre volumes par Bourdilliat à la Librairie Nouvelle: les *Mémoires de Céleste Mogador*.

Mogador! Pour les collégiens de mon temps, cette originale figure parisienne était déjà légendaire, un peu lointaine. Nous en parlions, derrière nos pupitres, comme les lycéens d'aujourd'hui peuvent parler des *professionnals beautys* dont les portraits, déjà un peu abolis, figurent encore à la devanture des papetiers-photographes. Le bon Nadaud était à la mode ; nous chantions, le dimanche, au piano, son *Nid abandonné* ou ses *Deux Gendarmes* avec nos cousines, et nous savions que le chansonnier des salons avait aussi rimé une romance, aussi populaire au Quartier Latin que les *Châtiments* de Hugo, et où il célébrait gaiement les danseuses de Mabille et de la chaumière :

Pomaré, Maria,
Mogador et Clara,
A nos yeux enchantés
Apparaissez, belles divinités !

La reine Pomaré, Maria, la polkeuse Clara Fontaine, autant de célébrités chorégraphiques des derniers temps de Louis-Philippe et dont la chronique s'était, par tradition, conservée jusqu'à nous. Nous en parlions comme de Didon ou d'Iphigénie, et Mogador figurait dans nos propos de récréation entre les statuettes féminines de Virgile et du divin Racine.

C'est qu'elle avait été, cette femme qui demande aujourd'hui une pension au ministère, une des reines de Paris. On l'avait portée en triomphe, comme Béranger lui-même, sous les arbres d'un bal public. On lui avait jeté des fleurs. On s'était, entre deux quadrilles, battu pour elle, et Bridìdi, son parrain Bridìdi, autre héros des danses préhistoriques, ayant crié : « Je la prends sous ma protection et la défendrai comme Mogador ! » ce nom de Mogador, illustré alors par le bombardement du prince de Joinville, resta comme un apanage à Céleste Vénard dont la beauté comme la danse devint célèbre.

Privat d'Anglemont, dans un livre sur le Prado, disait de Céleste Mogador, dont il louait les audacieuses proportions, pareilles aux cariatides michelangesques : « Sa danse est rythmée carrément, comme les vers d'Hugo et la musique de Berlioz. » Ni plus ni moins. Et Auguste Vitu notait comme un jour de victoire le jour où « élancée comme une guêpe, flexible comme une branche de saule (où sont les formes de Michel-Ange ?), en robe *prune de Monsieur*, la brune Mogador reçut son nom : — le jeudi 26 septembre 1844, à neuf heures du soir » !

« On me bombardait de bouquets comme Mogador, dit-elle. Il y eut deux camps. D'un côté on criait : *Vive Pomaré !* De l'autre : *Vive Mogador !* La garde fut obligée de s'en mêler ! » Et le *Charivari* lithographiait l'aventure et publiait le portrait des héroïnes. Dites que nos pères ne connaissaient pas l'*actualité !*...

Que c'est loin ! Et c'est pourtant, cela, un

chapitre de l'histoire de nos mœurs. Céleste Mogador, comtesse de Chabrillan, demandant au ministre un supplément de vie pour alléger le poids de ses soixante-quinze ans, me fait penser à Sophie Arnould, vieille et pauvre, écrivant à un des grands de la terre cette lettre suprême où elle peint tristement sa solitude... Tous ses amis morts, la plupart guillotinés; elle, souffrante dans un coin de Paris, sous un toit glacé de neige... Ah ! les lendemains de la joie parisienne, les épaves de toutes nos existences, qui sont autant d'orages ! « Ne vous attendrissez pas trop, disait Henri Heine à quelqu'un qui le venait plaindre. Savez-vous comment vous finirez, vous ? »

La comtesse Lionel de Chabrillan a une pension de la Société des auteurs dramatiques et elle la mérite. Ancienne actrice, directrice de théâtre aussi, elle a signé des comédies et des drames qui ont du mouvement, de l'accent, le don de vie, précieux à la scène. J'ai vu d'elle, jadis, un mélodrame tiré d'un de ses romans australiens, *les Voleurs d'or*, qui ferait encore figure sur les planches d'un théâtre populaire. Elle écrivait des opérettes, elle publiait des romans, elle se refaisait, laborieuse et résolue, une existence nouvelle. Au petit théâtre d'été des

Champs-Elysées qu'elle dirigeait, il y a plus de trente ans, elle faisait applaudir un vaudeville qui divertit alors : *En Australie*. Elle accumulait des romans d'aventures qui avaient leur public et leur vogue : *Miss Pewell, la Sapho, Est-il fou ? les Mémoires d'une honnête fille*.

Mais son œuvre capitale, celle qui lui avait assuré le succès de librairie et dont je revois encore les affiches collées à la vitrine de ces cabinets de lecture encore nombreux alors, c'était celle qu'elle avait intitulée *Adieux au monde* — c'étaient les *Mémoires de Céleste Mogador*.

Ils ne furent pas sans causer du scandale. Dès leur apparition, en cinq volumes in-8°, on les supprima. C'était en 1854. L'édition saisie se vendit sous le manteau et fut d'autant plus lue. Ses *Mémoires* reparurent quatre ans plus tard. On les saisit encore. « Quel était mon crime ? écrivait l'auteur en rééditant chez Bourdilliat ses souvenirs, mais tronqués, avec les passages intéressant les tiers totalement supprimés. J'avais ramassé dans mon passé un morceau de pain pour l'avenir : on me le disputait... »

Il faut tout dire. Céleste Mogador mettait en scène les personnages qui ne pouvaient être particulièrement satisfaits de sortir de l'ombre par une certaine porte. Ainsi, Musset. Elle racontait que le poète des *Nuits* l'ayant rencontrée en un logis hospitalier, un de ceux dont Maupassant s'est fait le maître peintre, l'homme avait été féroce avec elle et, par exemple, l'invitant à dîner, ou plutôt l'emmenant au *Rocher de Cancale,* avait, au lieu de se verser à boire, dirigé, en riant, un siphon d'eau de seltz sur la poitrine de la malheureuse.

La première entrevue de Céleste Mogador avec Musset a quelque chose de tragique. La bonne Adèle Colin, la gouvernante du poète, a dû, si elle a lu ces *Mémoires,* être passablement attristée :

« Il y avait un homme assis près de la cheminée et qui me tournait le dos. Il ne prit pas la peine de me regarder. Ses cheveux étaient blonds ; il était mince et me parut d'une taille ordinaire. Je m'avançai un peu. Ses mains étaient blanches et maigres ; il battait la mesure avec ses doigts sur son genou. Je me plaçai en face de lui ; il leva les yeux sur moi : c'était un spectre plutôt qu'un homme. Je contemplais cette ruine prématurée, car il paraissait à peine avoir trente ans malgré les rides qui sillonnaient son visage.

« — D'où viens-tu donc ? me dit-il, comme s'il sortait d'un rêve, je ne te connais pas.

« Je ne répondis rien : il se mit à jurer.

« — Répondras-tu quand je te fais l'honneur de te parler ?

« Je redevins rouge et je lui dis :

« — Est-ce que je vous demande qui vous êtes et d'où vous sortez ? Ai-je besoin d'un état de services pour me présenter devant vous ? Je vous préviens que je n'en ai pas.

« Il continua à me regarder avec son air hébété.

« Je me dirigeai du côté de la porte.

« — Reste là, me dit-il, je le veux.

« Je n'en entendis pas davantage et je sortis. »

Il faut avouer qu'Alfred de Musset n'a, devant la postérité, pas de chance avec les femmes. George Sand, sévère, écrit *Elle et Lui* ; Louise Colet réclame le poète comme sa propriété et le ridiculise un peu en déclarant qu'il n'a jamais aimé qu'elle. Les lettres de la pâle et séduisante princesse de Belgiojoso ne sont point tendres. Seule, la chère *marraine,* l'exquise Mme Jaubert s'attendrit en parlant du grand enfant malade. La marraine et aussi la vieille gouvernante, toujours fidèle.

Le grand, le malheureux poète a, du moins, pour le consoler, la Gloire, l'éternelle Gloire.

Mais on conçoit que les révélations de l'auteur des *Mémoires* n'aient pas dû, au moment où elles parurent, emplir de joie les vivants indiscrètement mis en scène. Musset, déjà frappé à mort et dédaigneux du bruit, haussa les épaules. D'autres se fâchèrent. De là les saisies, les procès, les cartons, les suppressions, les pages arrachées.

C'est dommage. Aujourd'hui, ce qui était de la vengeance ou de l'indiscrétion n'est plus que de l'histoire, et le temps remet à leur plan toutes choses. Plus de polémiques au fond des tombeaux. On peut trouver encore, du reste, bien des chapitres attrayants dans ces *Mémoires* annotés de Céleste Mogador. Telle l'historiette des débuts aux Variétés où, dans la revue de 1852, le *Palais de Cristal,* la danseuse de Mabille dansait une nouvelle danse, l'*Impériale,* avec Adèle Page, la Musette de Mürger.

Et ce nom dit tout : l'*Impériale.* « L'Empire est fait ! » avait déclaré un homme d'État avec inquiétude. L'Empire *se faisait* aussi sur une affiche de théâtre par l'annonce d'une danse nouvelle dans une revue des Variétés. Même la chorégraphie de Mogador pouvait fort bien être un symbole.

La danseuse, d'ailleurs, ne dansait qu'à contrecœur. Elle était lasse de ses entrechats. Elle voulait être comédienne. Elle ne manquait pas, quand elle le pouvait, les représentations de Mlle Rachel au Théâtre-Français. Il y a même, dans ses *Mémoires*, un portrait tout à fait vivant de Rachel, Rachel chez elle en son petit hôtel de la rue Trudon ; Rachel couchée et, dans son lit, portant une sorte de costume de smyrniote ; Rachel enrhumée, condamnée à ne point parler, mais laissant tomber cependant quelques mots de cette belle voix musicalement profonde, que n'ont pu oublier ceux qui l'ont entendue une fois, même dans leur enfance.

Céleste Mogador venait de lui demander de jouer au bénéfice d'un brave garçon des Variétés. La tragédienne, prise d'un mal de gorge, ne le pouvait pas. Elle loua, du moins, une loge et, pour sa première sortie, vint aux Variétés applaudir le bénéficiaire.

Sur Mme Ugalde, jouant Roxelane des *Trois Sultanes* aux Variétés, sur les théâtres d'autrefois, monde oublié, étoiles disparues, ces *Mémoires* de Mogador contiennent encore bien des détails que je noterais volontiers. Puis, c'est la rencontre de Lionel, c'est le rêve — que faisait alors la France entière — des fortunes rapides, la Californie, les pépites d'or le voyage au pays des mines, les aventures, les déboires, l'Australie, toute une existence exotique romanesque, si différente des quadrilles de la jeunesse et des flons-flons du boulevard Montmartre.

De cette *vita nuova* de trappeur et d'orpailleur, Céleste Mogador sortit régénérée et prête à se refaire un nom avec son talent, avec son travail. Menacée de ruine, elle prit la plume. Elle n'était plus la filleule de Brididi dansant aux Variétés dans les *Reines des Bals* et ajoutant les jetés-battus de l'*Impériale* aux brochures de propagande du préfet Romieu : elle était la comtesse Lionel de Chabrillan, et elle demandait sa place au théâtre, aux petits théâtres, au théâtre Beaumarchais, puisque l'Ambigu ni la Porte-Saint-Martin ne voulaient de ses *Voleurs d'or*.

Et la lutte dura des années. Nous vîmes devenir tout blancs, comme une couronne d'aïeule, les beaux bandeaux plats, d'un noir d'ébène, de Mme de Chabrillan. Le fier visage de camée eut les rides dont Corneille menace les roses de sa *Marquise*. Maintenant, à Asnières, vivant de souvenirs, celle que nous avons encore connue militante et si belle, est une vieille femme qui demande à l'État ce que lui promit, un jour,

M. de Lesseps devant le mort enterré, là-bas, au pays de fièvre. On ne restera pas sourd à l'appel de la septuagénaire. Sophie Arnould eut, je crois, de François de Neufchâteau, une favorable réponse à son dernier appel. Et tandis qu'attendri je lisais la lettre éplorée de la comtesse Lionel, le lointain refrain me revenait, jadis chanté par les *grands* dans la cour du vieux collège :

Pomaré, Maria,
Mogador et Clara,
A nos yeux enchantés
Apparaissez, belles divinités !

Septembre 1899.

XX

A propos d'Aimée Desclée.

Le jour où l'on inaugurera la statue de Dumas fils il est certain qu'on n'oubliera pas celle qui, avec la Duse, fut comme l'incarnation des « femmes » du maître féministe.

Elle le mériterait, certes, et l'incomparable créatrice de ce rôle si vivant, si moderne et si vrai *Froufrou*, — que le docteur Gilles de la Tourette en ouvrant son cours, un matin, à la Salpêtrière, présentait scientifiquement comme un type singulièrement exact et bien observé d'hystérie mondaine — la femme qui fit, la première, applaudir ce chef-d'œuvre délicat et qui fut la *Femme de Claude* aura bien gagné une parcelle de la glorification du maître.

Alexandre Dumas fils disait de cette idéale créature — qui eût joué comme personne la Nora de *Maison de poupée* d'Ibsen, cette Nora que la créatrice, Mme Agnès Sorma, baronne

Minotto, la grande artiste allemande, a fait applaudir à Paris :

— « Desclée ? c'était une revenante. »

Et, pour expliquer ce mot « une revenante » M. Ludovic Halévy a noté ce *portrait parlé* de Desclée fait par A. Dumas en une de ces causeries qu'il eût fallu recueillir, car elles éclataient de traits hardis et d'idées personnelles :

« Desclée ? — c'est Dumas qui parle — Desclée était arrivée à faire de sa nature réelle et de sa nature factice une troisième nature. C'était un singulier mélange de sincérité et de ruse, de naïveté et de rouerie. Elle n'avait d'ailleurs aucun talent. Elle a joué le *Demi-Monde*. Molle, flasque, incolore, n'importe qui, n'importe quoi... Elle part, court la province, l'étranger. Personne n'y pensait plus. Je la retrouve à Bruxelles en 1868. Je suis très frappé. Montigny ne voulait pas l'engager. Je la lui impose. Il la prend à six mille francs par an. Elle joue *Diane de Lys, Froufrou, la Princesse Georges, une Visite de noces*. La voilà au premier rang, à sa place. Et, ravie sans doute ? Pas le moins du monde. Ce qui était effrayant chez Desclée c'est qu'elle n'avait aucun amour de son art. C'était une créature morte dont il fallait faire des évocations. On la tirait de son tombeau, on la trainait sur la scène. Si elle se ranimait, c'était avec une violence terrible, elle était galvanisée... Si elle ne se ranimait pas, elle ne donnait rien, absolument rien. Il y avait des choses mortes dans son jeu à côté de choses admirables. Elle était nulle ou sublime. Vous vous la rappelez? Verdâtre, olivâtre, pas de sang dans les veines, absolument insensible au froid, l'habitude de la tombe. Elle sortait de scène en sueur, montait dans sa loge, ouvrait sa fenêtre, en plein hiver, se déshabillait et restait là, demi-nue, dans un courant d'air glacé. On lui disait : « Vous êtes folle, vous vous tuerez ! » Me tuer ! Ah ! c'est déjà fait ! » Elle avait raison. Elle n'était plus une créature vivante. C'était une Étrusque. Elle était morte depuis quatre mille ans ! »

Quelle évocation ! C'est extraordinaire. Voilà la revenante. Mais où Dumas se trompait, c'est lorsqu'il disait que cette admirable femme n'avait aucun amour de son art. Allons donc ! si elle était « morte » selon le mot de Dumas, c'est que son art, précisément, l'avait un peu tuée. Il suffit de lire ses lettres pour s'en convaincre. La pauvre femme avait eu de ces crève-cœur que l'air des coulisses, chargé de microbes, envenime. Froufrou ! Pauvre Froufrou ! On aurait pu parler d'elle comme de Mme Doche, la *Dame aux Ca-*

mélias, quand on a loué Dumas fils à l'Académie française.

Et la citation du propos de Dumas valut au journal où je publiais ces lignes une curieuse et précieuse lettre d'un lettré qui, après avoir publié jadis les *Misérables* de Victor Hugo et la collection si importante des grands historiens étrangers, Motley, Prescott, Gervinus, etc. — est devenu lui-même un excellent et « sévère historien », Albert Lacroix, qui devrait bien écrire ses *Souvenirs* d'éditeur entre deux chapitres de son Histoire de France :

Au Directeur du *Temps,*

MON CHER DIRECTEUR,

Je lis dans le *Temps,* sous la signature de mon ancien ami, Jules Claretie, la *Vie à Paris,* à propos de la grande artiste que fut Aimée Desclée, la créatrice de Froufrou, le récit transmis par Dumas fils à Ludovic Halévy, de la révélation, pour l'auteur du *Demi-Monde,* du talent de Desclée : « Elle n'avait aucun talent... Elle

« part, court la province, l'étranger. Personne « n'y pensait plus. Je la retrouve à Bruxelles, « en 1868. Je suis très frappé. Montigny (le « Gymnase) ne voulait pas l'engager. Je la lui « impose. »

Tout ceci, absolument exact, mérite peut-être d'être raconté dans le détail qui lui donne sa curiosité, puisqu'il s'agit de deux personnalités marquantes et que, somme toute, ce rapprochement de Dumas fils et de Desclée eut une véritable importance pour l'histoire du théâtre.

Or, j'en puis parler sciemment, et l'article de Claretie m'y sollicite, en réveillant mes souvenirs. Il y a même, je crois, des faits intéressants pour le public.

Le hasard me fit témoin et quelque peu acteur aussi, dans cette circonstance, et voici comment tout s'est passé ; je suis seul en mesure de vous en donner une narration fidèle et complète.

Condamné par l'Empire à un an de prison, pour avoir publié les *Évangiles annotés* de Proudhon, j'étais allé à Bruxelles prescrire ma peine. J'y recevais volontiers et fréquemment la visite de nombre d'écrivains français éminents, dont j'avais l'honneur d'être l'éditeur.

A ce moment Louis Ulbach, votre ancien chroniqueur dramatique, était mon hôte. Il était très lié avec Dumas fils ; ils avaient fait leurs études ensemble, je crois, ainsi qu'avec Charles Hugo dont on remet à la scène précisément le drame des *Misérables*. Je ne connaissais Dumas fils que par sa célébrité déjà commençante alors et par ses œuvres. Et voici tout à coup qu'au théâtre du Parc, à Bruxelles on annonce la reprise de l'*Ami des femmes* avec un acte totalement remanié par l'auteur ; c'était donc une *vraie* première où d'ailleurs la presse parisienne fut conviée. Dumas fils devait venir voir la dernière répétition et assister à la première représentation : tous les journaux annonçaient la chose comme un événement littéraire.

Ce m'était une occasion de lier connaissance avec Dumas fils, et vous imaginez combien je fus ravi, quand Ulbach me proposa de nous présenter l'un à l'autre. Au jour de l'arrivée, nous allâmes donc à la gare au-devant du maître écrivain : Gustave Frédérix, le critique théâtral de l'*Indépendance belge*, nous accompagnait. J'offris à Dumas de descendre chez moi où déjà Ulbach avait accepté mon pied-à-terre, mais Dumas, étant avec un ami, son inséparable, Ch. Narrey, se décida pour l'hôtel de Suède où notre caravane se rendit à onze heures du soir. Seulement, Dumas s'engageait à venir dîner chez moi dès le lendemain, et pour ce jour-là j'avais, par avance, engagé M. Berardi, directeur de l'*Indépendance belge*, Charles Hugo ; bien entendu, Louis Ulbach et Gustave Frédérix devaient être des nôtres. Mais il faut que je vous dise aussitôt que ce dîner révélait un petit complot, dont le détail est amusant.

Le directeur du Théâtre des galeries Saint-Hubert, M. Delvil, avec qui nous étions tous en bonnes relations, rivalisait avec le Théâtre du Parc : c'était à qui donnerait les primeurs dramatiques parisiennes. Or, c'était une bonne aubaine pour le Théâtre du Parc que cette quasi-première de l'*Ami des femmes*, refondu, avec la présence annoncée de l'auteur, et son confrère en était un peu jaloux. Vivement il fit apprendre et monter la pièce de Dumas fils ; *Diane de Lys*, comme riposte ; il avait précisément sous la main une artiste en représentation, revenant de Russie : c'était Desclée qui avait joué le rôle à Saint-Pétersbourg. Nous ne connaissions Desclée que depuis une dizaine de jours, et elle avait obtenu un vrai succès aux Galeries Saint-Hubert, tout le monde courut l'entendre.

En mettant à la scène *Diane de Lys*, Delvil espérait attirer Dumas à son théâtre : rivalité de directeurs que vous voyez d'ici, et il vint demander à Ulbach et à moi de tâcher d'obtenir cette faveur, d'autant plus délicate à solliciter de Dumas fils qu'il venait spécialement, exclusivement pour le concurrent de Delvil.

Nous avions entendu deux jours auparavant Desclée dans *Diane de Lys,* et nous avions été émerveillés, secoués, émus. Elle-même désirait ardemment que Dumas la vît, l'entendît, la jugeât, surtout dans un rôle du répertoire de ce dernier. Et elle avait raison.

Nous conspirions donc tous contre Dumas, et nos batteries étaient dressées. Il s'agissait d'aborder la question, sans avoir l'air d'avoir rien prémédité pour ne pas éveiller la défiance de Dumas ni recevoir un refus.

Incidemment donc, à ce dîner, on parla d'une actrice de passage, de grand talent, — de *Diane de Lys,* sans dévoiler encore notre mobile. Et je me rappelle encore Dumas nous écoutant, sceptiquement, et tout stupéfait des éloges que nous hasardions sur Desclée, s'écriant dès les premiers mots : « Quoi ! quoi ! Cette... (permettez-moi, le mot exact, typique !) Quoi ! cette grue-là ! mais je la connais ! Je l'ai vue autrefois, une cabotine sans ombre de valeur ni de talent, nulle même dans les rôles les plus secondaires ! »

Nous nous défendons tous, nous défendons

Desclée. Mais Dumas ne veut pas nous croire. De bien loin, il repousse notre suggestion d'aller l'entendre, d'aller voir l'interprétation : « Ah ! ma pièce, je la connais assez. Et pour la voir jouer par une troupe secondaire, je n'y tiens pas. »

Nous sommes donc battus, là où nous espé rions réussir. Or, une baignoire nous attendait au théâtre des Galeries ; tout avait été prévu par Delvil. Et force nous est de nous résigner, sans confesser toutefois à Dumas notre entente préalable et les six places préparées à notre intention.

Vers neuf heures du soir, après le dîner, nous sortons tous, sous prétexte de faire un tour en ville, et je nous vois encore, tous les six, déambulant par le parvis de Sainte-Gudule, la cathédrale, vers la ville basse, ou plutôt vers le point central qui était les galeries Sai t-Hubert. Dumas et moi précédions notre petite troupe. Nous étions décidés quant à nous d'entrer un instant au théâtre, car nous l'avions promis, et tout au moins devions-nous faire part à ceux qui comptaient sur nous, de notre déroute.

Arrivés au porche du théâtre, l'idée me vint de dire à Dumas : « Nous n'allons pas nous quitter encore ; nous ne ferons qu'apparaître, entrer et sortir pour voir l'accueil du public à votre œuvre, cinq minutes, pas davantage, le temps de voir si la salle est pleine. Mais, au fait, cher maître, plutôt que de vous prier de nous attendre, en vous promenant sous les galeries Saint-Hubert, pourquoi ne nous accompagneriez-vous pas ? » Et chacun d'insister à tour de rôle. Narrey nous appuie : « Ah ! soit, un instant en passant. » Dumas objecte qu'il ne veut pas être vu ni reconnu ; nous le lui promettons ; il sera au fond de la baignoire que censément nous allons demander. Le directeur, Delvil, nous voit défiler devant le contrôle, et sur un signe de nous, ne fait point semblant de savoir que Dumas nous accompagne ; nous continuions le jeu de la non-préméditation, le jeu de la chose improvisée.

La salle était brillante ; le rideau venait de se relever sur le troisième acte. Nous nous étions assis ; au premier rang Charles Hugo et Frédérix ; au second rang Ulbach et Narrey et, au fond de la baignoire, dans la partie obscure, Dumas et moi, debout, prêts à quitter la place d'ailleurs au premier désir exprimé par le maître que nous escortions.

Mais ce signal du départ, il ne le donna pas, il écoutait, il étudiait le jeu des artistes ; il voyait le public frémissant, enthousiaste, échauffé. Desclée fut superbe d'élan, de passion, de nervosité. La salle entière applaudissait et, émue, acclamait.

Dumas ne disait rien : pas un mot. Nous respections son silence, et à voir qu'il restait en place, non plus ironique et mordant, ou nous plaisantant comme auparavant, mais grave, méditatif, tout autre qu'au dîner et tout autre aussi qu'à son entrée, nous comprenions qu'il était déconcerté, surpris, saisi peut-être.

Il ne se prononça néanmoins pas, mais il resta, il s'assit dans l'ombre de la loge, et assista à la représentation jusqu'à la fin.

Il était conquis, retourné, on peut le dire, dans son appréciation, et il ne le cacha plus à la sortie.

Nous l'escortâmes alors jusqu'à son hôtel. Puis nous nous rendîmes dans le modeste logement où Desclée nous attendait pour prendre une tasse de thé, — bien simplement. Nous lui racontâmes toute la petite séance de la soirée, et nos difficultés à convaincre, à vaincre Dumas. Elle en était heureuse, ravie.

Dumas ne l'oublia plus dès ce jour-là, et comme le dit Claretie : « il fut très frappé. Il l'imposa en effet à Montigny. » On sait la suite : le triomphe grandissant de l'artiste dans la *Prin-*

cesse *Georges,* dans la *Visite de noces,* dans *Froufrou.*

Et tout cela a tenu à un hasard. Un avenir de gloire et de talent a été suspendu à un fil d'aiguille. Mais Desclée prouve aussi la justesse du coup d'œil de Dumas et lui-même montra ainsi sa sincérité de conscience, en sachant se dégager d'une prévention qu'il reconnaissait injuste ; cela nous enseigne aussi sa serviabilité envers qui le mérite.

Je ne lui ai fait, que de longues années après, en déjeunant un jour chez lui en tête-à-tête, à Marly, la confession de notre complot d'alors avec tous ses détails. Le piège que nous lui avions tendu a éveillé sa bonne humeur et a fait revivre entre nous bien des souvenirs du passé dans une conversation, stimulante de sa part, qui n'a pas cessé de tout l'après-midi, poursuivie dans son beau parc,et où ce sceptique apparent s'est dévoilé à moi sous un jour tout nouveau, plein d'éloquence et de profondeur de vues sur bien des questions, avec des visions d'avenir et d'au delà merveilleuses et des aperçus philosophiques et scientifiques qui me reviennent en mémoire en traçant ces lignes.

ALBERT LACROIX.

Décembre 1899.

XXI

Barré.

Un admirable artiste. Un élève de la nature. Un comédien solide, celui dont M. Febvre disait : « Thiron, exquis, c'est la confiture, mais Barré, c'est le pain. »

Pierre-Jean Barré, que nous avons tant applaudi sous le nom de Léopold Barré, avait débuté à la Comédie-Française le 21 juin 1858. Il avait alors, trente-neuf ans. Il arrivait, acteur déjà célèbre, aimé de Dumas père qui lui avait fait jouer Polonius dans *Hamlet,* de Mme Sand, qui le louait d'avoir créé Patience dans *Mauprat* et Denis Ronciat dans *Claudie,* et, pour ses débuts, lui qui devait incarner si puissamment les bourgeois d'Augier, il apparut sous les traits des personnages de Molière, Pierrot de *Don Juan,* Orgon de *Tartuffe,* George Dandin ; c'est par les immortelles figures du répertoire que l'excellent Barré fit son entrée à la Comédie.

Je n'ai pas à m'excuser de citer ici des personnages de théâtre. Le comédien peut venir de Saint-Jacques-du-Haut-Pas pour trouver le grand repos comme le jeune séminariste avait quitté la cellule pour la loge de théâtre : on ne lui conteste plus le droit de faire entendre, comme des titres de gloire, les noms de ses rôles, soit à l'église, soit au cimetière. Quand on honore une profession, comme le fit Barré, la vie d'un homme est saluée partout. Il fut donc Orgon, George Dandin, Chrysale, Diafoirus, l'oncle van Buck, M. Charrier des *Effrontés,* et toujours il fut admirable, admirable de simplicité, de bonhomie, d'émotion, de finesse. Il fut un bourgeois du pays de France, et, jusqu'à la fin de sa carrière — jusqu'à sa dernière représentation, dans *Il ne faut jurer de rien,* le 5 décembre 1888, il resta tel que George Sand le caractérisait en 1855, lorsqu'elle disait — et l'éloge d'un tel écrivain est un titre définitif: « Barré a la rondeur et la bonhomie avec la finesse d'un esprit chercheur et amoureux de détail ; chacun de ses mots a une portée vive et franche, et il lui faut souvent de généreux efforts pour ne pas absorber tout l'intérêt d'une scène, même dans le silence, tant sa physionomie est vraie et comiquement attentive. »

Il avait de l'esprit et il avait cette exquise vertu du comédien, la *sensibilité,* le don du rire, le don des larmes. Comme il disait dans le *Jeu de l'amour et du hasard* : « Il faut être trop bon, ma fille, pour l'être assez ! » Avec quels accents paternels il parlait à Victorine, dans le chef-d'œuvre de Mme Sand !... Croirait-on qu'un tel artiste attendit pendant dix-huit ans le sociétariat si envié ? On se plaint aujourd'hui de ne pas arriver très vite, et tout de suite. Je ne dis pas que le bon Barré ne fut point un peu attristé de voir les anciens passer, sans qu'on lui rendît justice. Mais il était d'un temps où l'on faisait avant tout son devoir en comptant, pour la récompense, sur l'équité de l'avenir. Le 1er juillet 1876, Barré fut nommé sociétaire. Il avait, ai-je dit, donné dix-huit ans à la Comédie, il lui donna douze ans de sa vie encore; puis, craignant de devenir aveugle au feu de la rampe, il se retira. Sa dernière création avait été un personnage de Meilhac : Larivière dans la *Duchesse Martin.*

Il y a dix ans qu'il n'était plus que le sociétaire retraité applaudissant de loin aux succès des nouveaux, venant chaque année — au jour de l'an, — faire visite à son dernier administrateur, qui l'aimait, l'estimait, savait quelle conscience il y avait chez cet homme qui fut, étant un grand artiste modeste, un si brave homme.

La première parole réconfortante d'une administration dont personne ne soupçonne les difficultés, non, personne, même et surtout ceux qui l'envient, me fut dite par l'excellent Barré à une répétition d'*Hamlet*, ma première grande pièce, et je l'entends encore :

— On m'aura fait un gros chagrin en ne me laissant pas rejouer Polonius que j'ai créé, mais vous m'avez fait un grand plaisir en remontant ainsi le cher *Hamlet* de ma jeunesse !

Depuis, tous les ans, j'étais accoutumé à voir revenir, dans sa chère maison, le bon Barré, souriant, aimable, résigné à la vieillesse et me disant :

— Eh bien ! mais, ces petits jeunes, ils nous remplacent !...

Il était modeste même dans la retraite. Il ne demandait rien que la paix et un peu de santé. Je me trompe ; il espérait qu'on pourrait donner à l'éminent artiste qui, pendant trente ans, avait honoré la Comédie-Française, cette croix, ce ruban rouge que n'ont pu obtenir, je le répète, ni Geffroy, ni Bouffé. Je l'avais plus d'une fois demandée pour lui. On me répondait : « Il est trop tard : l'excellent comédien est à la retraite ! Place aux jeunes ! »

Alors le bon Barré répliquait :

— « J'attendrai ! qui sait? Tout arrive ! »

Et il allait voir pousser les fleurs de son jardin. Tout arrive, en effet, mon cher Barré, et cette croix vous l'avez trouvée, jamais plus honnête homme, serviteur plus dévoué d'une grande maison, artiste plus soucieux de son art et respectueux de son devoir, tel que le fut Léopold Barré, sociétaire de la Comédie-Française, ne dormira sous une croix de pierre et n'aura laissé de plus profonds souvenirs à tous ceux qui l'ont connu, c'est-à-dire, qui d'un côté de la rampe l'ont applaudi et de l'autre, l'ont aimé !

Décembre 1899.

XXII

Mlle Georges.

Que de souvenirs un nom rencontré sur une affiche de théâtre peut éveiller tout à coup dans la mémoire où ils dorment enclos en une de ces cellules — le nom est bien choisi — cellules cérébrales où par milliers s'accumulent dans la poussière du passé les microbes de nos tristesses, la poudre des papillons bleus de nos heures joyeuses !

« Théâtre des Variétés. Relâche pour répétitions de *Mademoiselle Georges* ». Et, soudain, je me suis trouvé transporté très loin de Paris, dans les brumeuses années d'enfance, et ce nom de la tragédienne, que des auteurs de grand talent vont évoquer sur une scène de vaudeville, m'a rappelé cette Mlle Georges que j'ai pu voir jouer, oui, il y a bien des années, sur la scène d'un théâtre de province, où, tout petit, j'ai assisté au défilé de bien des acteurs en renom venant chez nous donner des représentations, en tournée —

comme plus tard à Paris, quelques années après, j'ai vu, un à un, tous ces grands comédiens du Boulevard dont les noms semblent légendaires aujourd'hui.

Mlle Georges!... C'était à Limoges, et je revois encore loin, très loin dans ces années confuses, la loge du théâtre où mes parents, abonnés, allaient tous les dimanches. On m'emmenait jusque-là quelquefois. La loge ne doit pas être changée. Je la retrouverais et la reconnaîtrais, sans doute, si j'allais au pays, quelque jour. Enfant, à cinq ou six ans, j'ai assisté ainsi à plus d'une représentation de comédiens de passage. Je me souviens parfaitement d'avoir vu Mélingue dans *Dom Sébastien de Portugal,* et Levassor, le comique, dans ses chansonnettes qui furent les monologues d'autrefois. Le chanteur imitant l'Anglais m'amusait beaucoup, et Mélingue, touchant les frises avec son épée lorsqu'il la levait toute droite me paraissait immense, une sorte de géant de ce pays de Brobdingnac où ma jeune imagination suivait Gulliver. Et Mélingue était, en effet, très grand en cette scène probablement petite.

Une de mes impressions d'enfance fut encore la venue de Marié, le père de Mme Galli-Marié et des sœurs Marié, qui chantait, dans *Char-*

les VII, le fameux refrain, alors populaire, et qui effaroucha la censure de Louis-Philippe :

> Jamais, jamais en France,
> Jamais l'Anglais ne règnera !

Bien que costumé en bon Français du temps de Charles VII, Marié chantait ses couplets en tenant à la main un drapeau tricolore. Le cadre gothique du décor n'empêchait point l'artiste de produire son effet et j'entends encore les acclamations de la salle. J'y joignais les bravos de mes petites mains et je ne laissai point de repos autour de moi qu'on ne m'eût donné un drapeau tricolore pour chanter, moi aussi, dans les allées de l'ancien jardin Tivoli, que nous habitions, le refrain de Marié :

> Jamais, jamais en France...

Et — autre souvenir — *Marie Tudor*, de Victor Hugo. *Marie d'Angleterre*, disait l'affiche, et c'est précisément le titre que donne à la pièce Célestin Nanteuil dans la gravure de la première édition. Oh ! je n'ai rien oublié !... On m'avait promis une belle soirée, une tragédienne admirable et j'assistai, en effet, à une terrible histoire qui m'intéressait comme un noir conte de fées. Je trouvais pourtant que cette dame qui apparaissait là, en robe de velours rouge, était vraiment un peu grosse. La vérité est qu'elle était énorme. Si l'épée de Mélingue atteignait les bandes d'air des décors du théâtre de Limoges, le poids de cette Marie Tudor en devait faire craquer le plancher. Je me rappelle qu'à un moment donné — sans doute lorsque la Reine, accablée, répond à Simon Renard, qui exige la mort de Fabiano : « Ce que vous voudrez ! Faites ce que vous voudrez ! Vous êtes un assassin ! » — l'énorme femme, tombée à genoux, essaya de se relever et ne put y parvenir. Elle s'appuyait de ses mains sur les planches — je la vois encore — et, essoufflée, roulant des yeux effarés, demeurait là, immobile, comme un taureau abattu. Ce dut être plutôt pénible. Hélas ! le spectacle m'amusait ! Et — cet âge est sans pitié — je me mis à rire quand je vis les seigneurs de la cour, Maître Énéas, peut-être, ou lord Clinton, prendre sous les bras Marie la Sanglante et, avec l'aide de figurants, remettre sur pied cette masse de chair.

— Ne te moque pas, me dit mon père, c'est Mlle Georges !

Et je crois bien qu'il ajouta, pour me dicter le respect, une phrase où retentissait le nom de ce Napoléon dont on me faisait épeler déjà l'histoire. Mlle Georges ! Cet autre nom, par exemple, ne me disait rien ; mais je comprenais pourtant qu'il ne fallait point rire de cette grosse dame qui se relevait là, sous les applaudissements de toute une salle, et dont ma mère disait, en la regardant avec sa lorgnette :

— La pauvre femme !... Elle pleure !..

Et voilà pourtant que je vais revoir, non plus en réalité, mais évoquée par l'art, représentée par cette jolie rieuse Mme Simon Girard, la belle tragédienne dont mon enfance ignorante bafouait la décrépitude ! De celle qui m'apparaissait dans toute sa pesanteur comique — Sémiramis devenue éléphantine — Victor Hugo avait écrit, en publiant sa pièce : « Quant à Mlle Georges, il n'en faudrait dire qu'un mot : sublime. Le public a retrouvé dans « Marie » la grande comédienne et la grande tragédienne. Depuis le sourire charmant par lequel elle ouvre le second acte jusqu'au cri déchirant par lequel elle clôt la pièce, il n'y a pas une des nuances de son talent qu'elle ne mette admirablement en lumière dans tout le cours de son rôle. » Sans doute. Mais de ce sourire et de ce cri je n'avais rien vu, et il ne me reste dans la mémoire que l'image de cette grosse personne lentement redressée par des camarades qui la prenaient sous les aisselles.

J'ai précisément là, revêtu de la reliure à ornements gothiques du temps, l'exemplaire de *Marie Tudor* envoyé par Victor Hugo à l'interprète de son rôle. La dédicace est des plus simples, laconique : « A Mademoiselle Georges. Hommage de l'auteur. Victor Hugo. » La malheureuse femme devait avoir vendu tous ses livres bien avant de mourir, à quatre-vingts ans, en 1867. Depuis des années, elle se débattait contre la misère. Sait-on comment celle qui avait été la maîtresse d'un empereur et la reine de tant de rois vivait aux derniers temps de sa vie ? Un autre empereur, Napoléon III, le neveu du protecteur de la tragédienne, lui avait fait obtenir, — à l'Exposition Universelle de 1867, — le dépôt des cannes et parapluies. Sémiramis ne mourait pas positivement ouvreuse de loges, mais c'était tout comme.

Ah ! les lendemains de ces triomphes ! Les revers de ces destinées ! Les dénouements de ces comédies de théâtre ! C'est l'éternel verso du *Roman comique*. Mlle Georges avait deux fois quitté la Comédie-Française, érigeant son caprice en loi, et il avait fallu l'intervention de l'empereur pour la faire rentrer en 1813. Napoléon semblait violer lui-même ou appliquer tyranniquement le décret qu'il avait signé à Moscou l'année précédente. Mais lorsque Mlle Georges voulut, sous la royauté, refaire des fugues à sa guise, les comédiens ordinaires de l'empereur devenus les comédiens du roi, firent payer cruellement à la favorisée les coups de tête du passé. Ils l'expulsèrent. Oui, tout simplement et Mlle Georges plaida contre la Comédie qui la chassait.

Tout cela est loin, plus loin encore que mes vieux souvenirs de Limoges. Mais tout cela prouve simplement qu'il n'est rien de nouveau au soleil de la rampe, que ce soleil soit la lumière électrique, le gaz ou l'huile des quinquets. Il devait en être de même au temps des chandelles de Molière. Le comédien, roi sur la scène, tient à rester souverain dans la vie. Talma, le sait-on bien? était sociétaire du Théâtre-Français et, en même temps, pensionnaire du roi de Hollande. Il devait donner par année un certain nombre de représentations à La Haye, et il les donnait. M. Coquelin aîné nous offre un exemple tout à fait symbolique lorsqu'en débarquant en Amérique, il s'étonne que les lois de douane, qui ennuient tout le monde, ne soient pas suspendues pour lui. M. Mac-Kinley devait y penser.

On me dit que, dans le très pittoresque tableau du Foyer de la Comédie-Française, que M. Samuel met en scène, et où les spirituels auteurs de

Mademoiselle Georges ont groupé, paraît-il, les personnages illustres des premières années de ce siècle, quelqu'un chante d'amusants couplets où l'on chansonne les fréquents voyages des comédiens. J'ouvre l'*Année théâtrale* d'il y a juste cent ans, l'*Almanach pour l'an X (1801)* publié chez Courcier, imprimeur-libraire, rue Poupée-André-des-Arts, n° 5, et portant pour épigraphe : « La critique est aisée et l'art est difficile », et j'y lis, page 258 :

« On a remarqué, dans le mois de fructidor de l'an IX, qu'à la Comédie-Française, les congés étaient distribués si bien et si à propos que, dans le même moment, se trouvaient absents : Mlle Contat, Mlle Raucourt, Talma, Mme Petit, Baptiste aîné, et Monvel; que, pendant ce temps, Fleury étant malade, tout le répertoire retombait sur Molé, qui jouait sans relâche *le Méchant*, *l'École des Pères* et *le Bourru bienfaisant*; que ce dernier congé était le troisième dont Mlle Contat profitait dans le cours de cette année. »

Et la critique amie avait déjà des façons de maquiller l'insuccès. Mlle Contat jouant, à Rouen, les *Trois Sultanes*, tandis que Mlle Raucourt jouait la *Gageure imprévue* à Nantes, et que Monvel, dans cette même ville, présidait même la distribution des prix du collège, un journaliste rouennais, ne voulant pas avouer que Mlle Contat n'avait pas été applaudie, écrivait gravement : « La foule des spectateurs était si grande et si pressée que le public ne pouvait conserver l'usage de ses mains. »

On peut voir encore dans un couplet amusant mis, par Merle et Brazier, sur les lèvres de Préville dans le vaudeville de *Préville et Taconnet*, que « plus ça change et plus c'est la même chose » comme répétait volontiers Alphonse Karr. A Taconnet, qui lui demande des nouvelles du Théâtre-Français, Préville répond sur un air du Caveau :

> Lekain, mon cher, est à Lyon ;
> Madame Belcourt est à Lille ;
> Molé va partir pour Mâcon ;
> Ma femme part pour Abbeville.
> A Rouen, Bourret a du succès,
> Et Brizard récolte en Provence :
> C'est bien le Théâtre-Français,
> Car il est dans toute la France!...

Et tout cela est admirable, fugues, couronnes, bravos, recettes en province ou ailleurs, tant que la jeunesse dure et avec la jeunesse et la force la possibilité d'aller, çà et là, promener son répertoire. Mais quand la vieillesse arrive et que la voix s'enroue, et que l'ardeur s'éteint, alors le spectacle est lamentable et la vie errante devient lugubre.

La pauvre Georges, vivant en un temps où, si la Russie était inventée, l'Amérique n'était pas encore ouverte aux tournées, n'est pas la seule tragédienne qui, haletante, ait fini ainsi en courant par les chemins.

« La taille de Mlle Georges est celle de la source d'Apollon lorsqu'elle s'avance sur les bords de l'Eurotas, environnée de ses nymphes, et que sa tête s'élève au-dessus d'elles... Dans ce beau corps, il y a une âme impatiente de s'épancher. Ce n'est pas une statue de marbre de Paros, c'est la Galathée de Pygmalion, pleine de chaleur et de vie... » Ainsi parlait Geoffroy, le tout-puissant et sévère Geoffroy, lorsqu'il l'aperçut pour la première fois dans Clytemnestre. Oui, mais l'âge vient qui, de la statue grecque, fait quelque caricature décharnée ou massive dont sourient les générations nouvelles. On a bravé un empereur et on quémande un bureau de tabac. La maternelle Comédie, où les nouveaux travaillent pour payer la pension des retraités, aurait eu pour Mlle Georges ses ressources ordinaires si la Galathée n'avait pas traité la Comédie avec plus de froideur encore que Pygmalion. Certaines existences seraient trop belles et paraîtraient trop ironiques si la jeunesse pouvait toujours durer.

Quoi de plus triste d'ailleurs que ces existences, et qui inspire plus de sincère pitié ? Car il en est d'autres dont la dure destinée est imméritée. La foule acclame les vaincus, et son âme va droit à un vieillard qui, comme le président Kruger, représente tout un peuple. Hélas ! la pitié cesse au théâtre, et le public ne s'inquiète là que de ceux qui sont en scène ! Les autres, il les oublie. Les affiches déchirées lui importent peu. Il faut l'amuser, ce public, l'amuser encore, l'amuser toujours. C'est l'homme aux poupées, cassant une à une ses poupées.

Je me rappelle l'indifférence qui accueillit la nouvelle de la mort de Mlle Georges. Quelqu'un dit : « Elle vivait donc encore ? » Elle avait été la Tragédie, elle avait incarné le Drame. Le romantisme lui devait ses plus belles victoires. Elle végétait, je ne sais où. On la croyait morte.

Seulement elle se souvenait, elle. Elle savait ce qu'elle avait été jadis. Et, comme Bernadotte, roi de Suède, mourant, s'enveloppait du manteau de drap qu'il portait à Marengo, Mlle Georges, Georges Weimer, fille d'un soldat musicien au régiment de Lorraine, tenant garnison à Bayeux, — la patrie d'Alain Chartier, — lorsque Marguerite-Joséphine y était née, rue Saint-Patrice, Mlle Georges, octogénaire, disait :

— Lorsque je serai morte, je veux qu'on me revête d'une robe noire et qu'on m'ensevelisse dans mon manteau de Rodogune !

Et ce manteau — pourpre rongée aux vers avant Rodogune elle-même — ce manteau de victoire fut son linceul.

Novembre 1900.

XXIII

Gustave Worms.

J'évoque une émotion d'un soir.

La toile vient de tomber, puis de se relever plusieurs fois sous les applaudissements de toute une salle enfiévrée et le rideau rouge s'est abaissé sur le salut d'un artiste, très calme en apparence, très ému en réalité, que le public réclamait, acclamait, voulait voir et revoir encore et qui jouait pour la dernière fois.

M. Gustave Worms donnait sa représentation de retraite. Il se retire après trente et un ans de « bons et loyaux services » comme on dit — en toute justice, cette fois — et l'impression est pour moi mélancolique de voir disparaître ce maître-artiste qui fut un admirable serviteur de la Comédie-Française et qui, pour moi, fut un ami.

Quant au théâtre, il eût fallu voir, derrière le rideau, sur la scène, ces mains tendues, ces étreintes silencieuses, ces larmes aux yeux des élèves et des amis, tout ce chagrin réel, sans fracas et sans phrases, plus saisissant encore peut-être que l'émotion des fébriles bravos du public, tous ces témoignages de tristesse et de déchirement accompagnant le maître qui remontait à sa loge en se disant, ce qu'il me répétait quand je lui parlais de rester :

— Non, non. Après tout, dans mon emploi, je suis un de ceux qui ont duré le plus longtemps !

Ce n'est pas sans regret, pourtant, j'en suis sûr, que Worms aura quitté la Maison de Molière. Il était un peu las de son dur métier, mais il était toujours profondément attaché à une institution qu'il a bien servie. Il eût porté le titre de Doyen si sa nomination de sociétaire n'eût été marquée, sous l'Empire, par une injustice contre laquelle il avait protesté en donnant avec fierté sa démission et en partant brusquement pour la Russie. Quoi qu'il en soit, un tel comédien laissera dans l'histoire du logis un souvenir inoubliable. Il aura eu la joie de retrouver la maison refaite, sa loge d'habitude reconstruite et de rentrer — pour trop peu de temps à notre gré — dans ce théâtre qu'il avait vu dévoré par la flamme.

Il faut lire dans le petit volume fort malicieux de Théodore de Banville, la *Comédie Française racontée par un témoin de ses fautes* (un de ces mille et un pamphlets qu'a, de tous temps, inspirés la Comédie, mais celui-là, du moins, est spirituel) les verselets qu'inspirèrent les débuts de Gustave Worms, jeune, séduisant, la voix chaude et profonde. C'est le 14 février 1858 que, lauréat du Conservatoire où il n'avait obtenu d'ailleurs qu'un second prix de comédie et un premier accessit de tragédie (il n'y avait pas eu, cette année-là, de premier prix), le jeune artiste, élève de Beauvallet, débutait rue de Richelieu, dans le rôle de Valère de *Tartuffe*. Le débutant avait été, quelques années auparavant, imprimeur chez son cousin Schiller, dans cette vieille imprimerie du faubourg Montmartre où le *Temps* fut fondé, et il avait là pour spécialité les caractères arméniens. Il quittait les petites lettres de plomb pour les décors de toile. La critique alors louait sa diction, sa distinction, ce qu'avait de chaleureux son débit et le théâtre pouvait se dire, dès ce soir-là, qu'il avait mis la main sur cet oiseau rare : un jeune premier. Worms devait plus tard, au Gymnase, jouer *le Charmeur*. Dès son début, il avait charmé.

Et il faudrait énumérer tous les rôles, les

bouts de rôles, qu'avec une conscience et un zèle admirables, ce débutant acclamé joua, sans se trouver diminué, pendant ces années de stage : un personnage qui passe et dit quelques vers à peine dans *Souvent homme varie* de Vacquerie, un confident de tragédie, un petit monsieur quelconque dans une comédie moderne, Don Sanche du *Cid* en attendant Rodrigue, Cléante en attendant Alceste. Et M. Worms ne se croyait pas humilié en faisant son devoir, estimant, comme tous les artistes de ce temps-là, qu'il n'est point de petits rôles à la Comédie-Française, et n'appelant pas des « corvées » ces collaborations inévitables à des ensembles nécessaires. Quand je pense que Coquelin aîné, après Figaro, jouait je ne sais quel comparse dans *le Duc Job !*

Il en fut de même de Worms qui, sans création nouvelle (car les pièces retentissantes et les rôles étaient rares alors) fit son chemin lentement mais sûrement, dans le répertoire. Les rôlets de la *Dolorès* de Bouilhet ne comptaient pas ; ce qui comptait, c'était Corneille, c'était Racine, c'était Molière. Et lorsqu'on le nomma sociétaire, en 1863, avec Coquelin précisément, et aux applaudissements de Théophile Gautier, c'est au répertoire que le jeune premier devait sa nomination.

J'ai dit qu'une criante injustice le poussa à signer, avec colère, un engagement pour la Russie. Demandez au grand duc Wladimir les souvenirs que Worms a laissés à Pétersbourg. Pendant dix ans il fut, au théâtre Michel, l'acteur applaudi, le comédien choyé — et là-bas comme à Paris — l'homme estimé que nous aimons. Puis, la nostalgie de Paris le reprit. Les bravos des bords de la Néva ne sont pour un comédien français que les échos de ceux du boulevard. Je trouve dans une collection de lettres de George Sand, que m'a léguées mon cher ami Charles Edmond, des billets où Mme Pasca, alors en Russie, écrit à Mme Sand que « son camarade Worms se réjouit de jouer *Mauprat* à l'Odéon ». Et — chose singulière — le rôle d'Edmée, dans cette reprise projetée de *Mauprat* devait être confié à une exquise jeune fille, que M. Worms ne connaissait pas encore, Mlle Blanche Barretta, élève de Régnier, et qui devait être un jour la charmante Mme Worms, l'inimitable Victorine, la Barberine de Musset, l'idéale Henriette de Molière.

L'affaire de *Mauprat* ne s'arrangea point, je ne sais pourquoi, et, quittant la Russie, Gustave Worms entra au Gymnase. Il y devait rester peu de temps. A la Comédie on le regrettait.

L'opinion publique l'y appelait. On n'attendait que l'occasion.

Je suis peut-être une des causes du réengagement de M. Worms à la Comédie-Française. Au boulevard Bonne-Nouvelle, l'éminent artiste, supérieur encore au souvenir qu'il avait laissé en quittant Paris, créait de façon magistrale le *Ferréol* de Sardou, après avoir, pour ses débuts, joué — avec quel inoubliable accent de sincérité et de douleur, dans *la Dame aux Camélias*, l'Armand Duval de Dumas. De tels succès l'avaient naturellement désigné à l'attention de l'administrateur d'un théâtre où Gustave Worms était chez lui ; une création nouvelle, dans une pièce tout à fait dramatique, détermina M. Perrin dont l'opinion d'ailleurs était faite.

Cette pièce s'appelait *le Père*. Je l'avais écrite très vite, sur une donnée vigoureuse et tout à fait hardie que m'avait apportée, me proposant d'en faire un roman d'abord, puis un drame, un homme de théâtre des plus expérimentés et des plus remarquables, sans parler de sa bonté et de son esprit: Adrien Decourcelle. J'avoue que j'avais des doutes sur le sort que pouvait rencontrer une œuvre en quelque sorte agressive, où un fils, né d'un viol, recherchait et tuait l'homme qui avait insulté sa mère et vengeait sur lui — c'est-à-dire sur son propre père — l'honneur de l'homme qui l'avait élevé, le sachant né d'un autre. Au théâtre, la voix du sang sera toujours, quoi qu'on fasse, la plus forte. Un fils reste fils même devant un père indigne. Ou peut-être certains sentiments ont-ils besoin de certains costumes pour être acceptés de la foule. Hamlet en veston paraîtrait digne de la Cour d'assises, La toge et le pourpoint changent bien des crimes en héroïsmes apparents. Je ne m'imagine pas Brutus en paletot, comme la levrette de Châtillon.

C'était donc une façon d'Hamlet moderne et hostile que nous présentions au public sur un théâtre qui, à ce moment précis, cherchait sa voie entre le vaudeville d'Hennequin et le drame naturaliste. M. Montigny, un peu dérouté par les tentatives de l'école nouvelle, crut qu'un drame noir comme *le Père* pouvait être accepté par le public du Gymnase. Et je fus un peu étonné, je l'avoue, lorsque Decourcelle, tout heureux, m'annonça que la pièce — très courte, condensée et concentrée, et par cela même plus cruelle encore — était acceptée et allait entrer en répétitions.

Si le drame était sombre, trop sombre, il contenait du moins un maître-rôle, celui du fils.

M. Worms allait le créer. Avec un tel artiste, on pouvait risquer la partie. Je ne crois pas que l'admirable comédien ait été plus remarquable dans aucun des personnages qu'il a incarnés sur la scène. J'ai parlé d'Hamlet. Il était vraiment là hamlétique et fatal, poursuivant avec un acharnement passionné le secret de sa naissance qu'il arrachait à l'homme même dont il était le fils et qu'il voulait châtier. Dans une scène muette, précédant le duel, avec quelle fièvre, quelles hésitations tragiques, quels accents de douleur et de colère, Worms jouait, mimait la terrible tempête sous un crâne de cet être né d'un misérable et allant immoler ce misérable même — à qui ? à la mémoire de la sainte victime de cet homme et à l'honneur d'un étranger dont lui, le fils du crime, portait, usurpait, adorait le nom !...

Vraiment, dans l'aventure de ces soirées du *Père,* M. Worms eut l'honneur de donner au public des sensations d'art, de terreur et de pitié comme rarement la foule en peut éprouver. « C'est du Frédérick-Lemaître », me disait M. Montigny, très calme et voyant juste. Oui, c'était du Frédérick, avec un accent de simplicité et de modernité tout particulier. La belle voix, grave et profonde si douloureusé et si charmante à la fois — voix de la souffrance et de l'amour — de Worms n'avait pas les éclats un peu solennels du grand acteur de drame. L'artiste, là, ramenait le drame et même le mélodrame à la vérité poignante, à la vérité parfaite. Il avait été exquis dans Armand Duval, entraînant dans Ferréol : dans cette tempête, il fut grand et on eût écrit une pièce tout entière pour lui voir jouer cette seule scène.

La simplicité et la vérité, je viens de citer là les deux qualités maîtresses de ce talent sans nul procédé. Worms aura fait école dans le théâtre contemporain, non seulement par le nombre considérable d'élèves qu'il a donnés en leur enseignant au Conservatoire la vie même, l'art de dire juste et de jouer vrai, mais en mettant, sur la scène, cet enseignement en pratique. Sur les murailles de sa bibliothèque d'érudit d'un autre temps, M. Got, en son chalet de Passy, a tracé ce mot, comme le programme de toute son existence d'art : *Natura.* Ce même mot aura été, depuis ses débuts jusqu'à sa dernière création, le mot d'ordre de M. Worms. Il n'a jamais dit autre chose à ses auditeurs, qu'ils fussent Mlle Brandès ou M. Lugné-Poë ; il n'a jamais apporté d'autre préoccupation à ses rôles, que ce fût Charles-Quint d'*Hernani*, le Marquis de Villemer, ou M. de Ryons de *l'Ami des Femmes*. La nature. Avec cela, une honnêteté virile, une visible loyauté qui transparaissaient, montrant l'homme à travers le comédien, si bien que lorsque Worms, de sa belle voix cordiale, laissait échapper les boutades du *Misanthrope*, il semblait, comme ce sympathique Alceste lui-même, sans reproche et sans peur.

J'ai cité *l'Ami des Femmes*. Ce fut, cette reprise, une des dernières joies d'Alexandre Dumas fils. La pièce avait jadis subi des attaques sévères et Dumas, qui n'aimait pas beaucoup avoir tort, souhaitait depuis bien des années une revanche. Je la lui donnai avec joie. La pièce autrefois discutée — que dis-je ? — condamnée, ne fut chez nous qu'un long éclat de rire, de ce rire de qualité supérieure qui va plus loin que la gaieté de la minute. Dumas dans les coulisses, — dans ce *guignol* disparu où tant de comédiens célèbres et d'auteurs illustres s'étaient tour à tour assis — Dumas écoutant la répercussion de ses *mots* dans la salle, rayonnait.

A la fin de la soirée, il me dit :

— Maintenant, je vais me coucher. Dans deux mille ans, la soirée d'aujourd'hui aura tout naturellement fort peu d'importance ; mais elle me prouve, à moi, une chose : c'est que si ma pièce était mauvaise, vos acteurs sont bons !

Et comme je souriais :

— Enfin, quoi, cher ami, voyez ! Elle n'a pas réussi autrefois. C'est un fait. Elle réussit à présent. Donc ce sont les acteurs de la Comédie qui ont tout le mérite.

Dumas avait de ces caresses d'homme fort lorsqu'il voulait donner un tour particulier à son remerciement. Je ne vis, je le répète, jamais auteur plus heureux et Worms avait été vraiment Dumas lui-même, ce soir-là, par la façon dont il jetait le mot, dont il « causait » les longues tirades de Ryons, donnant aux paradoxes, aux vérités, aux impertinences mêmes de « l'ami des femmes » cette sorte de cordialité mâle qui faisait tout passer sur les lèvres de Dumas fils.

Notre ami Ludovic Halévy me répétait, l'autre jour, ce que je m'étais dit si souvent, en le voyant agir, enseigner, mettre en scène, — à savoir combien la marque de ce comédien sûr et pensif a été forte sur ce temps-ci. Worms, si magistral dans le répertoire classique, a été, dans le répertoire contemporain, le premier qui ait deviné ce besoin de vérité dont nous sommes tous secoués et le premier qui ait donné satisfaction à cet instinct. Nul mieux qu'Halévy ne sait l'influence considérable d'une comédienne telle qu'Aimée Desclée. Depuis *Froufrou* et la *Visite de Noces*, on a joué la comédie « autrement ». Les femmes, au théâtre, sont devenues des femmes ; l'actrice a disparu. On a joué « vrai ». Et cette même influence d'une Desclée sur les comédiennes, Halévy la constate avec raison chez Gustave Worms sur les comédiens. On ne fait plus une déclaration d'amour comme autrefois depuis que, de sa voix irrésistible, Worms a donné à la banalité des « Je t'aime » — éternelle chanson de la passion humaine — cet accent de sincérité poignante qu'on n'oubliera plus. L'homme moderne avait trouvé en lui son incarnation comme l'agitée, la révoltée d'aujourd'hui l'avait rencontrée dans Aimée Desclée. C'est là un rôle décisif dans l'évolution de l'art dramatique contemporain.

Worms avait joué avec une douleur irrésistible le *Fils Naturel*, le Cœlio de Musset, l'Olivier de *Jean Baudry*, Bernard Stamply de *Mlle de la Seiglière*. Dans *Denise*, il touchait le fond même de la souffrance humaine. Et voilà que dans *la Souris*, en ce rôle fait pour Delaunay et que pendant des années Pailleron ne voulut donner qu'à M. Delaunay seul — ce modèle des amoureux à genoux —, Worms fut léger, alerte, railleur avec de ces accents, au dénouement, qui donnaient au caprice toute la puissance de l'amour-passion.

— Je lui destine, me répétait souvent Pailleron, depuis *la Souris,* un rôle de père, de jeune père, n'ayant d'autre affection au monde que sa fille et qui, l'ayant mariée à un homme indigne, pour la sauver du déshonneur, la délivre en tuant son gendre !

La pièce ne fut jamais faite. Worms attendait le rôle et, en attendant, disait avec un accent admirable les beaux vers du *Flibustier* de Richepin, la prose de *Jean Darlot* et celle de M. Devore, et jouait le *Misanthrope* comme de longtemps on ne le jouera plus.

— Que de regrets vous voulez nous laisser ! lui répétais-je, l'autre soir, pendant le *Demi-Monde*.

C'est que ce comédien de haute race était un collaborateur précieux. Au point de vue administratif, Worms était de ceux dont on n'avait jamais à craindre je ne dis pas une trahison, mais une indiscrétion. Il était rude aux puissants et pitoyable aux petits. Que de fois, quand il s'agissait d'un secours, d'une œuvre de bonté quelconque, l'entendais-je opposer à ceux qui parlaient — avec raison peut-être — des charges toujours grossissantes du logis :

— C'est la fierté de la Maison de prendre ces charges à son compte et c'est ce qui la différencie des autres.

D'aspect rude et d'un caractère froid, Gustave Worms était — est encore — le plus gai et le plus cordial des hommes. Il est bon, il est indulgent ; je l'ai vu supporter des malheurs successifs avec une patience et une douceur résignées. De la vie éclatante qu'il a traversée, il ne lui reste aucune vanité. A-t-il encore une ambition ? Oui. Se reposer en pêchant à la ligne. C'est un philosophe. L'endroit écarté où Alceste rêve de finir avec la liberté d'être un homme d'honneur, Gustave Worms l'a trouvé, Mais, moins amer que le misanthrope, il y souhaite quelques amis de choix, qu'il aime, qu'il a rencontrés et qu'il garde.

Un tel artiste — je peux dire en songeant à Mme Worms — un tel couple, est la gloire d'une Maison et l'honneur d'une profession.

Janvier 1901.

XXIV

Sophie Croizette.

...On parle, au théâtre, de la mort de celle qui fut une des renommées de la Comédie et y laissa un nom encore célèbre : Sophie Croizette. On cause des succès de la brillante actrice dont une actualité douloureuse évoque le souvenir. Les jeunes ne l'ont pas connue ; mais ils savent par tradition quels furent les succès de la comédienne. Au Conservatoire et rue de Richelieu la mémoire est restée de la belle jeune femme que Carolus Duran, en un portrait fameux, montrait à cheval, au bord de la mer, vêtue d'un costume d'amazone. On n'a pas oublié celle qui fut, un moment, la reine du théâtre et qui avait laissé, après elle, dans la Maison, comme le sillage de sa bonté.

Croizette ? On pourrait, en effet, l'appeler, comme Madeleine Brohan, la « bonne Croizette ». Tout le monde, dans ce logis si souvent troublé, où les nervosités sont aussi fréquentes que les oublis, parle d'elle encore avec une affection attendrie. Je ne l'ai — chose singulière — jamais vue au théâtre depuis des années et, sociétaire retirée, elle y revenait rarement. C'est même un sentiment très singulier que celui-là chez ces artistes qui si longtemps furent « chez eux », qui sont encore chez eux même lorsqu'ils ont quitté leur logis, puisque le pacte social fait encore — par quelques côtés — des associés de sociétaires retraités. Il semble qu'ils éprouvent quelque émotion trop forte à se retrouver dans ce théâtre où ils ont passé tant d'années. Ils y reviennent quelquefois, pour toucher leur pension, et encore envoient-ils d'ordinaire quelque fondé de pouvoir, et on dirait que le retour furtif au logis aimé les attriste.

Sophie Croizette, elle, ne venait point toucher sa pension pour une raison très simple, c'est qu'elle l'abandonnait à des employés pauvres, à des habilleuses qui l'avaient servie autrefois. Quittant la Comédie brusquement, pour jamais, elle avait voulu y laisser non seulement les regrets de l'admirable artiste qu'elle était, mais le souvenir des bienfaits de la femme exquise et généreuse qu'elle fut toujours. Devenue grande dame, on m'a conté qu'autour de son château elle répandait de même ses dons avec une bonne grâce souriante, et simplement, d'instinct, la bienveillance séduisante étant innée en elle et naturelle. Les petits pauvres, par exemple, avaient, grâce à elle, des laiteries et du lait pour se nourrir, vivre, grandir. L'âme de leur bienfaitrice était tendrement maternelle.

Et c'est ce sentiment de la maternité qui, en plein triomphe, en pleine beauté, au lendemain du plus éclatant succès de sa carrière, *la Princesse de Bagdad,* faisait abandonner à Sophie Croizette ce théâtre où elle était acclamée. Dumas m'a conté ce drame intime. Je crois même qu'il me l'a écrit, en une lettre poignante que je n'ai plus sous la main. C'était pour elle qu'il avait donné à la Comédie cette pièce romanesque et puissante, où une honnête femme feint de se venger en se montrant au commissaire de police les bas nus, échevelée, les mains plongées dans la cassette d'or qu'elle a exigée pour se vendre. A la première représentation la scène souleva des protestations violentes : on criait, on sifflait et, ses admirables cheveux blonds épars, dans une demi-nudité sculpturale, la belle Croizette tenait tête à cette salle hostile, à la houle et à la tempête. Dumas avait primitivement appelé sa pièce *Lionnette.* C'était bien vraiment une lionne, cette énergique comédienne qui, ce soir-là, combattait pour lui.

Et Sophie Croizette était dans le plein rayonnement de cette victoire, d'autant plus complète qu'elle avait été plus disputée, lorsque, brusquement, la maladie de son enfant vint faire taire tous les sentiments que peut éprouver une artiste applaudie, pour ne laisser place en elle qu'aux angoisses de la mère inquiète et meurtrie. Jouer la comédie quand l'enfant, là-bas, a la fièvre, qu'on se penche sur son lit, qu'il appelle et attend sa mère!... Courageusement, Sophie Croizette se condamna à ce terrible devoir professionnel — car il faut bien jouer, entrer en scène, sourire ou pleurer, pleurer de fausses larmes, ou plutôt des larmes qui semblent fausses et qui sont vraies, le théâtre est là, l'affiche est là, le public est là ; — mais, brisée de tant d'efforts, elle dit à Dumas fils :

— C'est fini. Je quitterai le théâtre!

— Reposez-vous, chère amie, attendez. Quittez-le pour quelques mois...

— Je le quitterai pour toujours!

Et elle s'enfuit, en effet, se retira dans son bonheur intime, estimant que toutes les acclamations d'une foule ne valent pas une minute de la respiration d'un être cher souriant dans son berceau.

Depuis lors, celle qui avait été Sophie Croizette n'appartint plus à ce « Tout-Paris » dont elle avait été l'idole de quelques jours. Elle disparut pour le public, toute à son existence de dévouement, de charité et de bonté. Un jour, comme elle revenait, par hasard, à la Comédie, Mlle Reichenberg vit une dame en noir qui lui parlait et qu'elle ne reconnut pas. Mais personne au logis ne l'oubliait, je le répète, ni les humbles qu'elle avait secourus ni les artistes qui l'avaient toujours regrettée. Il en est de même de cette belle Marsy qui fut Célimène aussi et trouva le moyen de faire, avec sa gaîté, transparaître sa bonté dans *la Mégère* de Shakespeare.

On se rappelait les débuts de Croizette dans *le Verre d'eau*, cette éclatante et grande jeune fille, si belle sous le costume de la reine Anne que Carolus Duran, son beau-frère, avait aquarellisé pour elle. On se rappelait Suzanne du *Mariage de Figaro*, et le beau rire jeune de sa voix sonore; on se rappelait la baronne d'Ange du *Demi-Monde*; Marianne des *Caprices*, de Musset, et la créature superbe, passant, dédaigneuse, en sa robe de brocard, son livre de messe à la main. On se rappelait *l'Été de la Saint-Martin*, et la façon délicieuse dont elle disait, en parlant de l'affection qu'elle voulait prouver au vieil oncle qu'il s'agissait de séduire :

— J'en ai trop mis !

On se rappelait surtout *le Sphinx* où, dans un empoisonnement demeuré célèbre, Mlle Croizette avait ému, fait courir la foule. Convulsée, verdâtre, les cheveux hérissés, effroyablement tragique, Sophie Croizette se dressait, terrifiante, et semblait déjà un cadavre qui se décomposait debout. La Japonaise Sada-Yacco n'a pas été plus réaliste et plus macabre dans l'agonie qui nous a tous surpris, cet été. M. Delaunay nous apprend, en parlant du *Sphinx* dans ses *Souvenirs*, que cette lividité atroce était produite par la combinaison d'une poudre spéciale et d'un éclairage particulier. Peu m'importe. Au théâtre, l'effet produit est tout. Les moyens ne sont qu'une explication. Et j'entends encore le brave et bon vieux baron Taylor, qui avait vu et revu tant et tant de comédiennes (c'est lui qui a fait entrer Victor Hugo, avec *Hernani*, à la Comédie, ne l'oublions jamais), s'écrier :

— Jamais, jamais, depuis Marie Dorval, je n'ai éprouvé une telle émotion !

A partir de ce soir-là, Croizette, qui était applaudie, fut célèbre. Qui donc appela l'agonie du *Sphinx* un *coup de foudre d'amphithéâtre*? Saint-

Victor, peut-être. Il y avait loin de ce réalisme, digne de Goya, au classique coup d'éventail de Célimène. Et, tout naturellement, Sophie Croizette fit des jalouses. Les discussions entre elle et Sarah Bernhardt, pendant les répétitions de *l'Étrangère*, et d'autres pièces que montait l'excellent comédien Régnier, sont demeurées légendaires dans la Maison de Molière. Elles datent d'une époque, non pas préhistorique cependant, où le reportage n'avait pas les facilités et les indiscrétions d'aujourd'hui. On pouvait encore croire aux répétitions faites à portes closes. Si les dialogues échangés alors se renouvelaient à présent, les chroniqueurs auraient fort à faire et les interviews battraient leur plein. Hélas! le plein air n'est pas ce qu'il faut au théâtre! On voit trop vite le fard des visages et les rugosités des toiles peintes.

C'est hier, pourtant, oui, à peine hier. Les années passent si vite! Je revois Croizette concourant, pour la première fois, au Conservatoire. Elle était charmante, mince, longue, poétique, avec pourtant dans le profil je ne sais quoi de spirituel sous une blonde chevelure, touffue. Elle avait — je le notai alors — quelque chose d'une Japonaise, avec le sourire narquois de la Parisienne. On devinait là, dans cette nature fine, à la fois éclatante de beauté et cependant mélancolisée par une sorte de souffrance latente, on ne savait quelles origines exotiques. C'est à Saint-Pétersbourg, en effet, que cette jeune fille était née, et il y avait en elle de l'atavisme artistique. Guillard, alors archiviste de la Comédie-Française, a conté à Sarcey que le grand-père de la comédienne, le « sieur Croizette », avait été jadis impresario, ou plutôt auteur, acteur, régisseur, homme de théâtre dans toute la force du terme. Mlle Croizette était née artiste, artiste jusqu'aux ongles, et, malgré ses parents, qui voulaient faire d'elle une institutrice, et lui avaient donné une éducation supérieure, elle était accourue vers le Conservatoire, rêvant d'être — ce qu'elle fut — Suzanne, Marianne, Clorinde, Célimène !

Famille d'artistes. Mme Carolus Duran, sa sœur, n'a-t-elle pas exposé, au Salon, des peintures d'une valeur rare, des sculptures admirablement vivantes ?

J'avais deviné, dès ce premier concours, l'avenir de Sophie Croizette. Le public, d'ailleurs, l'avait applaudie et fêtée, et le second accessit qu'elle obtenait, ce jour-là, devint tout de suite un premier accessit, Auber, alors directeur, et volontiers sceptique, disant :

— Puisqu'ils lui décernent un premier accessit, donnons-le-lui !

A quoi tient, au théâtre, le succès, le succès décisif et rapide ? Peu s'en fallut que, toute jeune, débutante, Sophie Croizette ne fût, du jour au lendemain, dès sa sortie du Conservatoire, dès son premier prix dans *le Verre d'eau,* célèbre ou du moins mise au premier plan. Meilhac et Halévy avaient apporté au Gymnase une pièce qui s'appelait *Froufrou. Froufrou* était écrite pour Mlle Marie Delaporte et Mlle Delaporte venait précisément de quitter le Gymnase pour aller en Russie. Plus de Froufrou ! Qui jouerait Froufrou ?

Montigny, directeur excellent, avait suivi les concours du faubourg Poissonnière. Il songea tout de suite à Croizette. Le charme capiteux de la belle fille lui plaisait. Il demanda à Édouard Thierry, administrateur du Théâtre-Français, de lui céder Mlle Croizette. Thierry hésitait. Cet éclatant « premier prix » lui appartenait de plein droit. Montigny insistait. Entre la Comédie et le le Gymnase, Sophie Croizette faisait comme Édouard Thierry et l'hésitation de la jeune fille était compréhensible. Un beau rôle, des appointements supérieurs, la gloire de créer une héroïne de Meilhac et Halévy !

Ce fut alors que Camille Doucet intervint. Il aimait fort Montigny, mais, en excellent intendant général qu'il était, il préférait la Comédie-Française. Il conseilla à Mlle Croizette d'entrer à la Comédie et dit à Montigny :

— Les règlements avant tout. Cherchez une autre Froufrou !

— Une autre Froufrou? Mais je n'en trouverai pas d'autre!

— Les bons rôles, mon cher ami, font les bons artistes. Je ne sais pas qui vous jouera Froufrou, mais Froufrou sera jouée et avec vous, bien jouée !

Tout est heur et hasard en ce monde, sur les planches comme sur le pavé! Et voilà comment une comédienne. alors oubliée à Paris et découverte ou plutôt retrouvée après dîner, par Dumas fils, dans un théâtre de Bruxelles où elle jouait *Diane de Lys,* comme nous l'a conté Albert Lacroix, créa *Froufrou* qu'eût incarnée à vingt ans cette mince, nerveuse, inquiétante et exquise Sophie Croizette, si Camille Doucet ne lui eût pas conseillé et un peu ordonné d'entrer à la Comédie-Française !

Maintenant c'est le buste que fit d'elle Franceschi qui entrera rue de Richelieu.

Il est bon que la Comédie ait ainsi son Panthéon de marbre ou de toile. Comme ces images de belles comédiennes s'effacent vite! Elles ressemblent, la comparaison est inévitable, à ces pastels que le temps pâlit, dont un souffle enlève la poussière. Quelque buste d'un maître sculpteur nous rend leur sourire — comme celui de la Clairon; — quelque toile d'un peintre illustre laisse la vie encore à celles qu'a fauchées la mort. Mais les générations nouvelles passent et tout ce charme, cette séduction, cette grâce, ce talent, ces fièvres, ces efforts, ces rires, ces sanglots, ces larmes, tout ce qui est le théâtre, tout ce qui est la vie du théâtre, n'est plus pour les nouveaux venus que quelque œuvre d'art plus ou moins précieuse, cataloguée dans un Musée. Et il faut bien qu'il en soit ainsi (pour les comédiens de l'émotion comme pour les vendeurs de livres) puisque chaque génération a ses acteurs, ses conteurs, ses peintres, ses poètes, et les invente et les préfère... Les grands seuls, les gens de génie sont de toutes les générations et leurs noms demeurent immortels, sinon indiscutés, parmi les noms nouveaux.

A dire vrai, Sophie Croizette, dans l'histoire du théâtre, laissera — par je ne sais quel charme — un de ces noms-là, un nom que n'ont pas gardé de plus célèbres qu'elle à leur minute. On dit : « Les Croizette. Jouer les Croizette. C'est, ou ce pourrait être une Croizette! » Et la vaillante et noble femme n'avait même pas la vanité ou l'ambition de laisser ce nom-là. Elle ne demandait à la vie que de lui être clémente comme elle était elle-même clémente et bonne et dévouée et exquise à ceux qui l'entouraient.

Mars 1901.

XXV

Souvenirs d'Emond Got.

— Vous reproche-t-on des défauts ? me disait, un jour Victor Hugo. Exagérez-les, ils deviendront des qualités.

Le précepte est discutable et paradoxal. Il contient, comme tous les paradoxes, une dose de vérité. Et la règle ne saurait être générale. Que de fois ne m'a-t-on pas dit que je m'attardais volontiers à des souvenirs ! Évoquer le passé, le passé d'hier surtout, faire revivre un moment ceux qui viennent de nous quitter, je ne sais pas de tâche littéraire plus intéressante et plus consolante, et la vie est si rapide, emportée d'un mouvement vertigineux, qu'on a le temps à peine de fixer au passage la mémoire et les traits de ceux qu'on a connus, de ceux qu'on a aimés. Pour les autres — après les avoir méprisés — quelle joie profonde on éprouve à les oublier !

Le grand comédien qui vient de disparaître et

dont le nom survivra parmi les plus illustres, laisse des *Mémoires,* et sans doute se racontera-t-il lui-même, comme il savait conter et causer, avec une verve pittoresque, très gauloise, un peu rude, mâle et joyeuse à la fois, qui sentait moins les coulisses que le bivouac. Les souvenirs de comédiens; je l'ai dit et redit et d'autres l'ont remarqué, nous apportent souvent bien des déceptions. On s'imaginerait que des artistes supérieurs qui ont vécu d'une vie très particulière, au milieu d'auteurs célèbres et de camarades originaux, vont nous livrer le secret de petites et grandes histoires, aussi amusantes que les pièces qu'ils ont jouées. Généralement il n'en est rien et les *Mémoires* dramatiques se réduisent à de minces évocations d'événements de médiocre importance, à demi abolis.

Je ne crois pas que M. Got soit tombé dans les minuties. Il avait coudoyé beaucoup de gens, traversé bien des crises diverses, collaboré avec les plus illustres auteurs de son temps. C'était un cerveau très meublé et très puissant. La dernière fois que je lui rendis visite, dans sa petite maison du Hameau Boulainvilliers, il dormait encore, étendu sur ce petit lit de fer où, depuis des mois, il passait ses journées, songeant et souffrant, d'ailleurs très ferme, résolu et voyant venir la mort comme un fait inévitable et presque sans conséquence. On me fit attendre dans le salon du rez-de-chaussée où le malade ne descendait plus. Il y avait là une sorte de panoplie qui résumait toute la vie de cet homme : une épée de théâtre s'y croisait avec un sabre de cavalerie et la poignée d'acier du marquis de comédie contrastait avec celle de l'ancien chasseur d'Afrique.

Puis la bibliothèque — « Dis-moi ce que tu lis et je te dirai qui tu es » — donnait la note même de cette intelligence haute et solide. C'était vraiment la bibliothèque d'un encyclopédiste d'autrefois, une bibliothèque de vieux magistrat lettré, avec des in-octavo aux reliures austères et quelques-uns de ces in-quarto « qu'on ne lit plus » me disait déjà Edmond de Goncourt, il y a quelques années. Jamais devant ces œuvres complètes de Voltaire, de Rousseau, de Diderot, de d'Alembert, on ne se serait cru en présence des lectures courantes d'un comédien si les tragiques grecs en leur langue, Plaute et Térence en latin, les sotties et moralités du moyen âge en vieux français n'eussent ajouté là, avec les éditions des pièces modernes d'Augier ou de Dumas, leur note spéciale.

Ce qui donnait pourtant dans cette petite

maison d'un sage le décor d'un « intérieur de comédien », c'était la façon dont ce salon était orné : des fresques, des panneaux de style pompéien, des noms d'auteurs entourés de lauriers, tracés en grec sur la muraille, *Menandros*, et des sentences aussi, des mots gravés là comme des programmes ; celui-ci, par exemple, qui contenait toute la théorie esthétique de Got, son enseignement au Conservatoire et son art particulier sur la scène (je l'ai noté déjà) ; *Natura*.

Je demandai, un moment après, à M. Got, en montant près de lui, le nom du peintre qui avait ainsi décoré son salon :

— Mais c'est moi, dit-il. Oh ! vous savez, ça se fait avec des poncifs !

Il avait, en effet, jadis étudié la peinture par passe-temps et par goût, à l'heure où il improvisait des comédies bouffonnes — toujours classiques de ton et d'allures — dans l'atelier de Gérôme ou de Gustave Boulanger. Au-dessus de ce petit lit où je le trouvais étendu, sa barbe blanche très drue et son teint rouge le faisant ressembler étrangement à Victor Hugo vieilli, un cadre contenant quatre petites esquisses, d'ailleurs délicieuses, de quatre amis d'autrefois, Henri Picou, Boulanger, Hamon et Gérôme — ceux qu'on appelait alors les *néo-pompéiens* — rappelait ce temps de jeunesse et d'espoirs...

— Got était si gai alors ! me contait M. Gérôme, dans son *studio*, le jour même des funérailles du doyen. Il nous donnait en ce temps-là des comédies d'une fantaisie démesurée et débridée. Je me rappelle une farce hypermoliéresque jouée chez moi et où Got, en médecin de S. M. Louis XIV apportait gravement ce que Molière eût appelé la « matière louable » du grand roi. Et les courtisans d'approcher et de saluer et de s'extasier, petits marquis et vieux gentilshommes célébrant à l'envi les mérites de ce Louis qui ne faisait rien comme tout le monde ! Got en pleine gloire, Got en Pathelin ou encore dans le Perrin Dandin des *Plaideurs* où il fut sublime de drôlerie fantasque, n'a jamais été plus étourdissant que dans cette *commedia dell 'arte,* inventée, entre deux paravents, dans un atelier de camarades !

Ses plaisanteries de rapin se complétaient de ses audaces de troupier. En garnison à Vincennes, le jeune soldat obtenait, grâce au prince de Joinville qui l'avait pris en affection, certaines autorisations spéciales. Il y avait alors à l'Hippodrome des carrousels où prenaient part des écuyers costumés en hussards, en dragons, en lanciers. Pour leur donner de l'émulation on leur distribuait des prix, comme en un véritable concours hippique. Le cavalier Got, solide sur ses étriers et maniant admirablement son sabre, figura, un jour, dans un de ces carrousels et, piquant de sa pointe la tête de carton qui figurait Abd-el-Kader, battit les écuyers de profession et fit triomphalement, sous les bravos des spectateurs ne se doutant pas qu'ils applaudissaient là un pensionnaire de la Comédie-Française, le tour de la piste, le « momon », comme dirait Mme Jourdain, fiché au bout de sa lame.

Il faisait mieux : il venait répéter à la Comédie en uniforme de chasseur d'Afrique. On voyait arriver devant la porte un jeune cavalier qui sautait à terre, jetait la bride au portier et montait sur la scène, son bulletin en poche. Il portait encore le pantalon rouge lorsqu'il répétait, en 1848, le rôle de l'abbé d'*Il ne faut jurer de rien*, ce rôle de quelques lignes dont il fit une création inoubliable, une figure comique d'un réalisme bonhomme et stupéfiant de vérité.

Il avait même alors avec Alfred de Musset sur la façon dont il devait comprendre le personnage, des discussions qu'il ne manquera certainement pas de rappeler dans ses *Mémoires*. Musset voulait que son abbé fût un petit abbé musqué, l'abbé coquet, l'abbé mondain, ami du châtelain et rappelant le classique abbé de cour.

— C'est ainsi que je l'ai vu et que je le vois, disait l'auteur.

A quoi Got répondait :

— Bouffé nous a donné, dans l'*Abbé galant*, un petit abbé qui est un chef-d'œuvre. Je voudrais en montrer un autre. Un vrai curé de campagne celui-là. Vous n'en jugerez que lorsque je ne répéterai plus en uniforme de chasseur d'Afrique. Laissez-moi le temps et vous verrez.

Alfred de Musset s'entêtait ; mais quand il vit, avec des lunettes sur le nez, ses joues gonflées, son air paterne et timide, sa vieille soutane usée et son chapeau à bords plats entrer en scène l'abbé qu'avait dessiné et campé, de pied en cap, l'admirable artiste, le poète s'inclina.

— Vous avez raison. C'est étourdissant. Jouez ainsi !

Et Got joua l'abbé tel qu'il l'avait compris. Un détail singulier et parfaitement authentique : la perruque grise de cet abbé d'*Il ne faut jurer de rien* était la propre perruque, la perruque usée à demi et fatiguée, avec laquelle Talma jouait jadis Auguste dans *Cinna*. Got avait de ces trouvailles paradoxales ou ingénieuses, comme lorsqu'il représentait le bonhomme Poirier avec un vieux gilet chiné qui avait appartenu à M. Dufaure.

C'est lorsqu'il créa cet abbé qu'il fit cette plaisanterie demeurée légendaire de sortir, en son costume de théâtre, avec Henri Monnier déguisé en Joseph Prudhomme, et de prendre un omnibus où les voyageurs, étonnés de voir un jeune abbé les yeux baissés, les mains sur les genoux et l'air contrit, entendaient Monnier dire avec la grosse voix grasseyante de Monsieur Prudhomme :

— C'est mon fils que je ramène au séminaire d'où il s'est enfui, troublé par les doctrines de M. de Voltaire !... Mais c'est fini ; il se repent. Désormais il ne s'évadera plus !

Got était, comme Henri Monnier, d'un temps où la mystification passait encore pour une des formes de l'esprit. Il s'amusait, par exemple, en jouant un rôle de capitaine au long cours, à entrer en scène avec un perroquet sur le poing ou encore avec un bras de moins, le capitaine devenant subitement manchot, on ne savait pourquoi et, qui pis est, perdant d'acte en acte un bras différent, le bras droit au second acte et le bras gauche au troisième, son bras droit repoussant ensuite de façon soudaine. C'était, il faut tout dire, l'heure préhistorique où les comédiens sur la scène pouvaient impunément se permettre bien des facéties, par la raison qu'il y avait à peine quelques spectateurs dans la salle. On n'encaissait pas toujours en une année les recettes qu'on réalise aujourd'hui dans un mois. Got avait vu des soirs où les bureaux donnaient 25 francs, 18 francs ! Alors comme on avait toutes sortes de motifs d'être triste, on était jovial ! On devenait manchot en jouant *le Voyage à Dieppe* ou *le Mari à la campagne*, pour se distraire et oublier le vide de la caisse.

C'est le temps où, pendant qu'on jouait *Un Caprice*, de Musset, le public, clairsemé, protestait contre un monsieur qui, sans respect pour l'auteur et les acteurs, ronflait très fort dans sa baignoire : « A la porte ! Dehors, le ronfleur ! » Le placeur allait à la baignoire, l'ouvrait et trouvait, parfaitement endormi, qui? Alfred de Musset en personne.

Il fallait entendre M. Got conter ces menus souvenirs de théâtre. Tout redevenait vivant avec lui. Ce n'était pourtant ni un bavard, ni un mime. C'était un homme et, en toutes choses, un homme de Balzac. Il avait vu, observé, et il « faisait voir. » Avec quelle amère éloquence il me parlait précisément de la mort de Musset ! Il l'avait vu un des derniers jours de son agonie, la veille même de ce jour de mai où disparut le grand, l'admirable et poignant poète de la *Nuit de mai*. On disait tout bas, au théâtre, que l'auteur des *Caprices de Marianne* était perdu. Got voulut l'apercevoir encore, lui porter une dernière fois l'expression de son dévouement.

Il trouva, dans le logis de la rue du Mont-Thabor, Musset couché, retourné du côté de la ruelle, la tête dans son oreiller et, le salua, lui parla, murmurant quelques paroles d'espoir. Alors Musset, reconnaissant la voix du comédien, de l'abbé, le fameux abbé des journées de juin 1848 — car il avait fallu traverser des barricades pour se rendre à la première d'*Il ne faut jurer de rien !* — Musset se dressa brusquement sur son lit de moribond et montrant à Got une face livide, décharnée, des yeux de fièvre

— Ah ! ah ! dit-il, l'accent strident, vous venez me voir crever? Eh bien, regardez-moi ! Ça n'est pas beau !

Et il se rejeta, d'un mouvement saccadé, sur son oreiller, dans la ruelle...

De tous les souvenirs qui me restent de Got (et en quinze ans de collaboration il en est de profonds et de curieux) c'est peut-être celui d'un soir de 1871 qui me paraît peindre le mieux cet homme qui fut un comédien hors de pair avec l'horreur absolue du cabotinage. « Je ne suis pas un comédien *pour noces* », me disait-il, par exemple, pour expliquer que hors de son théâtre il était M. Got tout simplement.

L'ancien soldat du général Bouscaren, l'ancien camarade du général du Barail était, pendant le siège de Paris, garde-national, comme tout le monde. Il avait organisé pour les blessés et pour les pauvres de son bataillon une soirée dramatique au Grand Hôtel et il était venu me demander, au nom de ses compagnons de remparts, de faire une conférence au bénéfice de cette œuvre de bienfaisance. Je n'ai jamais refusé, quand je l'ai pu, de concourir à une œuvre utile, ce qui ne m'a pas toujours valu une reconnaissance bien profonde. J'avais donc accepté et, s'il m'en souvient, j'avais pris pour sujet *Daniel Manin et le siège de Venise,* mon ami Toffoli, ancien ministre de Manin, m'ayant apporté, pour nous con soler de notre pain noir un morceau du pain mangé par les Vénitiens et un fragment d'une des vingt-cinq mille bombes autrichiennes tombées sur le fort Malguera.

A la date indiquée, j'étais au Grand Hôtel. Mais, en partant, j'étais persuadé que la soirée n'aurait pas lieu et j'allais au rendez-vous la mort dans l'âme. En effet, le matin même, le gouvernement de la Défense nationale avait averti la ville assiégée que Paris, réduit à son dernier sac de farine, Paris affamé mais non écrasé, était forcé de capituler.

Ah ! ce triste soir de janvier ! Ce vaste salon tout doré du Grand Hôtel, mal éclairé par des lampes à pétrole ! Ces rares spectateurs venus là pour écouter un conférencier dont la pensée était si loin, si loin, de cette salle et des comédiens ou des chanteurs qui, certains que la capitulation rendrait la soirée impossible, n'étaient pas venus, sans même s'excuser !

Got du moins était là, Got et peut-être (je ne m'en souviens plus) un ou deux autres. Mais Got seul et c'était assez. Il fut, ce soir-là, admirable. Je ne trouve pas d'autre mot. Admirable comme talent, comme homme, comme citoyen, car, avec des larmes dans la voix, il récita des lambeaux de ses rôles, il choisit dans les poésies qu'il savait celles qui contenaient pour les pauvres vaincus quelque atome d'espérance. Il fit rire — déclarant que le rire français était, lui aussi, comme un appel de clairon qui, un jour prochain (prochain !) sonnerait la diane, la charge et la revanche ; il fit pleurer, il arracha ces quelques Parisiens navrés aux angoisses du lendemain, au désespoir de la défaite. Il joua vingt rôles en un soir et sous ces vingt aspects, il fut supérieur, extraordinaire, comme éperonné par la colère. Je ne l'ai jamais vu plus grand artiste.

C'est qu'il y avait une conviction chez ce comédien qui déclarait à M. Thierry que si les Prussiens entrant dans Paris — on ne savait pas encore les conditions de la capitulation — exigeaient que la Comédie-Française restât ouverte, il ne jouerait pas, il se refuserait à paraître devant eux, dût-il être emprisonné et même fusillé. De ce passé douloureux, les *Mémoires* de Got nous apporteront un écho sans nul doute. Je connais un chapitre au moins de ce livre : c'est le *Journal* du comédien pendant la Commune et ses aventures dans Paris lorsqu'il s'agit pour lui de sortir des fortifications pour se rendre à Londres où il était affiché. Rien de plus alerte et de plus vivant que ces pages. C'est la bonne humeur dans le péril, la gouaillerie en plein danger, une sorte de chapitre de *Gil Blas*; ou plutôt c'est un épisode de la vie du créateur de Giboyer se heurtant à un Giboyer en chair et en os commandant le poste où le comédien au menton bleu est poussé et pris pour un prêtre. La joue rase d'Edmond Got lui donnait, en effet, l'aspect ecclésiastique. Mais il se nomme. Le personnage qui l'interroge le reconnaît, lui rappelle Giboyer, lui dit qu'il est lui-même Giboyer, « socialiste jusqu'aux moelles », comme le héros d'Augier, et rêvant de refondre le monde assez mal fait. Il lui raconte sa vie, ses luttes, ses misères. Il dit son monologue amer devant le comédien qui l'écoute. « O cabotinage ! s'écrie Got qui se souvient à son tour qu'il a joué Scapin et qui, par quelques trouvailles de mots amusants et de gestes drôles, désarme *le tout-puissant de quatre jours*, comme dit Figaro, qui tient en mains sa vie !... » C'est dit, l'acteur a fait rire son juge : il obtient un sauf-conduit. Il est sauvé. Adieu, Paris ! Et en route pour Londres où l'on va maintenant sauver la Comédie.

La scène est fort jolie, contée avec verve, tout à fait théâtrale et pourtant d'une vérité saisissante. Got doit en conter beaucoup de semblables dans ses notes. C'était un observateur, je l'ai dit, et un indépendant. Je me rappelle que lorsqu'il s'agit de remonter le *Roi s'amuse*, Victor Hugo hésitait à lui confier le rôle de Triboulet. Le poète n'oubliait pas la réponse de Got refusant de réciter les *Châtiments* dans la représentation organisée par la Société des gens de lettres. « Après avoir été un des rares opposants de la veille, disait-il, il ne me plaît pas d'être un des exécuteurs du lendemain. » Oui, Victor Hugo s'en souvenait. Il résistait à accepter Got pour interprète, il inclinait vers Coquelin ou proposait du moins que Got et Coquelin jouassent Triboulet à tour de rôle :

— M. Got ne voudra pas, sans doute, disait-il, M. Got est un homme *escarpé* ; mais je suis, moi aussi, un homme *escarpé !*

C'est bien là Edmond Got, en effet. Escarpé et spirituel, et lettré, mâle et cordial. On vient de conter qu'il s'était mis en tête, un moment, de remplacer, rue Richelieu, Émile Perrin par Victor Koning, alors directeur du Gymnase. Auguste Vacquerie se serait, raconte M. Ed. Blum, qui semble fort bien renseigné, mis du complot avec son ami Got, ancien camarade de Charlemagne. C'est probable et tout est possible. Ces petites conspirations des poudres sont courantes à la Comédie. Il y a toujours un Guy Fawkes dans les dessous, mais cela ne tire pas à conséquence. En ce temps-là on reprochait à M. Perrin de faire de la maison de Molière la maison de Dumas fils. Mais la participation de Got à ce scénario d'opéra comique, la conjuration Koning, m'étonne un peu. Il ne m'a jamais parlé de M. Perrin qu'avec respect. Ah ! s'il s'était agi d'Édouard Thierry !...

C'est pour le pauvre Edouard Thierry que Got vraiment fut, pour rappeler le mot d'Hugo, *escarpé*. Il ne l'aimait pas. Ils ne s'aimaient pas. Got avait eu jadis Édouard Thierry pour maître d'études alors que le futur comédien achevait ses humanités, si complètes qu'il professa avec honneur à l'École normale (il en était fier), et récitait les apostrophes à Catilina avec la prononciation latine et l'accent, le coup de tonnerre, de façon à faire croire qu'on entendait là Cicéron lui-même « *Quousquoue tandem... ?* » Après avoir eu Édouard Thierry pour *pion,* Got l'avait donc pour administrateur et en recevant les bulletins du présent, il se rappelait les pensums d'autrefois. Alors, il faisait payer à l'administrateur les misères universitaires du passé. Il déterrait les œuvres mortes, il agitait le spectre des vieux alexandrins. Thierry avait fait des vers au temps jadis, des vers romantiques, ou plutôt des vers de romances où les châtelaines et les ménestrels, les paladins et les nécromants, les jouvencelles et les pages se rencontraient, au clair de la lune, dans les vieux moustiers gothiques. Ces vers abolis, ces romances oubliées, ces extraits du « recueil rarissime », confisqué par le poète devenu bibliothécaire, ces verselets des *Amours et les Anges*, Got, aux répétitions, les récitait tout haut devant le malheureux Thierry qu'assourdissaient ainsi les échos inattendus de son passé :

— Viens dans ma barcarolle

ou dans ma nacelle ou dans la chapelle ou dans le manoir sombre, fredonnait Got, qui savait aussi bien que ses classiques ce vieux romantique inconnu. Et Thierry, terrifié, quittait la répétition pour ne pas entendre ses vers ainsi mêlés à ceux de Molière.

D'autres fois, comme Édouard Thierry passait pour très dévot, et qu'il l'était (ce qui d'ailleurs ne l'a pas empêché de jouer le *Fils de Giboyer*) Got entrait dans son cabinet en faisant, dès le pas de la porte, le signe de la croix.

— Monsieur l'administrateur (un signe de croix), je voudrais bien vous demander (et Got se signait encore) quand vous voudrez qu'on affiche *Tartuffe !*

Là-dessus, profonde révérence et sourire béat.

Édouard Thierry avait l'esprit ou la patience de ne pas s'apercevoir de ces facéties ou d'en rire. Mais, un soir, sa résignation devint de la colère. Got ne s'était-il pas avisé en jouant le *Fils*, d'Auguste Vacquerie, où il représentait un vieux juif brocanteur, d'entrer en scène après s'être, comme on dit, « fait la tête » de son administrateur ! Tout le monde en le voyant s'écriait : « Mais c'est Thierry ! » C'était Thierry. Thierry se fâcha. Dès le lendemain, Got modifia l'aspect du personnage ; mais l'ancien troupier avait fait sa farce et il était content.

Cet homme, dont la plaisanterie était redoutable, avait d'ailleurs des tendresses profondes. Il vivait dans ce Hameau Boulainvilliers, où, durant tant d'années, il se rendit, quand minuit n'avait pas sonné, presque chaque soir, sur l'impériale de l'omnibus ; il vivait avec sa mère, une vieille femme robuste, dont le portrait superbe faisait face sur la muraille du logis à une étude de Got, par Carpeaux. Les deux visages, celui de la mère et celui du fils, se ressemblent étrangement. L'âge était venu pour la vieille femme. Paralysée, elle ne pouvait plus descendre dans la salle à manger. Elle, demeurant là-haut, prenant à part ses repas, ne voyant le jardin que par sa fenêtre.

Un soir pourtant Got lui dit : « Il faut que tu dînes en bas, oui, il le faut », et, de ses bras robustes, il prit la pauvre femme et, par l'étroit escalier, il la porta dans la salle à manger en lui disant : « N'aie pas peur ! »

Puis la posant doucement sur une chaise devant une serviette pliée :

— Tiens, maintenant, regarde, maman ! dit-il de sa voix mâle.

La mère regarda. Sous la serviette blanche il y avait la croix de la Légion d'honneur que l'ancien cavalier d'Afrique venait de recevoir comme professeur au Conservatoire.

Elle se mit à pleurer de joie, la pauvre vieille femme et le rude compagnon qu'était le doyen de la Comédie pleura, lui aussi, lentement, pénétré de gratitude. Et ce n'était pas des larmes de théâtre. On pouvait dire à ce comédien ce que Napoléon disait à un plus grand : « Monsieur Got, vous êtes un homme ! »

Mars 1901.

XXVI

Marie Laurent.

C'est dans la galerie illustre des comédiens et des comédiennes de ce temps une figure particulièrement intéressante que celle de Marie Laurent. Elle vaut aujourd'hui qu'on s'arrête devant elle et qu'on la salue. Au mois de juin, il se trouvera un maître poète pour la chanter, un grand artiste pour dire ces vers, un médailliste tel que Roty pour éterniser sur le métal les traits énergiques et l'inoubliable regard de l'actrice, ce regard et ces traits que Benjamin Constant a fixés sur la toile en une peinture large et fière qui servira à illustrer le programme d'une représentation à bénéfice : la vieille aïeule bretonne de la pièce de Loti, profilant sa coiffe blanche sur un tragique horizon de mer irritée. A l'appel de Sardou, présidant le comité, et de Gailhard, offrant son théâtre avec sa bonne grâce ordinaire, tout le monde a répondu. Sir Henry Irving, retenu à Londres par le *Coriolan* de Shakespeare, voulait venir. Il se peut que la Ristori nous fasse entendre quelques vers de Dante. Quoi qu'il en soit, le programme sera digne de cette fête de l'art que le théâtre veut donner à la robuste septuagénaire qui, toute sa vie, n'eut qu'un double idéal, qu'un seul idéal, à vrai dire : servir le beau et faire le bien.

Qui dit Marie Laurent évoque tout aussitôt l'idée de ce qu'il y a de plus doux, de plus touchant, de plus vénérable et de plus poétique au monde : *la Mère*. Cette femme, qui fut l'amante aussi dans plus d'un drame, n'en est pas moins, et, pour toujours, n'en restera pas moins, dans l'histoire du théâtre contemporain, l'incarnation de la Mère. Ils sont innombrables, les mélodrames où Marie Laurent a passé, courant, cherchant, défendant, adorant cet être exquis et doux, plein d'espérances et de joies, de tristesses aussi, qu'on appelle l'enfant. La plaisanterie est légendaire, a couru les revues pendant des années, de Mme Laurent poursuivant quelque traître féroce et poussant les cris attendus :

— Mon enfant ! Je veux mon enfant ! Rendez-moi mon enfant !

Elle était si bien et si profondément, pour le public tout entier, la Mère, que, lorsqu'elle joua, dans le magnifique drame de Victorien Sardou, *la Haine,* un rôle de mère qui pardonne au meurtrier de son fils, à partir de ce pardon sublime, ce soir-là, Mme Laurent sentit que la foule ne la suivait plus. Les spectateurs pouvaient accepter que l'ennemi politique pardonnât à l'ennemi politique, que la jeune fille jetée par violence aux bras d'un condottiere pillard oubliât l'outrage dans un apitoiement suprême, il n'admit point que la mère fît échapper l'homme qui avait tué son enfant.

— Et c'est peut-être, me disait-elle alors spirituellement, parce que la scène était jouée par moi. D'une autre, on eût trouvé cela naturel, qui sait? Mais Marie Laurent ne vengeant pas son fils!... Le public ne me reconnaissait plus dans ce rôle pourtant si beau d'Uberta. Il était étonné. Il était déçu. On lui avait changé sa Marie Laurent.

L'observation est très juste. Il est des comédiens qui comportent un idéal personnel. Depuis qu'elle avait, à Bruxelles, étant toute jeune, joué *Marie-Jeanne,* un des triomphes de Mme Dorval — cette dolente Marie-Jeanne qui met son enfant au tour des enfants trouvés — Mme Laurent ne pouvait, je le répète, être aux yeux de la foule que cet être sacré, faible et fort, plein de pitié, plein de courage, la mère, la *maman* même, pour redire le nom.

Et, dans ses souvenirs, Marie Laurent doit garder à Marie Dorval une reconnaissance profonde. Elle va conter ses années de labeur, écrire à son tour des *Mémoires*. Elle rappellera sans doute qu'ayant écrit à Mme Dorval pour lui demander sur ce terrible rôle de Marie-Jeanne des conseils, elle reçut de la grande artiste romantique cette courte et éloquente lettre : « Ma chère enfant, le rôle a six cents lignes. Il a six cents *effets*. Venez me voir. Je vous le jouerai. »

Et Dorval le joua, en effet, tout entier à la jeune fille et pour la jeune fille. Elle s'épuisa à lui montrer comment on aime et comment on souffre. Marie Laurent avait la voix, une voix d'un métal superbe, vibrant et prenant ; elle sentit là qu'au théâtre la voix ne suffit pas, que l'âme et le cœur sont tout.

Aussi bien c'est par l'âme, par les cris poignants et qui, sincères, vous prennent aux entrailles que Mme Laurent conquit le succès et devint populaire. Son regard ardent et noir était de ceux qu'on n'oublie plus. Sarcey, qui semble avoir écrit la biographie de la comédienne sous sa dictée, assure qu'elle a du sang de *gitano* dans les veines. Ce qui est certain, c'est que ces grands yeux, ces yeux embrasés, ces prunelles tragiques, menaçantes et douloureuses dans le silence de l'*Aïeule* ou de *Thérèse Raquin,* éclairaient la scène. Au théâtre, le sourire est tout dans la comédie et le regard dans le drame. Mais ces yeux aux reflets de torche de Marie Laurent, ils avaient été si doux, tendres et caressants dans *François le Champi,* de Mme Sand! Car — on ne peut se l'imaginer peut-être — cette exquise et mélancolique Madeleine Blanchet du *Champi,* c'est, à l'Odéon, Marie Laurent qui l'a créée. La reconnaissance de George Sand remercie l'actrice dans la préface de la pièce; mais on ne saurait dire quelle grâce poétique, pudique en son amour résigné, mettait Mme Laurent dans ce rôle difficile, délicat, presque périlleux. Madeleine Blanchet, c'était encore une femme aimant l'enfant trouvé, le petit Champi, d'un amour quasi maternel.

Je n'ai pu voir Marie Laurent dans ce rôle à l'époque de la création. J'étais trop jeune. Mais je ne sais en quelle représentation extraordinaire, au bénéfice de l'acteur Laferrière peut-être, Mme Laurent joua, une seule fois, le dernier acte de la pièce sur cette même scène de l'Odéon où, tant d'années avant, toute jeune, avec ses beaux yeux noirs sous la blanche coiffe berrichonne, elle avait été Madeleine Blanchet. Et je n'oublierai jamais le charme qu'elle donnait à ce personnage attendri. La voix d'airain se faisait douce, douce. La cloche habituée à sonner le glas faisait mélancoliquement tinter l'angelus. Les grands yeux farouches, les diamants noirs avaient des larmes de rosée. C'était délicieux et touchant. Mme Sand, qui vivait encore, eût pu ajouter à sa préface quelques épithètes.

Et qui n'a pas vu Marie Laurent dans l'*Orestie* de Dumas ne la connait point tout entière, même après l'avoir entendue dans la Sachette de Victor Hugo ou dans la Kassandra de Leconte de Lisle. C'était Cassandre justement qu'elle incarnait dans cette trilogie donnée à la Porte-Saint-Martin et où les souvenirs du siège de Troie faisaient tressaillir les spectateurs qui attendaient anxieusement alors des nouvelles du siège de Sébastopol. Très belle, silencieuse et hostile, Cassandre restait muette pendant tout le prologue, enchaînée au char du vainqueur et promenant sur tous ces Grecs un regard — son fameux regard de gitane ou de cinghalaise — plein d'une haine féroce. Et le silence, l'attitude sculpturale, la beauté sinistre de cette Cassandre donnaient à cette salle la sensation de quelque vivante statue du désespoir — ou de la vengeance. Puis, quel frisson courait quand s'animait cette statue, quand la voix terrible éclatait comme un tonnerre et que Cassandre montrait, prédisait, éperdue, l'égorgement d'Agamemnon, la fureur homicide d'Oreste. Oui, c'était bien le frisson de la sublime horreur qui passait sur cette salle où, pour regagner l'argent perdu par l'*Orestie*, Marc Fournier allait bientôt jouer les *Sept Merveilles du monde* ou le *Pied de mouton* et (avec Mme Laurent elle-même) mettre le *Faust* de Gœthe en féerie !

Marie Laurent a incarné la Mère, ai-je dit. Elle a, en fondant l'Orphelinat des Arts il y a vingt ans, fait de la maternité en action. Là, elle a essuyé des larmes. Au théâtre elle les faisait couler. Elle fut la reine du Drame. En travesti dans les *Chevaliers du Brouillard*, elle donnait à Jack Sheppard le pittoresque incomparable d'un Hogarth à ce drôle des vieilles rues de Londres. Il y avait même, au fond d'une taverne de la Cité, certaine scène qui devait bien faire souffrir Mme Laurent, habituée aux rôles de mères. Elle y jouait un fils qui, devant sa mère précisément, feignait, la pipe au bec et le gin au cerveau, une scène d'ivresse. Et la mère — chose extraordinaire — la mère, adorable et adorée, ce n'était pas elle ! C'était une autre mère, qui lui donna souvent la réplique dans la *Tireuse de cartes*, par exemple, et qui, elle aussi, jouait les mères quand il y avait deux mères dans les drames de ce temps-là. Mme Émilie Guyon devait entrer à la Comédie-Française après bien des créations brillantes, entre autres une Madame de Maintenon dans le *Comte de Lavernie*. Elle avait de la distinction, de la hauteur et aussi un peu de duvet à la lèvre. Elle ne valait pas Mme Laurent. Mais elle avait également une belle voix de bronze. C'est elle qui, allant rendre visite à M. Ernest Legouvé, à Seine-Port, un jour d'été, fut accostée et attaquée sur la route par deux carriers qui la trouvaient fort belle, et elle l'était. Toute seule, le chemin étant désert, la malheureuse se sentait perdue. Mais elle garda son sang-froid.

— Je me rappelai, disait-elle à M. Legouvé, les scènes où j'appelle, à la Porte-Saint-Martin, quand le troisième rôle vient m'insulter, et je criai — oh ! je criai comme si toute la cour de Louis XIV allait accourir : « A moi ! à moi ! à moi ! à moi !... » Volontiers eussé-je ajouté : « A moi, Messeigneurs ! » Peut-être même l'ai-je dit. Et je criai si fort, en effet, que les agresseurs eurent peur de cette voix terrible et que, voyant déjà accourir des paysans du voisinage, ils me lâchèrent et prirent la fuite. Et qu'on vienne prétendre après qu'il est inutile d'exercer ses poumons au Conservatoire et de jouer les drames de M. d'Ennery!

Émilie Guyon, en entrant rue de Richelieu, laissait Marie Laurent au Boulevard. Le Boulevard était alors un asile d'art qui méritait le respect. Que de talent dépensé entre le boulevard du Temple et le boulevard Saint-Martin! Que de comédiens qui, pour des appointements dérisoires, jouaient vingt pièces, créaient dix rôles dans l'année! Il y aurait à écrire un bien curieux, un touchant chapitre sur ce coin de Paris. Ces acteurs de mélodrame avaient la foi, vivaient là, près de leur théâtre, acoquinés au bitume de ce trottoir où ils passaient, avec leurs grands gestes et leurs grands rêves. Le bon Donato, ce géant au cœur d'enfant dévoué, mort il y a quelques mois, parlait encore de ces temps héroïques avec des larmes dans les yeux. Ce n'est pas lui qui eût caressé les ambitions nerveuses des arrivistes d'aujourd'hui. Il les eût, au contraire calmées, en contant les épreuves par où passèrent les ancêtres. Ces gens d'un talent puissant, pittoresque, varié, connaissaient le labeur et savaient la patience. Quand je me les rappelle, Bignon, Laferrière, Deshayes, Dumaine, si puissant et si sûr; Lacressonnière, admirable dans Charles Ier, d'une distinction de gentilhomme; Taillade, maigre, intelligent, embrasé, — un Richard d'Arlington supérieur, un fou vraiment shakespearien dans le *Roi Lear* — ; Castellano, le traître en manchettes ; Clément-Just, pensif et profond ; Mme Laurent ; Mme Guyon ; Lucie Mabire, la femme d'Édouard Plouvier, d'un charme inquiétant et terrible, la Léona de la *Closerie des Genêts* ; Mme Lacressonnière, la pitié et l'émotion mêmes, qui créa à l'Odéon *La Jeunesse* d'Émile Augier ; Marguerite Thuillier, la petite Fadette des Variétés ; Adèle Page, si jolie en Pompadour ; Mme Naptal Arnault, si belle d'une beauté irrésistible dans les *Cosaques* (et qui vit encore, belle toujours)... ; on ne s'imagine pas la somme de talents, le total d'artistiques valeurs que représentent tous ces noms. Et j'en oublie, j'oublie les comiques : le gros Laurent, le petit Francisque, le vieil et étonnant Alexandre, si effrayant dans le *Courrier de Lyon* aux côtés de Paulin Ménier, un des grands, des très grands comédiens de ce temps...

Je ne dis rien de Frédérick. Je ne dis rien de Mélingue. Les nommer, c'est rappeler ce qu'ils furent. J'en ai parlé ailleurs, dans ces pages mêmes.

Vraiment, il y eut là, pour le Drame français, des années bénies, tout à fait glorieuses. Drame et même mélodrame, si l'on veut. Les *Crochets du Père Martin,* du vénérable M. Cormon, survivront à bien des pièces plus ambitieuses. Œuvres qui partent du cœur et vont droit au cœur du peuple.

Vive le mélodrame où Margot a pleuré !

Et Marie Laurent fut la grande prêtresse de ce temple un peu brutal et sommaire en son architecture, mais qui garde comme le feu sacré de l'antique tragédie. Aussi bien, lorsque tous les nouveaux et ceux des anciens qui survivent défileront et s'inclineront devant Mme Laurent « restant chez elle » sur la scène de l'Opéra, c'est l'Aïeule acclamée du Drame que célébreront, un soir de juin, ces admirations sincères, Drame contesté, Drame oublié, Drame dégaigné, Drame immortel !

Mai 1901.

XXVII

Souvenirs de Comédiens.

M. Delaunay de la Comédie-Française vient de publier ses *Souvenirs.* Il les avait dictés sous forme de causeries, à un lettré de ses amis, M. le comte Fleury, qui a fort bien fait de recueillir tout ce qui reste dans la mémoire du grand et charmant comédien des belles soirées d'autrefois. Il m'a été donné de vivre la dernière année de vie artistique de M. Delaunay. J'ai pu me rendre compte de la valeur de cet artiste et de la loyauté de cet homme qui vit maintenant comme un sage dans son hôtel de la rue des Missionnaires à Versailles. Lorsqu'il se retira de la scène, on eut la sensation que quelque chose de supérieur disparaissait. Il avait donné sa démission à propos d'une de ces tempêtes de théâtre qui semblent périodiques dans l'histoire du logis, l'Affaire Dudlay, et il semblait qu'avec lui Musset disparût pour un temps comme Don Juan s'était tu avec Bressant.

» Ne craignez rien, me disait alors M. J. Grévy, grand ami de la maison, et qui, Président de la République, n'oubliait pas qu'il avait fait sa partie d'échecs au *Café de la Régence* avec l'excellent Maubant ; — ne craignez rien, tout renaît, et il n'est pas d'exemple qu'une année n'ait pas son printemps ! » M. Delaunay a eu des successeurs, en effet, dont le crédit n'était pas très grand quand je suis entré à la Comédie et qui sont arrivés très vite au maréchalat sans porter le faix des dures étapes des anciens.

J'aime beaucoup les *Souvenirs* des comédiens illustres. Ils nous promettent souvent plus qu'ils ne tiennent, mais du moins nous sortent-ils des choses réelles, et gardent-ils un reflet de rêve. Quand ils nous parlent des batailles livrées par les Hugo, les Dumas, les Augier — comme les *Souvenirs* de M. Delaunay — ils gardent comme une auréole de gloire. Quand ils nous disent les tristesses de la vie de théâtre, comme les pages que vient de publier Mme Louise France, ils ont l'intérêt navrant et puissant d'un roman tragique.

Et, en fait de roman, une autre comédienne, Yvette Guilbert, a, dans la *Vedette*, conté avec un art poignant les tristesses, les désespérances de la vie de café-concert, et rien n'est plus terrifiant et plus amusant aussi, de cet amusement où il y a de la pitié et des larmes.

Et ces pleurs de colère ou de faim, on les voit couler aussi dans le livre où, tout comme M. Delaunay l'illustre sociétaire de la Comédie-Française, Mme France énumère ses souvenirs, en cataloguant avec une résignation ironique ses espoirs, ses déceptions et ses tristesses. Mme Louise France a donné pour titre à ses souvenirs et anecdotes de théâtre ces mots: *Les Éphémères m'as-tu-vu*. Toutes les professions de ce monde pourraient être qualifiées d'*éphémères* et tous les vivants, sauf les saints, les anachorètes et quelques philosophes assez clairsemés de par le monde, sont des « m'as-tu-vu ». La vie moderne a pour norme le besoin de paraître, et que ce soit la femme du monde qui sourit au reporter select pour avoir son nom imprimé et sa toilette décrite dans une chronique parisienne ou l'auteur qui fait parler de ses vêtements afin qu'on parle de ses livres, que ce soit l'orateur populaire ou même parfois le prédicateur sacré, le tribun ou le prélat, tous les vivants sont, sauf exception, des m'as-tu-vu, ou des m'as-tu-lu, ou des m'as-tu-écouté, des m'as-tu-entendu, m'as-tu-vu courir, m'as-tu-vu-passer, m'as-tu-remarqué. Il ne faut donc pas croire que les défauts humains appartiennent à une seule classe de l'humanité. « Tous les malheurs de ce monde, a dit un observateur profond, viennent de ce que personne ne sait rester dans sa chambre. »

Et c'est vrai. Il faut « paraître », parce qu'il faut vivre. Il faut attirer l'attention, parce que l'attention c'est le succès ou le bruit, ce fantôme du succès. Rester dans sa chambre! Cela est facile à qui a non seulement le goût de la solitude et l'appétit du repos mais encore l'existence assurée, le pain cuit, la niche et la pâtée, comme disait Balzac. Mais pour vivre, il faut bien sortir, de son nid si l'on est oiseau, de sa tanière si l'on est un fauve. Il faut chercher, lutter, se débattre, se défendre, pour rapporter un vermisseau au bec de ses petits ou un lambeau de chair à leurs dents féroces. Et le vermisseau est rare, pour tout le monde. La lutte est acharnée, les haines sont atroces. On mangerait son prochain pour prendre sa place et l'arrivisme aboutit à une vie d'Apaches. Que j'envie un grand homme tel que Berthelot, non seulement pour son génie, mais encore pour la paix de son laboratoire! Encore le grand savant en sort-il pour faire de la politique!

Louise France ne sort pas de ses coulisses et

toute la poussière microbienne du théâtre nous prend à la gorge dans ses pages. Les histoires que nous conte la comédienne sont quelquefois très gaies, comme la jeunesse et la Bohême ; elles sont plus souvent macabres, comme le malheur et la détresse. C'est l'envers des décors, les misères des vieilles affiches déchirées ; Déjazet, presque décrépite, dansant, avec un sourire funèbre, la gavotte de *Monsieur Garat* ; Blanche d'Antigny sifflée en Égypte et rentrant à Paris sous la meute de ses créanciers, n'ayant plus, la belle fille blonde, qu'une jupe, un veston d'alpaga et des mitaines — la misère.

Et Taillade ! Le retour du cadavre du vieil acteur mort à Bruxelles et ramené dans un fourgon à la gare du Nord. La tristesse de cette fin d'un grand comédien qui avait même été un auteur dramatique applaudi. Je le revois, vieilli, cassé, édenté, me demandant à jouer Don Salluste — trop tard — et me disant :

— Il nous restait les tournées, à nous, acteurs de drame, il nous restait la province. Ces tournées, d'autres nous les prennent et vous savez qui. Que vais-je devenir?

Il avait autrefois débuté à la Comédie-Française. On trouverait dans les Archives la liste des rôles qu'il y joua. Pourquoi, lorsqu'il était jeune, avait-il quitté le vieux théâtre? Il est un autre acteur, du talent le plus rare, qui eut, comme lui, la porte de la rue de Richelieu ouverte et qui partit, regrettant toujours la Maison de ses débuts. C'est Saint-Germain. Il avait devant lui, lui barrant la route, Régnier, Got, d'autres encore. Il perdit patience, las de marquer le pas derrière ses maîtres et, un jour de mauvaise humeur, il laissa là la Comédie et s'en fut au Vaudeville. Quels succès il y obtint, on le sait encore, bien que la mémoire du public soit courte et que les générations nouvelles se soucient fort peu de ceux qui ont charmé, amusé ou ému « leurs pères ».

Bien des années après, — au lendemain de je ne sais quelle discussion avec ses directeurs, — il m'envoyait cette lettre qui est comme le cri de douleur d'un comédien las d'avoir donné sa vie à une maison de commerce au lieu de l'avoir vouée à une institution cordiale et sûre :

« Mon cher Claretie,

« J'ai appris hier que la pièce qu'on lisait aujourd'hui au Vaudeville était de vous ; je suppose que c'est celle dont nous avions causé et je m'en voudrais de ne pas vous envoyer l'expression de mes regrets pour le rôle que je perds et que vous m'aviez dit être « un personnage original ».

« Les rôles originaux sont rares à notre époque; mais je quitte le Vaudeville; ces messieurs ont choisi juste pour mal agir envers moi le moment où je joue *Madame Caverlet*; je me suis blessé et j'ai eu raison.

« Quel vilain état, mon cher Claretie, que le mien, non pas seulement parce qu'on ne laisse rien après soi, cette chose grave a ses compensations; mais parce qu'on ne peut rien par soi-même!

« Un peintre, un musicien même, peut travailler, accumuler des matériaux, et beaucoup souffrir de se voir ignoré, ou mal apprécié; mais, que le succès vienne, et les partitions demandées se jouent, et les tableaux se vendent, et la fortune vient!... Mais nous, accumulons donc, — ce qui n'est pas possible, d'ailleurs, — mais, enfin, essayons d'accumuler dans notre mémoire rôles sur rôles, à quoi cela servira-t-il? Et un engagement? Et des camarades? Et un théâtre? Et du public?

« On a, par exemple, comme moi, de bons répondants; on a quitté le service de la Comédie-Française avec un bon livret; non seulement on a servi dans cette bonne maison, comme valet d'ancien répertoire, non seulement on y a créé onze rôles avec succès, mais on est depuis dix-sept ans dans un théâtre; on y a fait cent créations peut-être, on a travaillé comme dix, mieux encore, on a tout seul relevé le théâtre en jouant une pièce charmante, le *Procès Vauradieux* qui eût pu faire la fortune d'un directeur, c'est ainsi, car j'ai calculé qu'un directeur eût pu gagner avec, en cinq mois, 220 ou 300 000 francs; — on vient de jouer un rôle atroce, un des plus durs et des plus difficiles à tenir qu'il y ait (non plus maintenant que le rôle est accepté, mais le jour de la première); — on a, en acceptant ce rôle, cru agir exceptionnellement, car ce rôle n'est ni de mon âge, ni de mon emploi; — on a empêché la pièce de sombrer peut-être, car ce rôle mal joué pouvait la compromettre; — et votre directeur vous dit, non pas merci, mais: « Vous avez un mois de congé payé (ce qui est assez naturel, car je suis toujours sur la brèche); eh bien!... nous voudrions ne pas vous le payer! » — c'est-à-dire, nous voudrions vous diminuer d'un douzième vos appointements! — Voilà!

« Et dire que si j'étais à la Comédie-Française, je jouerais la moitié moins, et plus libre de mes pas et démarches, je gagnerais trois fois autant. — Enfin!...

« Donc agréez, et mes regrets, et mes amitiés.
« A vous.

« SAINT-GERMAIN. »

Delaunay, dans ses *Souvenirs*, nous parle tour à tour des succès de Saint-Germain dans les *Ennemis de la Maison* de Camille Doucet, dans les *Jeunes Gens* de Léon Laya, que la Comédie jouait à l'heure où Dumas fils donnait ses pièces au Gymnase et Émile Augier les siennes au Vaudeville. Lui aussi, Saint-Germain, avait sur le passé, sur la Comédie-Française, sur son professeur Provost et les grands comédiens du temps de sa jeunesse des traditions et des souvenirs intéressants. Homme d'esprit, écrivain alerte, conférencier agréable et né pour le professorat, Saint-Germain a-t-il, lui aussi, laissé des *Mémoires* comme le vieux René Luguet qui a vu et revu tant de choses? Je l'ignore. Mais c'est bien une page de *Souvenirs*, cette lettre poignante et irritée d'un acteur du talent le plus rare, congédié, un beau jour, sans plus d'explication, sans compensation, brutalement, après avoir donné tant d'années de sa vie à un théâtre — et tant d'années de succès, car, au théâtre comme dans la vie, le succès compte seul et le talent parfois ne suffit pas.

Mais il avait du talent, et du plus fin, ce Saint-Germain véritablement né pour occuper une chaire au Conservatoire et qui ne l'obtint point parce qu'il n'était pas de la Comédie-Française. Il avait peu de voix. Thiron disait de lui : « C'est un bon comédien pour chambre de malade ! » Mais, avec son filet de voix, il se faisait écouter, et Pétillon, le pion épique, est resté une création inoubliable.

Inoubliable? Voilà un bien gros mot. Peut-être, parmi ceux qui me lisent, sont-ils nombreux ceux qui ne savent même pas ce que fut Pétillon. Le grand et terrible Goya avait donné à une de ses eaux-fortes un titre qui pourrait bien être le mot final de toutes choses, de toutes nos passions, de toutes nos ambitions, de toute nos luttes, de toutes nos rancunes, de toutes nos haines : *Nada* !

Quatre lettres en espagnol, quatre lettres en français : *Rien*.

Novembre 1901.

XXVIII

Vieux Comédiens.

J'en ai essayé le roman ; on en pourrait écrire l'histoire.

Le comédien vieilli, survivant à sa gloire, battant le pavé de province, quêtant l'engagement qui fuit, repassant et ressassant à la fois ses rôles et ses souvenirs et se consolant du présent avec les poudreuses couronnes du passé ; le comédien qui n'a rien amassé durant les années de jeunesse, alors que chantaient les cigales ; le comédien dont les espoirs, les ambitions ou même les triomphes ont été sans lendemains, est peut-être — ouvrier de poésie devenu ouvrier de misère — de tous les êtres au déclin de la vie, le plus mélancolique et le plus digne de pitié.

Il a incarné tant de joies, il a vécu tant de chimères ! Il a été le rêve vivant ; il a fait sourire, il a fait pleurer. Il a joué, comme un enfant, avec toutes les passions humaines. L'actrice a été la vision, le songe enchanté de Chérubin spectateur; le comédien a été le prince Charmant, le prince bleu, l'idéal Roméo de tant de jeunes femmes! Maintenant, elle et lui sont de pauvres gens, quelque bonne vieille qui tisonne son feu dans un petit coin des Batignolles, quelque vieillard qui n'a pas toujours même de bois allumé dans son âtre noir... Un vieil acteur qui n'a pas fait fortune, c'est un peu le vieux soldat qui n'a même pas pour asile le coin assuré que l'État donne aux invalides, aux éclopés des batailles, aux débris des expéditions lointaines... N'est-ce pas, mon pauvre et bon Brichanteau?

L'antithèse est sinistre de ces artisans de plaisir — combattants du théâtre, héros de coulisses, célébrités d'un soir dont les noms abolis figurent encore sur les vieilles affiches collées, pour les marouller, aux toiles des décors — de ces êtres de lumière et de soyeux costumes, devenus des vieux que l'âge a courbés, des vaincus qu'a domptés la vie.

Ils devraient être toujours jeunes, toujours beaux, toujours éclatants d'aspect, avec leurs chevelures intactes et leurs belles voix sonores. Ils devraient avoir l'éternelle jeunesse des rôles immortels qu'ils ont incarnés. Créatures d'exception et de rêve, ils devraient avoir une destinée d'exception. S'en contenteraient-ils ? Je l'ignore. Même la jeunesse immuable leur paraîtrait un minimum. Nous en sommes tous là. Du moins, pourrait-on les imaginer achevant leur existence, jadis fiévreuse, dans une sécurité calme et doucement reposée, ayant gardé, comme dit la sagesse des nations, une poire pour la soif. Encore, la poire est-elle un dessert ! Le pain, est plus utile encore.

Ah ! les mélancoliques destinées, les réveils du succès, les lendemains de la gloire ! Paris a célébré en lui donnant un buste un comédien génial, salué son image, fêté une dernière fois l'homme qui fut Ruy-Blas, le Joueur, Paillasse, le Vieux Caporal, Frédérick-Lemaître qui symbolisa toute une époque, toute une race d'hommes lorsqu'il créa, de toutes pièces, au moral et au physique,

Robert Macaire avec ses bottes éculées !

Frédérick-Lemaître ou plutôt *Frédérick*, comme on l'appelait, fut, en effet, l'incarnation même du comédien, du comédien de roman ou de théâtre, tel que Dumas l'a peint dans *Kean*, avec toutes ses fantaisies, son désordre, ses colères, ses amours, son génie, Bocage et Rouvière étant plus spécialement des comédiens à la Georges Sand, artistes et citoyens.

Je n'ai pu voir Frédérick que dans sa vieillesse, mais toujours superbe et resté jusqu'au bout celui qu'on appelait le *vieux lion*. Et vraiment oui, avec sa crinière argentée, longue, respectée par l'âge, ses rugissements de rage ou de douleur, il donnait sur les planches l'idée de quelque fauve en liberté, redoutable et majestueux.

Il s'était atténué, en quelque sorte, dans ses créations dernières. La force lui manquant, il la remplaçait par la tendresse. L'artiste qui avait rugi le : « Bon appétit, messieurs ! » de Ruy-Blas enseignait, dans *le Maître d'école* de M. Paul Meurice, à réciter une fable à des enfants. Et je crois bien que Rachel disant *les Deux Pigeons* n'était pas supérieure à Frédérick expliquant à l'écolier *la Cigale et la Fourmi* et ajoutant, d'une voix si douce :

— Eh bien ! parce qu'elle ne sait que ça, chanter, l'été, il faut donc qu'elle meure, l'hiver ?

Un des souvenirs de Frédérick-Lemaître, que j'ai le plus profondément gravés dans ma mémoire, c'est une entrevue, historique en quelque sorte, à laquelle j'assistai — précisément chez

M. Paul Meurice, avenue Frochot — durant le siège de Paris. La Société des Gens de lettres avait organisé, à la Porte-Saint-Martin, une lecture des *Châtiments*, de Victor Hugo, dont le produit devait être et fut attribué à la fonte d'un canon offert à la Défense nationale. Victor Hugo avait consenti à cette *récitation* et distribué entre les principaux comédiens de ce temps les pièces les plus célèbres de son livre.

J'avais été chargé de demander à M. Édouard Thierry le concours de la Comédie-Française, et je me vois encore montant, en uniforme d'officier de la garde nationale, cet escalier dont je ne me doutais pas, alors, que je gravirais les marches si souvent. M. Thierry fut tout à fait aimable et les comédiens très dévoués, comme toujours.

Un seul, je crois, se refusa à dire des vers contre l'Empire. Ce fut M. Got. « Je n'ai jamais été impérialiste, loin de là, répondit-il, mais je ne peux pas oublier que nous nous appelions encore hier les comédiens de l'Empereur et que nous allions jouer à Compiègne ! »

Quoi qu'il en soit, Frédérick-Lemaître, mandé par Victor Hugo qui lui offrait de dire le *Souvenir de la nuit du 4,* arrivait chez M. Paul Meurice, et le comédien qui avait créé Ruy-Blas se trouvait face à face avec le poète qui l'avait écrit. Ils ne s'étaient pas revus depuis des années. Le temps avait blanchi leurs cheveux sans modifier leurs âmes. Victor Hugo, très ému, tendit les bras à Frédérick et leurs larmes coulèrent.

Après quoi, le comédien, rappelant avec émotion qu'il avait eu dans sa vie la bonne fortune et la gloire de jouer des pièces des deux plus grands poètes de son temps, le *Toussaint Louverture* de Lamartine et les drames de Victor Hugo, se mit à dire :

— Je ne sais pas la pièce par cœur... Mais je l'apprendrai... Je vais vous dire comment je la comprends... *L'enfant avait reçu deux balles dans la tête...* Je suppose un vieil insurgé qui s'est battu toute la journée... Il arrive, noir de poudre, manches retroussées, dans le logis pauvre... Il a chaud, il est fou de colère, il sent la poudre... Il voit le petit... le petit cadavre... Il regarde... Voilà la toupie de l'écolier... Qu'est-ce que c'est que ça ?... On tue donc les enfants, maintenant ?... Tonnerre !

Et, tout en parlant, Frédérick mimait, mettait en scène, meublait, si je puis dire, le récit de Victor Hugo dont les yeux noirs ne quittaient pas le comédien, aussi admirable dans cette pantomime épique et improvisée que le poète lui-même dans sa pièce de vers, immortelle, à jamais poignante. Ce jour-là — je vais aller loin — l'acteur me parut, pour une minute, une fugitive minute, l'égal du poète. Il me donna la même sensation d'art suprême, la même émotion intense, le même frisson. Il n'y avait de différent entre ces deux hommes que ce qu'il y a entre les deux arts : la création passagère du tragédien étant éphémère, celle du poète ayant l'éternité.

Fumée ! dirait Tourguéneff. Mais n'apercevons-nous pas d'admirables, de saisissantes visions d'art dans le nuage qui passe ?

L'acteur, il est vrai, s'il n'a pas cette éternité — de combien de jours ? — qui est l'ambition du poète, a plus que l'auteur dramatique des joies immédiates et vivantes. Musset, qui créa Perdican, a moins frémi des angoisses de Perdican et a été moins applaudi pour avoir jeté ces cris que M. Delaunay qui fut Perdican en personne. Le comédien vit les œuvres que les dramaturges rêvent. Il n'est plus lui, il est *eux*. Il a la gloire immédiate, argent comptant. Il la contemple face à face.

Argent comptant !... C'est plus tard, à l'heure de l'hiver, comme disait le *Maître d'école*, que l'infidèle gloire fait ses comptes. Si la fourmi a amassé, sous sa couche de terre — d'humeur cigalière, le comédien n'a rien gardé. Que ceux-là qui ont un tuteur veillant sur eux et leur avenir comparent leur destinée à celle des indépendants, des errants, qui croyaient sans doute que la jeunesse est une vertu viagère !

Un de ceux-là, des plus remarquables, finit tristement, un de ceux à qui, dix ans plus tôt, j'eusse ouvert volontiers les portes de la Comédie Française ! C'est Taillade. La vision de Taillade en uniforme de général de la République et sous les traits de Bonaparte est une de mes inoubliables impressions d'enfance. C'était dans *Bonaparte en Égypte.* Taillade, maigre, serré dans son habit aux parements brodés, les cheveux noirs, les *cheveux à la chien* encadrant le visage pâle, descendait lentement le grand escalier d'un décor représentant un coin de l'île de Malte. Jamais évocation, résurrection ne fut plus complète. Ce n'était pas un acteur qu'on avait là, devant soi, c'était Bonaparte, Bonaparte de pied en cap, Bonaparte tel que je l'ai revu dans l'incomparable portrait de la galerie de Chantilly. Le profil de médaille, les traits légendaires du général, tout se retrouvait, par un caprice de la nature, sur le visage du comédien.

Jeune alors, Taillade venait de faire précisément, lui aussi, ce qu'on appela son Dix-Huit Brumaire. Il se trouvait trop peu payé par le directeur du Cirque-Olympique dont il assurait le succès et emplissait la caisse. Et — un peu comme Frédérick, un peu aussi comme Rachel en son temps — il demanda impérieusement de l'augmentation pendant une représentation même, refusant au besoin d'entrer en scène. Le régisseur général, parlant au public, exposa le cas. La direction céda, m'a-t-on conté, mais le public exigea des explications, presque des excuses.

Alors, Taillade, apparaissant sous les traits de Bonaparte, s'avança et, aux applaudissements du prince-Président, de Louis-Napoléon Bonaparte, qui tout justement était, ce soir-là, présent dans une avant-scène :

— Messieurs, dit-il, comment voulez-vous que je fasse la moindre excuse sous cet uniforme qui a incarné la gloire de la France et les victoires de la République ?

Jamais tonnerre d'applaudissements ne fut plus nourri. Taillade eut à la fois un grossissement de succès et un supplément d'appointements. « Il a fait son coup d'État avant celui du Président ! » disaient les bons camarades dans la coulisse. Et l'aventure resta légendaire au boulevard du Temple.

L'homme qui eut cette présence d'esprit fut un lettré, du reste. Au sortir du lycée Bonaparte, il se faisait professeur dans un petit pensionnat du quartier Poissonnière, avant d'entrer au Conservatoire sur le conseil de Mlle Mars. Il a écrit des drames puissants qui eussent réussi, même joués par d'autres que lui : *André Robner, le Château des Ambrières* avec Théodore Barrière, un *Charles XII* très entraînant et très puissant. Acteur, je l'ai vu admirable dans *Richard Darlington,* dans le Fou du *Roi Lear,* dans le Charles IX de *la Reine Margot,* dans le terrible Ali-Pacha d'un drame de Gondinet intitulé *Libres !* dans *le Prêtre* de Charles Buet, mort hier ; dans le *Tibère* vraiment remarquable de M. Stanislas Rzewuski, dans le farouche et superbe chouan de *Quatre-Vingt-Treize,* où il mourait farouche en égrenant son chapelet. Inégal et nerveux, original toujours, c'est un artiste shakespearien qui a survécu au drame du boulevard, et qui, pourtant, est demeuré populaire, populaire à Paris, comme l'était, à Londres, ce pauvre William Terriss, le neveu de l'historien Grote, naguère assassiné sur le seuil d'Adelphi Theatre, et qui, précisément, jouant Cromwell à côté d'Irving, dans *Charles Ier,* ressemblait à Taillade. Cent mille spectateurs ont suivi le cercueil de Terriss. Le peuple, en tous pays, aime ses comédiens. Le peuple parisien, surtout, leur est fidèle. Jamais roi ne fut plus acclamé que Mélingue qui, sous le panache de d'Artagnan, incarna toute la race aventureuse qu'est la race française.

Lorsque la pièce est finie, la toile tombée, la chimère envolée, la foule se presse encore à la porte de la *sortie des artistes* pour les voir passer, les regarder encore, les toucher. Personne n'eut, en ce temps-ci, de plus belles funérailles que Déjazet, Virginie Déjazet, et Paris pleura cette fauvette des Prés-Saint-Gervais comme un être de légende et d'amour.

Et les dernières représentations des comédiens vieillis ont le don d'attirer la foule, d'attendrir un public reconnaissant envers ces artisans de rêve qui lui ont, en sacrifiant leur chair et leurs nerfs, donné à lui, l'insatiable public, ce qu'il va chercher, ce qu'il réclame, ce qu'il demande, ce qu'il exige — comme l'humanité tout entière, du reste : — une heure de songe, un peu d'*illusion !*...

Fourmis, petites fourmis, actives et vaillantes fourmis, songez aux ailes fragiles des cigales vieillies que mord durement le vent d'hiver !

Janvier 1898.

XXIX

Acteurs shakespeariens.

J'ai oublié, pendant de longues heures données à Shakespeare, tout ce qui nous divise le plus. C'est un puissant enchanteur qu'un tel poète. Il nous arrache à la vie courante, à l'obsession quotidienne et nous transporte jusqu'aux étoiles d'un coup d'aile ou d'un bond, comme le clown divin que chanta Banville. Il nous est arrivé, durant ces répétitions d'*Othello* de nous dire, Jean Aicard et moi, que c'est merveilleux, vraiment, le miracle du génie faisant, après des siècles, mouvoir ces masses de figurants, pleurer et frémir ces artistes, passer dans une salle vide le souffle même d'un mort disparu depuis deux cent quatre-vingt-trois ans.

C'était la réflexion d'Aicard devant ces comparses, allant et venant là sur les planches, chantant et dansant au gré du flûteau et mus ainsi plus encore par la volonté même de ce grand mort que par le geste et la pensée du metteur en scène. Et nous nous disions que, tous ces vivants eussent-ils disparu, la guerre eût-elle éclaté entre l'Angleterre et la France, l'émeute eût-elle grondé dans la cité, Shakespeare et le génie de Shakespeare eussent été là, quand même intacts, immortels et immuables, avec tout le sang du drame éternel et tous les soupirs de l'éternel amour.

C'est un consolateur aussi que le poète. A tous nos maux, à nos inquiétudes et à nos souffrances, il substitue les douleurs, les angoisses et les blessures des personnages qu'il a fait vivre, vivre d'une vie supérieure à la nôtre et à la sienne propre, puisque ces fantômes resteront visibles encore et vénérés alors que la chair et les os des vivants seront retournés à la terre. Je comprends la joie qu'il y a pour un grand artiste à se mesurer avec de telles créatures sublimes, à incarner le rêve du poète, à se montrer aux yeux des contemporains sous les traits et le costume de ces immortels du pays des songes, des beaux songes.

M. Mounet-Sully attendait depuis vingt ans cette soirée du 27 février. Et, depuis le 24 octobre 1829, où Joanny avait créé le *More de Venise*, de Vigny, la Comédie-Française n'avait pas donné d'*Othello* qui fût calqué pieusement sur l'*Othello* même de Shakespeare. Ils sont clairsemés, les spectateurs qui ont pu voir Joanny. Ce fut un bon acteur tragique, ronflant et redondant qui se montra pourtant — les épithètes sont de Victor Hugo — original et individuel dans Ruy Gomez d'*Hernani*, Joanny tint, à son heure, un *Journal* de toutes ses impressions de théâtre. Il n'y ménage pas sa propre louange : « Aujourd'hui, j'ai été au-dessous de moi-même.. Ce soir, j'ai été très beau... » D'ailleurs candide, dévoué et combattant pour ses auteurs, comme un soldat.

M. Ernest Legouvé a dû le voir souvent, ce Joanny. Il a bien vu Talma — oui, Talma lui-même — dans *Othello*, trois ans avant qu'Alfred de Vigny donnât son *More de Venise* à la Comédie !

C'est un souvenir que me racontait, il n'y a pas un mois, le doyen de l'Académie française.

— Oui, mon cher ami, j'ai vu Talma, quelque temps avant sa mort, au mois de mars 1826 (il devait mourir, en octobre, d'une obstruction des intestins). Talma jouait à l'Opéra, dans une représentation à bénéfice, deux actes d'*Othello*. C'était tout naturellement celui de Ducis. Je le vois encore ; il était costumé, non en Arabe, mais en général vénitien. Et j'ai gardé la mémoire de deux admirables effets qui firent passer un frisson dans la salle. Ils devenaient absolument terribles ces vers du More rugissant de jalousie :

Il faudrait mieux pour lui que leur faim dévorante
Dispersât les lambeaux de sa chair palpitante
Que de tomber vivant en mes terribles mains !

Le geste, le regard, la voix, tout était irrésistiblement farouche, effrayant. L'autre effet, tout de contraste, fut la manière dont, après avoir tué Desdémone, il dit, à voix basse, l'air égaré : *Elle dort!* C'était là, le sublime ! »

Talma donnait, usait dans ces représentations suprêmes une partie de sa vie, souffrant déjà et beaucoup du terrible mal qui devait l'emporter.

C'est alors qu'il disait à Victor Hugo :

— Je voudrais, moi, l'homme des classiques, jouer votre *Cromwell,* avant de mourir !

J'ai vu aussi un Othello superbe. Ce fut non pas Taillade, qui joua tour à tour Iago et Othello, mais ce pauvre et étrange Rouvière, sorte d'artiste chimérique, de comédien de légende, tel que les peint George Sand (et qui devait créer un beau drame de Mme Sand, *Maître Favilla*). Rouvière, sifflé dans le Mordaunt des *Trois Mousquetaires*, acclamé dans *Hamlet*, jouant où il pouvait, quand il pouvait, faisant de la peinture quand il ne répétait point de drame — et sa peinture, dans le genre de celle de Couture, contrastait singulièrement avec son jeu saccadé mais étonnant de tragédien.

Ce malheureux Rouvière, qui allait être bientôt un Méphistophélès admirable dans un *Faust* tripoté par d'Ennery, cherchait alors un théâtre où, après avoir joué Hamlet, il pût incarner Othello. Il n'avait ni la taille, ni le port, ni l'allure de ce beau tigre royal qu'est le More de Shakespeare. Il était petit, grêle, la joue creuse, les jambes maigres, avec une voix stridente, un accent de cigale du Midi, des gestes brefs, je ne sais quoi de sautillant et d'anguleux dans tout son être maladif. Mais une volonté, une intelligence, une flamme, une âme en un mot, consumait, vivifiait ce corps de névropathe sublime. L'œil surtout était admirable. Il illuminait la scène, il enfonçait dans la salle la pointe, le stylet de son regard. Le mot *darder* était fait pour cet œil-là.

Or, un soir — j'avais vingt ans et je n'oublierai jamais ce souvenir — j'entrai dans le vieux Théâtre-Historique jadis fondé par Alexandre Dumas et si brillant, décoré de peintures, de dorures, de statues à son aurore, maintenant poudreux, sali, sentant déjà l'odeur de plâtras avant même que la pioche des démolisseurs ne l'eût touché. Un théâtre condamné, marqué pour le tombereau comme tous ces théâtres du boulevard du Temple dont on avait déjà jeté bas quelques-uns, tréteaux de funambules et scènes de drames devenus gravats. Nous étions peu nombreux dans ce triste théâtre abandonné même par les rats et sous un lustre dont on épargnait l'huile, devant des décors ramassés au hasard, avec des costumes vénitiens trouvés à quelques *décrochez-moi ça* du Temple, des acteurs dont j'oublie le nom, recrutés çà et là, troupe de rencontre réunie par aventure autour d'un chef-d'œuvre, des comédiens épaves des théâtres en détresse, jouaient le *More de Venise,* de Vigny.

Comment ils le jouaient, je n'en sais rien. Qui interprétait Iago? Qui nous rendait Desdémone? Je l'ignore. Mais je sais que, de ce fond un peu terne et de cette poussière de démolitions et de ces souquenilles se dégageait — comme un éclair trouant la buée — Rouvière, cet étonnant, incomplet, entraînant, irritant, émouvant, admirable Rouvière, Rouvière souffrant avec Othello comme il avait douté avec Hamlet, Rouvière rugissant, pleurant, criant, avec des accès de rage épileptiforme (car il est extraordinaire, ce Shakespeare, et il étudie dans Othello le criminel, un *épileptique* comme il étudie un *alcoolique* dans Cassio, — je reviendrai là-dessus quelque jour), Rouvière enfin se coupant la gorge d'un mouvement circulaire, et allant râler en vomissant le sang aux pieds blancs de la morte Desdémone, le *cher parfum* envolé !

Nous avions — chose curieuse — parmi les acteurs qui jouaient *Othello* autour de Rouvière un confrère, un poète — et quel poète ! — ce grand bon diable de Glatigny, fendu comme le Matamore de Gautier et décharné comme lui, Albert Glatigny, qui était l'auteur d'un des beaux recueils de vers de ce temps, les *Vignes Folles*, et qui tout fier de dire quelques alexandrins à peine dans une pièce tirée de Shakespeare, représentait là un *premier* ou un *second* sénateur.

Ce fut même la grande joie et l'honneur du brave Glatigny. Peu lui importait d'être La Gingeole ou Brichanteau de par les théâtricules de la province ; il avait été, à Paris même, sur la scène littéraire du Théâtre-Historique, un des sénateurs du Sénat de Venise, évoqué par le *grand Will !*

Un jour que Glatigny se battait en duel (et

qui sait maintenant pourquoi ?) avec Albert Wolff, qu'il avait dû railler par quelques versiculets, ou qui l'avait critiqué dans quelque chronique, les témoins cherchaient, à travers les terres gelées, un endroit où échanger quatre balles, et Glatigny, son collet râpé relevé derrière sa nuque maigre, marchait en fredonnant entre deux quintes de toux la marche de la *Juive*. Puis, tout à coup, s'interrompant :

— Quand je pense, dit-il, que dimanche dernier j'étais encore, marquant le pas sur cet air-là, l'empereur Sigismond, à Lille !

Puis il ajouta ;

— Wolff ne se doute peut-être pas non plus qu'il va se mesurer avec un sénateur de Shakespeare.

Ah ! tous ces spectres d'autrefois ! Il ne serait pas très vieux, le bon poète que fut Glatigny ; et il pourrait voir aujourd'hui, sous les traits de *son* sénateur d'autrefois le propre gendre d'Henri Monnier ; il pourrait applaudir Shakespeare et répéter, comme ce comédien qui soupirait : « J'ai été Louis XIV en province... » :

— *Et moi aussi, j'ai été sénateur de Venise !*

Le duc d'Aumale, grand amateur de théâtre et grand ami de la Comédie-Française, attendait avec impatience cette résurrection d'*Othello*, qu'il ne devait pas voir. Et comme il avait, pour les draperies d'Antigone, montré parmi les merveilles de Chantilly une petite statuette grecque à Mlle Bartet, il voulait indiquer à M. Mounet-Sully quel costume, selon lui, devait porter le commandant général des galères de Venise :

— Othello, me disait-il, devait être pour la Sérénissime République quelque chose comme ce que fut Yusuf pour la France. Or, Yusuf, après avoir chevauché longtemps en faisant flotter au vent le costume oriental, portait fièrement l'uniforme de général français!

Il eût applaudi, sous le casque damasquiné de Boabdil, Mounet-Sully, le duc lettré, averti de toutes choses, épris d'art et de poésie, fanatique du théâtre, de ce théâtre qui est une des séductions, une des forces de notre France. Et cet *Othello* fut précisément un des derniers sujets de causerie qu'il me fut donné d'aborder avec lui.

— Que Mounet, surtout, disait-il en souriant, n'oublie pas qu'Othello est un militaire!

Si j'en crois les souvenirs, toujours fort précis, de M. Legouvé, Talma ne l'avait pas oublié, et l'apparition de M. Mounet-Sully, magnifique en son armure sombre, debout sur les remparts de Chypre, avec la bannière pourpre de Venise inclinée sur son front noir, eût fait plaisir au duc d'Aumale, qui aimait les coloristes à la Delacroix.

Pour moi, j'ai quitté à regret ces répétitions où Shakespeare, encore un coup, m'a fait oublier pendant de longs mois tout ce qu'il y a de subalterne, de contingent et d'attristant dans la vie quotidienne. Le public ne saura jamais ce qu'il y a à la fois de joie profonde et de fièvre inquiète dans la mise au point d'une telle œuvre. « Une tragédie, écrivait Vigny, est une pensée qui se métamorphose tout à coup en *machine*. Cette mécanique se monte à grands frais de temps, d'idées, de paroles, de gestes, de carton peint, de toiles et d'étoffes brodées. » Mais si le spectacle du drame vêtu de brocard et évoluant dans la lumière électrique est pittoresque peut-être pour la foule, combien, pour le poète épris d'idéal, est plus poignant, plus intense, plus imprévu, plus près de nous, si je puis dire — à portée du cœur — ce même drame joué dans la pénombre, devant une salle noire et vide, par des hommes et des femmes vêtus de leurs habits de tous les jours !... Othello en veston étranglant Desdémone en petite robe grise, dans un décor quelconque, comme au fond d'une chambre d'hôtel garni !..

C'est là qu'on voit tout ce qu'il y a d'humanité et de génie dans Shakespeare, et comme il reste Shakespeare en se jouant, drame de la vie d'aujourd'hui, drame de la vie éternelle, entre une vieille toile peinte et quelques lampes Edison remplaçant les légendaires quinquets.

Mars 1899.

XXX

Acteurs disparus.

M. René Luguet est, paraît-il, le doyen des artistes dramatiques. Il a quatre-vingt-sept ans (1). En cherchant bien, on trouverait peut-être, dans quelque banlieue parisienne, un comédien plus âgé que M. René Luguet ; mais quatre-vingt-sept ans, c'est, en tout état de cause, un âge respectable, et l'ancien acteur du théâtre du Palais-Royal a vraiment droit à ce titre de doyen, de doyen des doyens, pour être exact. M. Ernest Legouvé, qui est plus âgé que Luguet, est, lui, le doyen de l'Académie, le doyen de la Société des auteurs dramatiques et le doyen des amateurs d'escrime. Le théâtre conserve.

Oui, car à voir passer M. René Luguet, on ne le prendrait point pour un octogénaire. Il est solide, il marche droit et porte haut encore cette

(1) Près de quatre-vingt-dix aujourd'hui.

tête au masque grimaçant qui, pendant des années et des années, nous a tant fait rire. René Luguet fut, en effet, un des piliers de ce théâtre du Palais-Royal où se trouvèrent un moment réunis les plus admirables bouffons qui furent au monde: Levassor, que j'ai pu voir encore jouant les *Troupiers,* un peu à la façon de Polin; Grassot, le plus étonnant enrouement et le profil le plus drôle qu'ait inventés la création : maigre, falot, fantastique et épique à la fois ; Ravel, qui apportait aux vaudevilles les plus exaspérés une sorte de vérité narquoise, très fine, d'une originalité curieuse ; l'excellent Lhéritier, gros et gras, ventripotent, ahuri et spirituel à la fois, l'œil émerillonné et fureteur, fouillant la salle jusqu'au fond des loges, type étonnant de bon vivant du pays de Gaule que je revois extraordinaire de science comique dans une scène muette du *Réveillon* : un grave magistrat rentrant chez lui la tête troublée par les fumées des vins du souper et, tout en assurant sa démarche légèrement déséquilibrée, se confectionnant, sans dire un mot, un thé réparateur, tandis que l'orchestre jouait en sourdine les galops lointains d'Offenbach.

Et Hyacinthe, au nez légendaire, proboscidien, irrésistible, d'une homérique bêtise, promené par le bout de ce nez géant dans les carrefours et cabarets de la *Vie Parisienne !* Et Gil-Pérès, extraordinaire inventeur de saillies bouffonnes, de *cascades* éperdues, de fantaisies improbables qui devenaient aussitôt traditionnelles ! Sorte d'humoriste anglais lâché sur la scène et dont les amusantes folies devaient se terminer par ce dénouement plus sinistre : la *folie*, au vrai et au singulier. C'est lui qui entrait chez une marchande de poissons et lui disait : — Vous avez, madame, une superbe barbue à l'étalage ; je voudrais bien que vous m'accordassiez la main de sa fille !

Et Geoffroy, un des grands comédiens de ce temps, le bourgeois de Paris dans toute sa carrure joyeuse, le bourgeois par définition, le Mercadet de Balzac et le Perrichon de Labiche, à qui Labiche tout justement écrivait, le jour de son élection à l'Académie : « On m'a donné un fauteuil ; mais je t'en dois bien au moins un bras ! »

C'était une troupe idéale et ce furent des comédiens extraordinaires. Ils sont remplacés : chaque génération a ses acteurs, comme elle a ses conteurs, ses poètes et ses hommes d'État. On ne *relit* pas toujours, sans doute, on lit, et la nouveauté a plus de *montant* que les vieux livres.

De même au théâtre. Rachel, quelque grande qu'elle fût, n'a pas emporté la tragédie dans sa tombe. Son peplum n'est point un linceul: Aimée Desclée fut une Froufrou idéale. Et *Froufrou* survit à cette étonnante artiste, une des plus dramatiques qu'on ait vues, depuis Mme Dorval.

Le soir de la première représentation de *Froufrou*, précisément, l'acteur Laferrière me disait, enthousiasmé :

— Vous n'avez pas vu Marie Dorval, vous êtes trop jeune ! Eh bien ! vous venez de la voir et je viens, moi, de la revoir !

René Luguet fut le gendre de Mme Dorval. Si vous trouvez quelque part, sur les quais ou dans les catalogues de bibliophiles, un petit livre d'Alexandre Dumas père, la *Dernière année de Marie Dorval*, prenez-le. C'est un chapitre à la fois navrant et attendrissant de la vie de théâtre, de cette existence dont les jeunes gens et les jeunes filles qui se présentent chaque année, enfiévrés, le cœur gonflé d'espoir et bientôt gros de regrets, aux examens du Conservatoire ne voient que les côtés lumineux, les succès, les bravos, les rappels, les couronnes !

Il y a des ombres au tableau des répétitions.

Je crois bien que le sous-titre de le brochure de Dumas portait : *Prix : un franc pour son tombeau.* La pauvre Dorval, la Grande Dorval, avait lutté avec héroïsme contre les dernières épreuves d'une vie de misère. Elle, l'inspirée, la collaboratrice du drame romantique, la Kitty Bell de *Chatterton*, l'Adèle d'Hervey d'*Antony*, la Tisbé d'*Angelo*, se débattait, râlant ses derniers rôles, contre la maladie qui lui arrachait ses enfants et contre l'âge aussi qui — bien qu'elle ne fût pas très vieille, mais vieillie — lui enlevait ses forces.

— Ah ! dit mon brave ami Brichanteau, ils ne se doutent pas de leur bonheur ceux de mes compagnons d'autrefois — et surtout les jeunes d'aujourd'hui — qui ont trouvé la sécurité absolue et la dignité assurée jusqu'aux jours suprêmes dans cette maternelle Comédie-Française qui fait tant d'ingrats !

René Luguet fut admirable de dévouement pendant cette lugubre *dernière année de Marie Dorval*. Sa bonté, sa vaillance d'honnête homme, son zèle auprès de la mourante furent extraordinaires tout à fait. On eût pu lui donner un prix Montyon comme au bon Marty, le père du savant Marty-Laveaux. Il y a de bien limpides âmes parmi ces comédiens dont l'amour-propre exacerbe parfois les nervosités d'une façon quasi maladive. Il y a de nobles caractères et j'ai, les connaissant, une sympathie profonde pour ces braves gens qu'avant toute chose le sentiment guide et fait agir : — le sentiment, chose très rare à une époque très pratique.

On me parlait éloquemment, par exemple, l'autre jour, de cette créature d'élite, Emma Calvé, qui est non seulement une artiste supérieure, mais une femme d'un cœur exquis, une véritable femme pour tout dire. Elle a conquis bien des suffrages, elle est acclamée, elle est populaire. Elle mériterait mieux encore. On a donné des prix de vertu à des dévouées qui n'avaient sur elle qu'un seul avantage, celui d'être ignorées et de faire le bien sans gloire. Mais sait-on qu'Emma Calvé, au pied de son château de Cabrières, là-bas, en son Midi, a fait bâtir, ou aménager tout au moins, une sorte d'asile vaste, aéré, où elle recueille, où elle soigne je ne sais combien de braves filles atteintes, je crois, de phtisie? Elle a, la cantatrice, fondé, à elle seule, un petit établissement de Villepinte. Les petites hospitalisées vivent là, revivent dans le bon air des montagnes, et le *sanatorium* qu'entretient à ses frais celle qui est tour à tour Ophélie, Carmen et la Navarraise, est ouvert à ces souffrantes pendant des mois, pendant des années, jusqu'à ce que la guérison soit venue.

Il faut dénoncer de telle mœurs de théâtre. C'est un coin du *troisième dessous* qu'on ne connaît point et qui console. René Luguet, au chevet de Mme Dorval, fut aussi dévoué, et, je redis le mot, admirable à son heure. Et lui aussi, je le dénonce, ce spirituel octogénaire qu'on applaudira une dernière fois quand il donnera sa soirée de retraite. Car il faudra bien qu'il figure à sa représentation d'adieu, ce doyen des comédiens de Paris. Il pourrait, au besoin, y chanter un couplet, comme le fit Arnal, pour prendre congé, et un couplet de sa façon, car il tourne gaiement la chansonnette, et je l'ai entendu, voilà bien longtemps, à ce *Dîner des Rieuses* qu'avaient fondé — telle l'Assemblée des Femmes d'Aristophane — ses camarades, les comédiennes du Palais-Royal.

Je n'ai pas vu Dorval, mais puisque Desclée rappelait à Laferrière la créatrice de la *Clotilde* de Soulié et de l'Adèle de Dumas, j'ai vu Dorval à travers Desclée. « Je ne suis pas jolie, je suis pire », disait Dorval. Ce mot célèbre, Aimée Desclée aurait pu se l'appliquer à elle-même. Et pourtant elle n'était pas *pire*, elle était charmante. Quelle destinée singulière! Elle passe, inaperçue, par les Variétés et le Gymnase; elle quitte Paris dépitée, ennuyée, lassée; elle court le monde; elle rencontre un homme extraordinaire, un de ces comédiens à la George Sand qui sont des inspirateurs plus que des interprètes et qui enseignent mieux qu'ils ne jouent, Bondois, et elle devient, d'année en année, dans la troupe de Meynadier — où Mme Broisat, la future sociétaire de la Comédie, jouait les *ingénues* — l'idole même de l'Italie. On la signale, cette Desclée, à Dumas fils, Montigny hésite à l'engager, disant: « Mais je la connais, la *petite* Desclée! » et, du soir au lendemain, lorsqu'elle a débuté par *Diane de Lys*, elle devient la *grande* Desclée. Je me rappelle encore cette soirée. D'abord, sa simplicité, son laisser-aller, sa nonchalance apparente, son nasillement nous étonnent; puis, peu à peu, cette voix, ce charme, cette âme s'emparent de nous et voilà Paris affolé de Desclée.

Elle joua fort peu de rôles. La liste en est courte qu'on a gravée sur son tombeau. Mais chaque rôle marque un effort d'art supérieur. Ou plutôt rien ne sent l'effort: c'est la nature même. C'est la vie. Cette femme irrésistible bouleverse tout l'art dramatique. Depuis Desclée, on ne joue plus de même. Demandez à Mme Pierson qui, toute jeune, fut comme emportée d'admiration par ce voisinage. Le baron Taylor, lui aussi, me disait d'Aimée Desclée : « C'est Marie Dorval ! » Quand j'ai vu Mme Eleonora Duse, à mon tour j'ai dit : « C'est Desclée ! »

Elle avait fait de ce rôle de *Froufrou* sa création et sa chose. Elle avait vécu le personnage si vivant de Meilhac et Halévy. J'ai là une lettre qu'elle écrivait à une Mme Laugier, qui devait jouer la pièce en province. Cette lettre, que j'ai communiquée à Mlle Lara lorsqu'elle joua Froufrou après la belle Mlle Marsy, est une leçon par écrit donnée avec une intelligence d'une singulière acuité :

Ah ! bien, vous en aurez une courbature après *Froufrou* !... Sept changements !... Les deux premiers actes, ce que vous êtes : vieux, jeunes, gais, calmes, insouciants... Je vous recommande la *répétition* : il faut être très gauche, très maladroite et dire tout sur le même ton, comme les amateurs enfin. Après avoir donné la brochure à la Baronne dites : « Je *commence* », vous vous éloignez comme pour aller à la fenêtre imaginaire ; ouvrez la bouche comme pour répéter et dire encore en vous reprenant : « *Je commence.* » Nous avons trouvé ça un soir ; faites-le bien ; ça fait rire.

Au troisième acte, depuis le lever du rideau jusqu'à la grande scène, des nerfs, des nerfs et des renerfs. Chiffonnez votre robe, votre mouchoir, tapez sur le piano ou sur les meubles à portée de votre main, la physionomie agacée ; enfin préparez la violence de la fin. Qu'on l'attende! Et pas un instant en place. Exigez comme mise en scène du mouvement, beaucoup de mouvement. Marchez, agitez-vous tout le temps.

Pelotonnée sur la chaise longue, suivez des yeux votre sœur et votre mari : jouez avec vos mains, ayez l'air de vous briser les doigts en contenant la fureur qui éclate un peu après et, avec Louise, tout ce que vous trouverez dans votre petit être de fureur, de rage, de violence, les yeux hors de la tête. Un petit démon, enfin. La folie seule peut excuser les infamies qu'elle débite...

Voilà une femme! Voilà une artiste! Ce *petit démon* c'est le démon même du théâtre. Ces nerfs et ces *re-nerfs*, c'est la vie. Ces doigts brisés, c'est la passion et c'est le drame. Toute la lettre de conseils est sur ce ton, et le résumé de l'enseignement d'Aimée Desclée est : *Vivez!* Vivez votre rôle! Vivez votre art! Nous sommes loin du *Paradoxe sur le Comédien*.

Et je ne peux pas croire au mot de Dumas : « C'est une morte ». Cette morte du reste, il l'aimait profondément. Il lui écrivait des lettres poignantes où il l'adjurait de laisser là tout ce qui, à un moment donné, doit sembler subalterne aux êtres supérieurs. Elle lui répondait par des mots qui illuminent une âme. Celui-ci, par exemple, qui est sublime de tristesse : « Que voulez-vous? J'ai été jadis si cruellement vendue que j'ai bien pu prendre pour de l'amour la joie que j'avais à me donner. » Je ne sais rien de plus lamentable que cette parole. Dumas me la répétait souvent. Il y voyait tout un drame psychologique. C'est là comme la clef d'une âme.

Et il était heureux de l'avoir convertie cette pauvre âme blessée. « Elle ne vit plus que pour l'Art », disait-il. Cette conversion lui semblait son œuvre. Ce n'était pas sans fierté qu'il constatait le succès de ses prédications. Lorsque plus tard, une publication posthume fut faite de ce qu'on appela les *Lettres à Fanfan*, Dumas éprouva un sentiment tout particulier, désillusionné et comme dépité : — « Je ne l'aurais pas cru, me dit-il, mais elle me mentait ». Il y eut là pour lui comme une déception posthume. La morte vraiment morte l'avait-elle trompé lorsqu'elle disait que « rien ne lui était plus ? ».

Ce *Fanfan* — surnom familier et quasi filial — était, paraît-il, un brillant officier de cavalerie de l'armée belge. La grande passion de l'artiste éprise de l'éternelle illusion. Mais non, sa « grande passion » fut peut-être un diplomate italien qui représente, aujourd'hui, son pays, auprès d'une nation d'Europe de premier rang et qu'on appelait, à Naples, le beau chambellan. Elle se souvenait, avec attendrissement, l'avoir rencontré alors qu'elle était ignorée, obscure, et qu'il était pauvre. Comme Mme de Maintenon rêvait devant l'étang où les carpes royales lui semblaient regretter leur bourbe, celle qui passionnait Paris, révolutionnait l'art, poussait les abominables cris de colère de la femme de Claude ou les soupirs d'enfant battu de Froufrou mourante, Desclée, Aimée Desclée regrettait le temps où, en sortant du théâtre, elle allait souper d'un peu de mortadelle et de macaroni, elle, la future tragédienne moderne, avec le futur ambassadeur !...

— Le temps où l'on aime bien, disait-elle, c'est, voyez-vous, le temps de la charcuterie !

Ah ! le bon temps, en effet, où l'on ne savait, comme la pauvre Bernerette, comment on mangerait demain, mais où l'on était jeune ! Et la Jeunesse c'est toute la vie (1). Aussi bien Desclée n'a-t-elle pas connu la vieillesse, que supporte si bien M. René Luguet, et elle est morte comme dans la robe blanche, la robe de bal, la robe toute couverte de petites roses de Froufrou, étant elle-même une Froufrou.

« Pauvre Froufrou ! »

Octobre 1899.

(1) « Il semble, me disait M. Jules Truffier devant le petit cercueil, entouré de six cierges, où dormait (mai 1902) l'excellente Clémentine Jouassain, la dame Pluche de Musset, la Mme Pernelle de Molière, il semble que dans la solitude de leurs dernières heures les comédiens expient les fanfares et les bravos de leur jeunesse !... » M. Truffier est un poète.

XXXI

Représentations de retraite.

Molière disait des comédiens de son temps : Ce sont d' « étranges animaux. » Il aurait pu ajouter (et il le pensait sans nul doute) que ce sont des animaux dont l'instinct obscur est fait de bonté ou, tout au moins, de sentimentalité ; — des impulsifs qui vont vers l'attendrissement et vers la charité comme le terre-neuve se jette à l'eau. Leur amour-propre si irritable — irritable au point que parfois il les rend aveugles et leur fait, en un jour, oublier les années de bienveillance et de dévouement — cet amour-propre est illimité (eh ! celui des autres hommes ne l'est-il pas ?) ; mais, soyons justes, leur bienfaisance, en général, est infinie. Ces enfants gâtés sont, après tout, de bons enfants. Ils se dévouent volontiers. Ils donnent pour donner. Et, quand il s'agit d'un camarade, ils se donnent eux-mêmes avec une prodigalité qui émeut. Voilà l'excellent Grivot, chanteur exquis, comédien très fin, qui prend sa retraite. Tous les amis accourent. Tout le monde chante pour lui. On se souvient de sa bonne grâce et de son esprit et de la comédienne aussi qui porta son nom. Laurence Grivot, délicieuse quand elle parut pour la première fois dans *la Chercheuse d'esprit* de Favart, et qui mourut trop tôt, au moment même où j'allais lui ouvrir les portes de la Comédie. Et on paye, en un jour, à Grivot tout ce qu'il a lui-même donné aux autres dans toute sa vie.

Voici Dieudonné... Celui-là je le revois jeune, élégant, avec sa tournure de lieutenant ou de boulevardier, dans les coulisses du Gymnase où j'allais, timidement, passer jadis quelques instants. Il y avait là toute une troupe d'acteurs et d'auteurs pleins du feu sacré de la jeunesse. Sardou, Meilhac, Feuillet, encore très beau, apportaient à Montigny leurs œuvres nouvelles et du fond de la loge de Pierre Berton, filleul de George Sand, nous voyions passer par les couloirs de charmantes créatures que la mort maintenant a pour la plupart emportées : Léonide Leblanc, Léontine Massin.... Les frères Duvernoy, restés jeunes, se souviennent de ces causeries d'antan. Et, gai, le verbe clair, aimable, avec son dandinement habituel, Dieudonné apparaissait dans la loge entre deux actes des *Ganaches* ou de *Montjoye* et parlait déjà de ses velléités de départ pour la Russie — car il voulait, comme tant d'autres, quitter Paris, ce Parisien !

Et, l'autre jour, grisonnant avec bien des années de plus, sans que pourtant l'âge ait étouffé sa verve, Dieudonné est entré dans mon cabinet pour me parler de sa représentation de retraite, de ce *Cinquantenaire théâtral* qu'ont organisé pour lui, au théâtre Sarah-Bernhardt, des camarades dévoués. Oui, il a pendant un demi-siècle porté le poids d'innombrables rôles, joué je ne sais combien de pièces, voyagé, couru le monde, battu les buissons, passé de théâtre en théâtre et, revenu enfin à son Gymnase d'autrefois, il reparaît entouré de toutes les gloires du théâtre qui viennent lui donner un salut, le cordial *shake-hand* des collaborateurs, après cinquante ans de labeur ou de camaraderie.

Et Dieudonné m'apporte tout ce qui lui reste de ce passé, de ces années de batailles et de succès, — des papiers et des lettres : de vieux articles collés sur des pages d'albums, des paperasses mélancoliques à la fois et glorieuses comme de vieilles affiches; des programmes d'autrefois, sur parchemin, sur papier jauni, sur soie; des autographes d'auteurs et d'acteurs; des programmes de tous pays, de Russie, de Portugal; le prospectus d'un Cercle des Artistes Dramatiques avec Dieudonné pour président, M. Boisselot pour trésorier, Victor Hugo pour président d'honneur et, pour vice-présidents d'honneur, Alexandre Dumas, Alphonse Daudet et Edmond Gondinet — un cercle fondé rue de Provence, avec une bibliothèque, la collection des mises en scène modernes, des salles d'audition, une salle de théâtre : des affiches encore du théâtre Michel, sur papier médiocre, et qui contrastent avec les programmes satinés de Compiègne, des affiches en russe et des affiches en français; des programmes de soirées à l'ambassade de France à Pétersbourg, où l'on joue du Feuillet; des affiches du théâtre de Poissy où l'on joue les *Bohémiens de Paris*; de l'École lyrique de la rue de la Tour-d'Auvergne où M. Dieudonné, le 12 novembre 1853, joue la *Tasse Cassée* et *Mlle de Liron,* deux œuvres peu retentissantes; des affiches en anglais, du Metropolitan Theatre de New-York où *the eminent french tragedienne Rachel* joue *Adrienne Lecouvreur*; des affiches du théâtre de D. Fernando à Lisbonne où

Dieudonné joue *Simple Histoire* à son bénéfice. (1855). Toute une existence de travail et de hasards, la vie d'un Parisien cosmopolite revécue par des lambeaux de papier et des coupures de journaux. Tout ce qui reste de nous !

Dieudonné, dont l'existence d'art est résumée là, devait être architecte ; mais, adorant le théâtre, à dix-sept ans, en 1852, il entrait au Conservatoire dans la classe de Samson, puis jouait à La Tour-d'Auvergne, partait pour le Portugal, faisait, au retour, son service militaire au 8ᵉ hussards en garnison à Lille — s'engageait dans la troupe de Rachel qui allait conquérir le Nouveau-Monde et jouait en Amérique l'Hippolyte de *Phèdre* et l'abbé de Chazeuil d'*Adrienne*. A son retour, il entrait à l'Ambigu, passait au Gymnase, partait pour la Russie, revenait après 1874, et du Palais-Royal allait au Vaudeville où les nouvelles générations l'ont applaudi. Toutes ces étapes diverses, le lot de papiers que je viens de parcourir avec la curiosité d'un archiviste ouvrant de vieux cartons, cette collection de souvenirs nous les marque, une à une. Voici la première mention, le lever de l'étoile. — Édouard Thierry écrit au *Moniteur* : « Un jeune acteur, qui joue le rôle créé par Bressant, est un jeune homme qui a de la tendresse dans les manières... » Il s'agit du début au Gymnase. Mais déjà Dieudonné avait été remarqué jouant Abel dans le *Paradis perdu*, à l'Ambigu, un acteur du nom de Maurice Coste — et qui s'est tué — jouant Caïn.

Et je trouve dans ces vieux articles des éloges signés de noms illustres... « Un jeune homme nommé Dieudonné a joué d'une manière pleine d'intelligence et de goût le rôle du poitrinaire du premier acte », disait un critique rendant compte du *Fils naturel* de Dumas fils. Et ce critique, c'était Dumas père en personne.

Fiorentino, Ulbach, Saint-Victor, Édouard Fournier, Sarcey, de Biéville, sont là, apportant à l'acteur leur tribut d'épithètes. Vieux feuilletons, coupures oubliées, collées au hasard. Toute une existence, encore une fois, toute une vie d'artiste ! « Dieudonné, dit Saint-Victor, qui, de chaque rôle, à présent, quelque mince qu'il soit, fait jaillir un type... » Il s'agit des *Ganaches*, de Sardou.

Je ne peux pas me détacher de ces documents qui résument une carrière : voici le programme du spectacle de gala donné pour la célébration du centenaire du Vaudeville (25 janvier 1892) avec l'histoire du théâtre du Vaudeville racontée par M. Francisque Sarcey ; voici des permis de séjour dans la principauté de Monaco avec une carte d'admission au Cercle des étrangers ; voici l'affiche du *Théâtre du Petit Caporal* au Vieux Paris, l'année de l'Exposition. Que d'avatars et que de traverses !

Un passage du *Journal des Goncourt* (26 novembre 1888), une répétition des *Rois en exil*, nous met en scène Dieudonné « rond, bon garçon » venant causer un moment avec Mme Daudet — et, le 1er décembre, l'admirable scène d'ivresse du roi, indiquée par Daudet lui-même... Puis, voici des télégrammes, des livres de compte : « Reçu de M. Dieudonné dix mille francs à valoir sur mes représentations de Bruxelles. — Sarah Bernhardt ». Des lettres à en-tête commercial : « *Tournée Dieudonné-Coquelin* ». Des billets de Meilhac, de Dumas, de Labiche, — de tous les gens de théâtre et aussi de Félix Faure — qui tutoyait Dieudonné et lui resta fidèle — une carte officielle renvoyée au Jour de l'An :

Le Président de la République

Très sensible à vos souhaits vous envoie les siens pour 1898.

Toutes ces lettres à la fois montrent que si,

camarades et auteurs, tout le monde aimait Dieudonné, c'est qu'il était cordial et aimable. Loin du pays il organisait des représentations pour ses compatriotes. Il envoyait, un jour, de Russie, 5000 francs pour les inondés.

Nous l'avons connu charmant au Gymnase, à la fin de l'Empire. Nous l'avons retrouvé au Vaudeville tel qu'autrefois, quand il jouait les *Rieuses* ou *Montjoye*. Un jour, sur la brochure de la pièce, l'auteur du *Club* écrivait ce quatrain :

Orphée, entre les mains des vierges de la Tharce,
Fechter, Bressant, Dupuis, Capoul, Nicolini,
Ont pu faiblir un jour, un jour demander grâce,
Lui, jamais !... Le succès l'a toujours rajeuni.

Félix Cohen avait raison. Nul n'incarna plus sympathiquement que Dieudonné le « viveur bon enfant » avec ce déhanchement, cette allure gamine dont parlait Alphonse Daudet qui rappelait « le fin du fin, le tireur subtil et serré près de qui les autres ont l'air de faire de la contrepointe ». Et Daudet disait encore que Dieudonné avait inventé ou illustré les rôles de « mauvaise tête, bon cœur ». C'est un emploi, après tout, et bien français.

Le « nonchaloir » que louait en Dieudonné mon vieux camarade Chapron et qui avait jadis séduit la Russie (*l'Invalide russe* et ses articles sont là qui le prouvent) — l'artiste le fit applaudir, en le modifiant, en le dramatisant, tantôt dans *Dora*, tantôt dans le Monpavon du *Nabab*, vieux marcheur aphasique, cravaté, corseté, élégant et sinistre. Dieudonné avait excellemment incarné Schaunard, le bohème de Murger, et Taupin, le bohème de Dumas. Il fut, de pied en cap — on s'en souvient — le Desforges de Paul Bourget dans *Mensonges* et le jeune premier exquis et spirituel, l'amoureux narquois du Gymnase de ma jeunesse, allait devenir le Labosse, aux jovialités cruelles, d'Henri Lavedan.

Ainsi se transforment les comédiens qui étudient, non pas seulement les livres, mais la vie.

Mon cher monsieur Dieudonné, écrivait Alexandre Dumas fils à la veille d'une représentation de gala, soignez-vous, voilà l'important. Le centenaire du Vaudeville peut toujours se remettre, surtout avec le succès de *Pont-Biquet*. *La Dame aux Camélias* va avoir quarante ans le 2 février. C'est dans Armand Duval que je vous ai entendu pour la première fois en 1857, il y a trente-cinq ans. Je serais très heureux de vous entendre maintenant dans le père du jeune homme. Soignez-vous donc bien pour que je vous entende encore dans beaucoup d'autres choses. Tous mes sentiments les plus affectueux.

Dieudonné jouait, en effet, le père Duval

dans ce centenaire du Vaudeville avec Mlle Brandès dans Marguerite Gautier — et il avait jadis tout naturellement joué Armand Duval !

Ce fût même lorsque Dieudonné se mit à apprendre le rôle du père qu'il signala à l'auteur la longueur de la fameuse scène avec Marguerite. Dumas admettait parfaitement que ses interprètes lui fissent les observations qu'ils croyaient justes.

Je lui ai plus d'une fois entendu dire à M. Worms, pendant les répétitions de *l'Ami des Femmes* :

— Toute phrase que le comédien ne peut pas dire facilement doit avoir une paille, un grain de sable. Coupez ça !

Il répondait cependant à Dieudonné, lui demandant de nouvelles coupures dans la scène du *père*. « Toutes les coupures à faire je les ai faites dans l'édition des comédiens, que vous avez. Cependant, vous pouvez couper encore... »

Et il indique une coupure de treize lignes, ajoutant :

« Je ne crois pas qu'on puisse couper davantage sans nuire à la raison d'être de la scène, car enfin une femme qui aime tant ne doit et ne peut se rendre qu'à une série d'arguments de plus en plus forts. Si elle cède tout de suite, c'est qu'elle n'aimait pas. Aujourd'hui, il n'y aurait peut-être pas besoin d'en dire si long et en offrant tout de suite une bonne somme, la scène serait vite finie — mais, il y a quarante ans ! Cependant, si vous voyez encore quelques coupures à faire, dites-le. Je suis toujours prêt à couper. Votre fille sera une ravissante Nichette. »

Dumas, très bon, s'intéressait à cette charmante et poétique Déa Dieudonné qui apparut, montra son visage d'Ophélie et mourut trop tôt. Il écrivait à Dieudonné, à la veille des concours du Conservatoire : « Ne vous dérangez pas. A quoi bon? Mlle Déa est votre fille. Elle peut compter sur moi. » Elle pouvait surtout compter sur elle, la pauvre enfant, car elle était exquise.

Une autre fois, Dumas écrit à Dieudonné : « Le rôle sera joli. Je vous soignerai ! » Quel est ce rôle? Je n'en sais rien. Un « mauvaise tête et bon cœur » comme disait Daudet.

Avec son art de détacher le mot, de sabrer la phrase, de lancer le trait, Dieudonné a souvent atteint — comme Lesueur, un grand artiste — à l'émotion absolue. Molière notait *musicalement* certaines intonations et Talma disait : « Je suis *musicien* avant d'être acteur et poète ! » Dieudonné n'est pas musicien à vrai dire, il est naturel. Il parle sur les planches comme sur l'asphalte. Et tout en hachant son débit, il garde le style. La voix est claire, gutturale, avec des accents narquois et profonds. Elle porte.

— C'est un excellent comédien de coulisses, a-t-on dit d'un artiste très spirituel, mais dont l'esprit ne « porte » pas dans la salle.

Dieudonné fut un comédien devant la rampe et passait la rampe. Toute l'intelligence de la terre ne remplace pas ce don-là. On est ou l'on n'est pas comédien. Il en est de cet art comme de l'art oratoire. Combien la tribune française comptera-t-elle d'orateurs parmi les centaines de députés que le suffrage universel vient d'envoyer au Palais-Bourbon ?

Pour être bon comédien, il faut être né comédien. C'est, au total, la seule vertu que le public connaisse. Au delà de la rampe toutes les qualités du monde et même tous les défauts ne comptent pas. Ce n'est que lorsque le rideau est levé que, pour la foule, l'artiste est quelque chose. La toile tombée, l'homme redevenu un homme est oublié. Le héros sur les planches peut être un ingrat dans la réalité : la foule ne voit que sa toge ou son pourpoint. Le costume lui suffit. Seule la vie supérieure de l'Art persiste, la rampe une fois baissée. Et c'est pourquoi au pays du Rêve il ne faut chercher que le Rêve (1).

La vie du théâtre c'est, avec toutes ses fanfares et son luminaire, la vie ordinaire, la vie décevante, la vie banale et souvent attristante ; elle ne vaut d'être vécue que si on ne la regarde pas de trop près.

Avril 1902

(1) Et, à tout prendre, dans les pages que je réunis ici — toasts et saluts, visions et souvenirs — il y a eu et il y a beaucoup de Rêve. La réalité a moins de rayons.

Table des Matières.

CHARTRES. — IMPRIMERIE DURAND, RUE FULBERT.

www.ingramcontent.com/pod-product-compliance
Lightning Source LLC
LaVergne TN
LVHW010131230826
846091LV00001BA/213

9782019696757